基于养老责任认知的
政府养老服务供给研究

张干群 著

知识产权出版社
全国百佳图书出版单位
—北京—

图书在版编目（CIP）数据

基于养老责任认知的政府养老服务供给研究／张干群著 . —北京：知识产权出版社，2024.4

ISBN 978 - 7 - 5130 - 9323 - 1

Ⅰ . ①基… Ⅱ . ①张… Ⅲ . ①养老—社会服务—研究—中国 Ⅳ . ①D669.6

中国国家版本馆 CIP 数据核字（2024）第 055505 号

责任编辑：彭小华　　　　　　　　　　责任校对：潘凤越

封面设计：孙　宇　　　　　　　　　　责任印制：孙婷婷

基于养老责任认知的政府养老服务供给研究

张干群　著

出版发行：**知识产权出版社** 有限责任公司	网　　址：http：//www.ipph.cn
社　　址：北京市海淀区气象路 50 号院	邮　　编：100081
责编电话：010 - 82000860 转 8115	责编邮箱：huapxh@ sina.com
发行电话：010 - 82000860 转 8101/8102	发行传真：010 - 82000893/82005070/82000270
印　　刷：北京九州迅驰传媒文化有限公司	经　　销：各大网上书店、新华书店及相关专业书店
开　　本：720mm×1000mm 1/16	印　　张：12
版　　次：2024 年 4 月第 1 版	印　　次：2024 年 4 月第 1 次印刷
字　　数：230 千字	定　　价：78.00 元

ISBN 978 - 7 - 5130 - 9323 - 1

目 录

CONTENTS

第一章　绪　论

第一节　研究背景

一、老龄化社会养老服务需要激增

物质生活的改善和卫生条件与医疗技术的进步大大降低了人类的死亡率，延长了人类预期寿命。与这一人类进步相伴随的另一问题是人口生育率的下降。据联合国《2019 年世界人口展望》的数据显示，2019 年全世界人口平均预期寿命为 72.6 岁，全球总和生育率为 2.5，预计 2050 年的人口平均预期寿命将增加到 77.1 岁，总和生育率则下降到 2.2[①]。我国的人口平均预期寿命和生育率呈现出与全球状况一致的形态，1990 年中国居民平均预期寿命为 68.77 岁，人口出生率为 21.06‰，2020 年第七次人口普查的数据则显示我国的总和生育率为 1.3[②]，《中国统计年鉴（2021）》的数据表明我国人口出生率下降到 8.52‰[③]，而 2022 年国家卫健委公布的最新数据显示我国人口平均预期寿命提高到 77.93 岁[④]。

在预期寿命延长和人口生育率下降的双重作用下，人类社会的人口结构发生了重要变化，老年人在人口总数中所占的比例越来越高。依据 2001 年联合国《世界人口老龄化（1950——2050 年）》将 60 岁及以上人口占比达 10% 或 65 岁及以上人口占比达 7% 作为一个国家或地区进入老龄社会的标准，1999 年我国 60 岁及以上人口占总人口的 10%，2000 年这一数据上升到 10.45%，1999 年我

①　United Nations, Department of Economic and Social Affairs. World Population Prospects 2019 [EB/OL]. [2024 - 01 - 24]. https: // www. un. org/development/desa/pd/news/world - population - prospects - 2019.

②　中新社. 国务院第七次全国人口普查领导小组办公室负责人接受中新社专访 [EB/OL]. [2024 - 01 - 24]. https: // www. stats. gov. cn/zt_18555/zdtjgz/zgrkpc/dqcrkpc/ggl/202302/t20230215_1904008. html.

③　国家统计局. 2021 年中国统计年鉴 [EB/OL]. [2024 - 01 - 24]. https: // www. stats. gov. cn/sj/ndsj/2021/indexch. htm.

④　国家卫健委. 国家卫生健康委员会 2022 年 7 月 5 日新闻发布会文字实录 [EB/OL]. [2024 - 01 - 24]. https: // wjw. ah. gov. cn/public/7001/56334991. html.

国 65 岁及以上老年人占总人口的 6.9%，2000 年我国 65 岁及以上人口比重达到 7.0%，这意味着我国在 21 世纪伊始就进入了人口老龄化社会。

然而，我国并不是随社会发展而自然过渡到老龄化阶段的，而是经历了长期的年轻型人口结构——成年型人口结构后，迅速蜕变为老年型人口结构的①。1953 年中国的人口年龄结构为成年型人口结构，随后开始向年轻型人口结构转变，至 1964 年我国人口年龄结构已经彻底转变为年轻型，之后随着死亡率和出生率的下降，1982 年我国人口年龄结构再次转变为典型的成年型②，而到 2000 年我国正式进入老龄化社会。至此，我国人口年龄结构从成年型转入老年型只用了 18 年的时间，而其他国家完成这一人口年龄结构的转型比我国要缓慢很多。例如，法国完成这一过程用了 115 年，瑞士用了 85 年，美国用了 60 年，即使老龄化程度很高的日本也用了 25 年③。同时，发达国家在进入老龄化社会的时候，人均国内生产总值一般都在 5000 至 10000 美元，而我国在进入老龄化社会的时候人均国内生产总值仅在 1000 美元左右④。这些数据表明我国的人口发展给我们预留的极其仓促的时间不足以缓冲老龄化所带来的各种社会问题，很多学者将我国进入老龄化社会的急促性、迅速性称为"未富先老""未备先老"。

我国不仅迅速进入老龄化社会，而且老龄化进程逐步加快。国家统计局的数据显示，到 2022 年年末我国 60 岁及以上人口数量为 28 004 万人，占全国总人口的 19.8%，其中 65 岁及以上人口 20 978 万人，占全国总人口的 14.9%⑤，标志着我国进入了深度老龄化社会⑥。之前有学者根据我国人口普查的数据推算出我国进入老龄化社会、深度老龄化社会和超级老龄化社会的时间节点分别为 1999 年、2025 年和 2035 年⑦。从目前的实际情况看，我国比预算的时间节

① 一个国家或地区的人口年龄结构可根据一定的标准划分成不同的类型。年轻型人口结构的老年系数在 4% 以下、少年儿童系数在 40% 以上、老少比的数值在 15% 以下、年龄中位数在 20 岁以下。成年型人口结构的老年系数在 4% ~7% 之间，少年儿童系数在 30% ~40% 之间，老少比在 15% ~30% 之间，年龄中位数在 20% ~30 岁之间。

② 董克用，张栋. 高峰还是高原？——中国人口老龄化形态及其对养老金体系影响的再思考 [J]. 人口与经济，2017 (4)：43 - 53.

③ 孙祁祥，朱南军. 中国人口老龄化分析 [J]. 中国金融，2015 (24)：21 - 23.

④ 民政部. 社会福利事业将转为"适度普惠型" [J]. 政协天地，2007 (11)：49.

⑤ 国家统计局. 中华人民共和国 2022 年国民经济和社会发展统计公报 [EB/OL]. [2023 - 03 - 07]. http://www.stats.gov.cn/sj/zxfb/202302/t20230228_1919011.html.

⑥ 按照联合国经济和社会事务部划分老龄社会的标准，当一个国家或地区 65 岁及以上人口占比超过 7% 时，该国家或地区进入老龄化社会；超过 14% 进入深度老龄化社会；超过 20% 则进入超级老龄化社会。

⑦ 陈诚诚，杨燕绥. 老龄化时间表对养老政策影响的国际经验 [J]. 社会保障研究，2015 (6)：92 - 99.

点提前 4 年进入深度老龄化社会。据联合国经济和社会事务部的预测数据，我国 65 岁以上人口比重将持续上升，2060 年前后老年人口比重将达到 30% 左右①，并将在之后很长一段时间内维持这个比例。这预示着我国社会将进入老年人口比重较高的老龄化高原期，超级老龄化将成为社会人口结构的常态。以上分析看出，老年人口超过总人口 14% 的深度老龄化社会不仅提前到来，而且我国将长时间处于深度老龄化甚至超级老龄化社会中。

从发展趋势看，未来几十年中国将长期维持深度老龄化的社会状态，同时 80 岁以上高龄老人在整个老年人口中的比例将逐年升高。并且 1982 年后的历次人口普查中，我国高龄老人占老年人口的比例也是逐渐上升，分别为 10.24%（1982 年）、12.19%（1990 年）、13.44%（2000 年）、17.65%（2010 年）、18.77%（2020 年）②，联合国《2019 年世界人口展望》报告预测我国高龄老人在 21 世纪中叶将超过整个老年人口的 31.5%③，届时每 3 个老年人中就有 1 个超过 80 岁。因此我国不仅将长期处于深度老龄化社会，而且高龄老人在老人中占比明显提高，未来我国社会深度老龄化与高龄化将同步存在。未来一段时期内我国人口年龄结构深度老龄化与高龄化的趋势如图 1－1 所示。

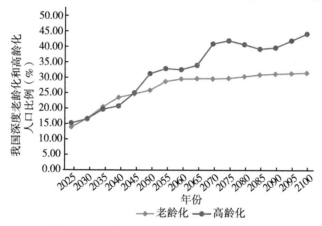

图 1－1　未来我国深度老龄化与高龄化趋势

资料来源：联合国《2019 年世界人口展望》报告④。

①　Division U. World Population Prospects：the 2019 Revision［J］. Department of Economic and Social Affairs Population Division，2019，10（100）：423.

②　高龄老人百分比系根据中国人口统计年鉴各年龄段的人口数据计算得来。

③　Division U. World Population Prospects：the 2019 Revision［J］. Department of Economic and Social Affairs Population Division，2019，10（100）：423.

④　United Nations，Department of Economic and Social Affairs. World Population Prospects 2019［EB/OL］.［2024－01－24］. https：//www. un. org/development/desa/pd/news/world－population－prospects. 2019.

从世界范围看，随着老龄化程度的加深，一个国家或地区高龄、失能、半失能老人数量不断增加，养老服务成为保障老年人生活质量的一项重要社会服务①。第四次中国城乡老年人生活状况抽样调查显示，我国有失能、半失能老年人 4 063 万，占老年人口的 18.3%②。据预测，2050 年我国 65 岁及以上中度和重度失能老年人口总数将达到 8 304.12 万③。按照生命周期的规律以及老龄化的特征，我国老年人 65 岁以后的平均剩余预期寿命为 16.04 年，其中预期完全自理、轻度失能、中度失能、重度失能的时间分别为 10.11 年、4.42 年、0.88年、0.63 年④，由此可推断老年人在老年期的前大半段时间基本不需要来自外界的养老服务，但在生命最后 6 年左右的时间内，老年人在不同程度上需要养老服务。届时日益增加的老年人口比例与老年人口数量必然引发养老服务需要的激增，因此如何满足老年人的养老服务需要是当下和未来社会面临的一个重要问题。

二、现代社会养老服务属性的转变

自古以来，中国的代际之间普遍存在着抚养与赡养的关系，形成父代抚养子代、子代赡养父代的"反馈模式"，且"孝"文化在中国社会影响深远，传统社会中的家庭几乎承担了全部的养老服务功能。中华人民共和国成立后，我国开始建立现代社会保障制度，养老服务作为一项福利制度嵌入其中，但受当时经济社会生产力水平低下等因素的影响，养老服务的主要责任仍然由家庭承担。改革开放后，经济体制转型带来了社会领域的巨大变化，尤其进入老龄化社会以后，我国的社会结构、人口结构、家庭结构等发生了重大变化。一方面，经济的迅猛发展改善了老年人自身的经济条件，提高了其自我供养的能力，老年人对家庭养老的需求和依赖降低。另一方面，我国从 20 世纪 70 年代开始实施的计划生育政策大大减少了每个家庭的子女数量，并催生了"4-2-1"的家庭人口结构，个体家庭的养老功能逐渐弱化⑤。历年人口普查数据显示，我

---

① 郭林. 中国养老服务 70 年（1949—2019）：演变脉络、政策评估、未来思路 [J]. 社会保障评论，2019，3（3）：48-64.

② 新华网. 第四次中国城乡老年人生活状况抽样调查成果发布会在京召开 [EB/OL]. [2024-01-24]. http：//www.xinhuanet.com//world/2016-10/10/c_129316147.htm.

③ 张园，王伟. 失能老年人口规模及其照护时间需求预测 [J]. 人口研究，2021，45（6）：110-125.

④ 张立龙，张翼. 中国老年人失能时间研究 [J]. 中国人口科学，2017（6）：94-104.

⑤ 1971 年，国务院批转了卫生部、商业部、燃料化学工业部《关于做好计划生育工作的报告》，提出：除人口稀少的少数民族地区和其他地区外，都要加强对这项工作的领导。1982 年 12 月五届全国人大五次会议通过的《中华人民共和国宪法》规定，国家推行计划生育，使人口的增长同经济和社会发展计划相适应。

国家庭户平均人口规模从 1990 年的 3.96 人、2000 年的 3.44 人下降至 2010 年的 3.10 人，2020 年我国家庭户平均人口规模为 2.62 人①。家庭规模的小型化削弱了传统的家庭供给养老服务的能力，家庭作为主要养老服务供给者的地位也被弱化。与此同时，高流动性的现代社会生活方式造成了子代与亲代居住距离的扩大，产生了大量的"空巢家庭""留守老人"，这进一步降低了家庭内子代供养亲代的可能性。现代社会中，家庭无力继续承担为老年人提供养老服务的传统责任，难以作为单一主体承担起养老服务供给的责任。

随着老龄化程度的加深和家庭供给养老服务能力的弱化，养老服务开始由家庭内提供向社会化提供、由个人服务向公共服务转变，我国养老服务供给逐渐转向社会化的道路②。改革开放初期，受 20 世纪 70 年代兴起的新公共管理运动的影响，我国对包括养老服务在内的公共服务进行了市场化改革探索，造成了 20 世纪末民众在住房、教育、医疗方面的巨大压力。作为对这一问题的回应，政府逐渐调整我国的社会保障制度和公共服务供给的责任，一方面加大自身供给养老服务责任，另一方面不断探索社会主义制度下养老服务社会化的道路。20 世纪 90 年代后我国进行了社会组织的政策改革，一时间社会上涌现出大量民间福利机构，它们作为新兴的社会力量开始承担政府转移出的福利责任③。我国养老服务社会化供给改革以后，养老服务供给主体不断增加，逐渐形成了家庭、市场、政府、社会组织等多层次的养老服务供给体系④。多元化供给的社会养老服务要求政府将养老服务供给纳入自己的责任范围，并重塑政府的责任形态，以不断调整我国的养老服务政策及各养老服务供给主体在养老服务中的责任。

三、服务型政府对养老服务的回应

严峻的老龄化形势给政府带来了巨大的压力，多样化、多层次和个性化的养老服务需要与日俱增⑤。老年人存在的养老服务现实需要对政府养老服务供给提出了客观要求，在这种情形下，向人民提供包括养老服务在内的公共服务

①　国家统计局．我国人口发展呈现新特点与新趋势 ［EB/OL］．［2022 - 01 - 07］．http：//www. stats. gov. cn/xxgk/jd/sjjd2020/202105/t20210513_1817408. html.

②　鲁迎春，陈奇星．从"慈善救济"到"权利保障"——上海养老服务供给中的政府责任转型 ［J］．上海行政学院学报，2016，17（2）：76 - 84.

③　胡薇．国家角色的转变与新中国养老保障政策变迁 ［J］．中国行政管理，2012（6）：40 - 44.

④　董红亚．中国特色养老服务模式的运行框架及趋势前瞻 ［J］．社会科学辑刊，2020（4）：107 - 114.

⑤　《中国城市养老指数蓝皮书》课题组．中国城市养老指数蓝皮书 ［M］．北京：中国发展出版社，2017：21.

成为政府的职责。同时，受公共管理领域新公共服务理论的影响，我国在 2000 年左右形成了服务型政府的概念，经过学术讨论和地方政府的实践探索，中央政府于 2004 年正式确认了"建设服务型政府"的主张，并明确阐述了服务型政府的内涵。概言之，服务型政府建设是政府通过治理创新践行为人民服务宗旨的过程，核心是公共服务职能的强化，焦点是人民群众普遍关心的问题，其本质特征是以公众需要作为服务供给的动力来源①。在我国践行社会主义民生的进程中，人民对美好生活的需要日益增长，进入 21 世纪以来的服务型政府建设让"有困难，找政府"成为民众的心理依靠，民众对政府产生强烈的信任和期待，相信政府可以解决他们遇到的困难和问题。

面对民众不断增长的养老服务需要，政府积极回应，主动承担起养老服务供给的责任，不断完善包括养老服务在内的公共政策、扩大养老服务供给等措施体现了政府主动回应民众诉求、承担公共服务供给的责任担当。自 2006 年全国老龄委办公室等 10 部门联合下发《关于加快发展养老服务业的意见》起，党中央、国务院对养老服务的重视与日俱增。2011 年国务院办公厅颁发《社会养老服务体系建设规划（2011—2015 年）》，提出建设"以居家为基础、社区为依托、机构为支撑"的社会养老服务体系。2017 年国务院发布《"十三五"国家老龄事业发展和养老体系建设规划》，提出到 2020 年"居家为基础、社区为依托、机构为补充、医养相结合的养老服务体系更加健全"。2019 年，中共中央、国务院印发《国家积极应对人口老龄化中长期规划》，将应对老龄化上升为国家战略，对我国人口老龄化提出了分阶段建设的目标任务和翔实具体的应对措施。2020 年，党的十九届五中全会通过的《中共中央关于制定国民经济和社会发展第十四个五年规划和二〇三五年远景目标的建议》指出，实施积极应对人口老龄化的国家战略，我国的养老事业改革迎来跨越式发展，顶层制度体系基本成型，供给体系加快优化。2022 年，党的二十大报告进一步明确规定："实施积极应对人口老龄化国家战略，发展养老事业和养老产业，优化孤寡老人服务，推动实现全体老年人享有基本养老服务。"在政府养老服务供给实践中，从 21 世纪初建设"星光老年之家"开始，到增加养老机构的投入与购买社会养老服务，政府不断调整和丰富自身供给养老服务的内容和方式，探索养老服务供给的合理定位，充分体现了政府通过养老服务供给政策和供给实践来不断满足人民对美好生活的需要。

---

① 田小龙. 服务型政府建设路径的研究述评 [J]. 公共管理与政策评论, 2020, 9 (5): 87 - 96.

四、政府养老服务供给的现实困境

在应对人口老龄化问题的进程中，我国提出了"老有所养、老有所医、老有所为、老有所学、老有所教、老有所乐"这"六个老有"① 的养老政策目标，政界和学界在养老问题上做了大量的探索，其中养老服务供给问题因涉及政府、社会、市场、家庭等多元主体的参与而引发了众多的关注。从社会保障制度的内容体系看，我国已建成包含社会保险制度、社会救助制度、社会福利制度和社会保障服务的中国特色社会保障体系②。在社会保障服务领域，逐渐形成了以养老服务、医疗服务、就业服务等为主要内容的基本社会保障服务体系③，随着我国老龄化程度进一步加深，养老服务成为社会保障服务体系的重要内容。

在供给养老服务的实践中，我国政府通过财政补贴、兴办养老机构、购买服务等方式供给养老服务，体现了让"老年人及其子女获得感、幸福感、安全感显著提高"的民生理念。"十三五"期间，中央财政五年投入 50 亿元支持全国 203 个地区开展居家和社区养老服务改革试点，同时各地也积极开展旨在提升老年人生活质量的全方位的养老服务④。但目前政府养老服务供给在有效满足老年人养老服务需要方面存在很多问题，其中供需之间的结构性失衡问题表现较为突出。第四次中国城乡老年人生活状况抽样调查结果显示，我国老年人自我报告的养老服务需要逐渐上升，按照需要程度排序，老年人最需要的五项养老服务分别为上门看病、上门做家务、康复护理、心理咨询或聊天解闷、健

---

① "六个老有"的形成经历了逐步完善的过程。1983 年，国务院转发全国老龄工作委员会（以下简称"老龄委"）《关于我国老龄工作中几个问题的请示》中提到，"老龄工作要做到老有所养，健康长寿，老有所为，余热生辉"，开始提出"两个老有"。1984 年全国老龄委向国务院提出的《关于充实机构增加人员编制的请示》中提出"我国 60 岁以上的老年人越来越多。如何维护老年人的正当权益，使他们能够老有所养、老有所学、老有所为……"，提出了"三个老有"。接着，卫生部、北京市人民政府、全国老龄委在联合给国务院《关于在北京建立老年医院的请示》中首次提出了"老有所医"。同年，时任全国老龄委主任丁光汉在第一次全国老龄工作会议上所作的题为《全社会都来关心解决老年人的问题》的报告中，完整地提出"五个老有"——老有所养、老有所医、老有所为、老有所学、老有所乐。2000 年，时任国务院副总理李岚清在全国老龄工作会议的讲话中指出，"各级政府要按照《中共中央、国务院关于加强老龄工作的决定》，统筹工作、抓住重点，围绕'老有所养、老有所医、老有所教、老有所学、老有所为、老有所乐'的要求……"。2008 年《中共中央组织部、人力资源和社会保障部关于印发〈关于进一步加强新形势下离退休干部工作的意见〉》的通知》明确指出"六个老有"的具体内容。

② 丁建定.中国社会保障制度体系完善研究［M］.北京：人民出版社，2013：32.

③ 郑功成.面向2035 年的中国特色社会保障体系建设——基于目标导向的理论思考与政策建议［J］.社会保障评论，2021，5（1）：3 - 23.

④ 张园，王伟.失能老年人口规模及其照护时间需求预测［J］.人口研究，2021，45（6）：110 - 125.

康教育，然而政府供给最多的养老服务却是法律或维权服务、殡葬服务，老年人的需要与养老服务供给存在严重的不匹配现象①。在政府现行的养老服务供给中，政府倾向使用购买服务的方法来回应和满足老年人的养老服务需要，却在很大程度上没有考虑老年人的个性化需要，而简单将老年人视为养老服务的被动接受者②。在政府购买养老服务的实践过程中，由于公共服务的复杂性、养老服务的专业性、政社合作机制的不通畅性等原因，政府在一定程度上不能有效促进市场竞争，甚至可能被社会组织俘获。同时，与专业的养老服务供给机构相比，政府在购买合同管理中存在能力薄弱等问题，于是政府购买与专业供给、老年人的实际需要之间出现一定的偏差，导致政府陷入为公众购买"不称心礼物"的困境③。

第二节　研究问题与研究意义

一、研究问题

进入新时代，我国社会主要矛盾已经发生转变，老年人日益增长的美好生活需要成为政府养老服务供给的奋斗目标，而不充分不平衡的养老服务供给则是目前的现实。养老服务是兼具公共物品与私人物品属性的准公共物品，政府、市场、家庭、社会等多元主体共同承担着满足老年人需要的养老服务供给责任。

现代社会中，向公众提供包括养老服务在内的公共服务已发展为政府的基本职能之一。中华人民共和国成立以来，我国政府在满足人民需要的福利供给中经历了垄断—退出—回归的角色变化。进入 21 世纪后，政府在政策规划、服务供给实践等方面均承担了大量的责任。探讨政府养老服务供给，是以老年人的养老服务需要作为逻辑起点的。那么，政府提供的养老服务在多大程度上满足了老年人的养老服务需要？本书首先探索了现阶段老年人养老服务需要和政府供给的基本情况，并将其作为本研究的起点，这也是目前有关养老服务供给研究中的最普遍范式。

---

① 向运华，王晓慧. 新中国 70 年养老服务体系建设、评估与展望 [J]. 广西财经学院学报，2019，32（6）：9 - 21.

② 戴建兵. 治理现代化视角下老年人参与政府购买养老服务研究 [J]. 兰州学刊，2020（10）：199 - 208.

③ 彭婧，张汝立. 如何避免政府购买服务成为公众"不称心的礼物"？——基于政府责任视角的分析 [J]. 中央民族大学学报（哲学社会科学版），2018，45（1）：58 - 65.

需要固然是影响供给的重要因素，但在养老服务供给中，由于养老服务准公共物品的特性，政府、家庭、市场、社会等共同组成养老服务供给主体，形成了多方供给满足一方需要的格局，因此就出现了养老服务供给主体间的责任划分问题，即不同供给主体应在多大程度上承担养老服务供给责任，涉及的核心问题是老年人的养老责任认知。人们对"由谁供给养老服务""供给主体在多大程度上承担供给责任"等问题的看法称作养老责任认知，反映了老年人对某一供给主体优先选择以及对供给主体承担多少责任的主观看法。认知的期待失验理论认为，人们对政府公共服务供给的评价是基于人们对政府供给公共服务的责任认知与政府实际行为进行比较的结果，如果公共服务供给与人们的主观认知相协调，那么人们会对政府产生满意感①。因此，以满足人民美好生活需要为导向的政府养老服务供给必须考虑人们对政府供给养老服务的责任认知。自从我国福利社会化改革以来，福利服务由国家单独供给走向国家、家庭、社会、市场等多元主体共同供给，老年人对不同的养老服务供给主体形成了不同的看法，赋予了它们不同的责任。而且，伴随着我国社会保障制度的发展，老年人对政府的信任和预期也逐渐形成。那么，目前老年人的养老责任认知状况如何？在众多养老服务供给主体中，他们认为政府在养老服务供给中应当承担多少责任？老年人的养老责任认知是怎么形成的？他们的养老责任认知与养老服务需要是否有关系？另外，政策反馈理论认为，社会政策会形塑人们的福利态度，我国不断扩张的社会保障政策能否鼓励人们增强对政府供给养老服务的责任认知？政策层面应该如何综合考虑老年人的需要和责任认知以优化养老服务供给政策？

基于以上问题，本研究认为从养老责任认知视角检视政府养老服务供给可以为解决供需矛盾问题提供新的途径。供需矛盾产生的原因，一是由于政府供给不能及时反映老年人不断增长的养老服务需要，二是因为老年人对政府供给养老服务赋予了过高的责任期待。因此，政府养老服务供给一方面要了解现有供给满足需要的程度，另一方面要充分关注老年人对政府养老服务供给责任的认知。本研究依循养老服务需要—供需基本状况—老年人的养老责任认知—政府养老服务供给优化的路径展开，在梳理政府养老服务供给和老年人养老服务需要的现实情境中，从政府养老服务供给与老年人养老服务需要的匹配、老年人对政府养老服务供给的责任认知中推演政府养老服务供给的应然图景，讨论政府养老服务供给回应老年人养老服务需要的价值定位与实践策略，推动养老服务

---

① Van Ryzin G G. An Experimental Test of the Expectancy – Disconfirmation Theory of Citizen Satisfaction [J]. Journal of Policy Analysis and Management, 2013, 32 (3): 597 –614.

政策向善向好发展，以实现养老服务领域的善治。

二、研究意义

(一) 理论意义

1. 拓宽政府养老服务供给的研究视角

在社会福利服务中，"谁的福利、为什么要给他福利、在资源有限的情况下牺牲谁的福利、给他什么形式的福利" 等问题比服务本身更重要①，因为对这些问题的理解和看法涉及福利价值和福利制度的选择。在养老服务领域中，老年人对养老服务的看法将引导政策的方向并影响养老服务的供给模式。以往学术界对政府养老服务供给多以养老服务供给方为研究对象，而老年人作为养老服务的直接服务对象和服务最终使用者，其对养老服务的责任认知在现有研究中没有得到应有重视。于是本研究将养老服务供给对象——老年人作为研究对象，以老年人的养老服务供给的责任认知为视角，自下而上探索政府养老服务供给与老年人养老服务需要的匹配和回应，以拓展现有政府养老服务供给研究的视角。

2. 丰富政府养老服务供给的研究内容

目前关于政府养老服务供给的研究主要集中在供给政策、供给模式、供给内容及其影响因素等方面。本研究基于公共物品理论、福利多元主义理论探索政府养老服务供给的合法性和多元供给中的主导性，在老年人的养老服务需要与政府养老服务供给责任认知研究方面，则以需要理论和政策反馈理论为基础，了解老年人养老服务需要与政府养老服务供给的匹配程度，分析老年人养老责任认知的形成机制，根据老年人养老责任认知来检视政府养老服务供给，丰富现有政府养老服务供给的研究内容。

3. 构建老年人养老责任认知形成的双重作用理论

养老责任认知的形成受多种因素影响，本研究在需要理论和政策反馈理论的基础上，提出了养老服务需要和社会保障是老年人养老责任认知形成的内在驱动力和外部推动力的假设，基于对 731 名老年人调查的数据，探索老年人养老责任认知的内在形成机制和外部形成机制，构建了老年人养老责任认知形成的双重作用理论，认为老年人的养老责任认知是在养老服务需要的内部驱动与社会保障政策的外部推动的双重作用下形成的。

---

① 万育维. 社会福利服务：理论与实践 [M]. 台北：三民书局，2001：2-3.

（二）实践意义

1. 回应老年人需要，提高政府养老服务供给效率

合理的养老服务供给能够提升老年人的生活质量，更好满足老年人美好生活需要。然而，养老服务资源配置并不是随意的，政府养老服务供给一定要评估老年人的养老服务需要。在老年人多元化的养老服务需要中，有的属于个人化的私人需要，有的是公共性的服务需要，这就决定了政府在供给养老服务中既要承担责任又不可能承担无限责任。那么怎样才能使政府养老服务供给在尽力而为与量力而行中找到平衡点？养老服务政策是关键。但养老服务政策绝不是单纯的技术性政策制订问题，决定养老服务政策的是其背后的学理基础、价值取向。只有当养老服务政策充分考虑到老年人的价值取向，并与其养老服务需要相匹配时才是有效的和成功的，否则就可能出现政府供给与老年人需要错位的尴尬境况，导致不良的政策结果和资源浪费。本研究以老年人为研究对象了解其养老服务需要，探索老年人的养老责任认知，以老年人的需要和对政府供给养老服务的责任认知为出发点重构政府养老服务供给的定位，优化养老服务供给的内容，为政府调整养老服务的供给方向提供经验支持，提高养老服务供给的效率。

2. 调整供给策略，维护政府养老服务供给公平

党的十九大报告提出要"在发展中补齐民生短板、促进社会公平正义"，并且明确了"老有所养"等"民生七有"目标。党的十九届四中全会进一步提出要"加强普惠性、基础性、兜底性民生建设，保障群众基本生活"。党的二十大报告指出"实施积极应对人口老龄化国家战略，发展养老事业和养老产业，优化孤寡老人服务，推动实现全体老年人享有基本养老服务"。养老服务是民生建设的重要领域，促进养老服务公平是民生建设的"普惠""基础"与"兜底"的本质要求。本研究通过对政府养老服务供给的内容和数量的梳理，总结现有政府养老服务供给中的特点和问题，结合老年人养老责任认知的特征，以基本养老服务作为政府养老服务供给的底线，提出实行底线上、下的差别化的养老服务供给策略，实行兜底与普惠相结合的政府养老服务供给模式，维护养老服务供给中的公平。

3. 提高老年人满意度，建设人民满意的服务型政府

服务型政府是国家治理现代化的基本要求，建设人民满意的服务型政府是以人民为中心的发展思想的目标。在测量和检验满意度的研究中，期望失验理论认为人们对公共服务的满意度不仅取决于公共服务的供给、公共服务的质量，还取决于人们对公共服务供给的期待等认知判断。因此，政府供给与符合人们

主观认知的公共服务可有效提升人们对政府的评价和满意度，以老年人对政府养老服务供给的责任认知为导向调整和优化政府养老服务供给政策有助于建设人民满意的服务型政府。

第三节 研究综述

一、养老服务的准公共物品属性

政府为什么供给养老服务？从公共物品和私人物品的物品属性出发，学术界通常认为养老服务是一种准公共物品，政府对作为准公共物品性质的养老服务承担一定的供给责任。关于物品性质的讨论，最早对公共物品作出阐述的是萨缪尔森（Paul A. Samuelson），他在《公共支出的纯理论》一文中指出，"公共物品是指这样一种物品，每个人对这种物品的消费都不会导致其他人对该物品消费量的减少"，而"如果一种物品能够加以分割，因而每一部分能够分别按照竞争价格卖给不同的人，而且对其他人没有产生外部效果"，那么该物品则是私人物品。由此产生了竞争性—非竞争性、排他性—非排他性这两对鉴定物品属性的标准①。对于公共物品而言，一是具有非竞争性，即当关乎公共物品的消费增加时，边际成本为零，不会因为消费主体数量的增加而影响其效用；二是具有非排他性，即在公共物品的消费上，每个人都不能排除其他人对该物品的消费，任何人都能够参与并享受这一权利。而私人物品则与之相反，不仅具有竞争性——在产品数量一定的情况下，增加消费人数便会降低原消费者消费该产品的数量或机会，而且具有排他性——人们不能同时使用或消费同一产品，一个人消费了，其他人便无法再去消费②。

但是，布坎南认为这个定义具有高度的限定性，指出如果按照这个定义对物品进行界定，没有哪种物品或服务在真正的描述性意义上符合这一极端定义，而且现实财政制度中由公共融资的物品和服务绝少表现出这种纯公共性③。他提出了俱乐部理论，并根据物品的公共性特征将物品分成三大类：一类是纯公

---

① Samuelson P A. The Pure Theory of Public Expenditure [J]. The Review of Economics and Statistics, 1954, 36 (4): 387 – 389.

② 秦芳菊. 居家养老服务的模式选择与优化——以公共产品理论为视角 [J]. 税务与经济, 2019 (4): 56 – 61.

③ 詹姆斯·M. 布坎南. 公共物品的需求与供给 [M]. 马珺，译. 上海：上海人民出版社, 2009: 78 – 96.

共物品，一类是俱乐部物品，一类是私人物品。其中，俱乐部物品是一种介于纯公共物品和私人物品之间的准公共物品或者混合物品。具体来看，准公共物品或者是一种扩大了受益范围的私人物品，较之私人物品，它具有部分的非竞争性和非排他性；或者是一种限定了受益范围的纯公共物品，较之纯公共物品，它具有部分的竞争性和排他性[①]。

按照布坎南对公共物品的界定和类型划分，养老服务兼具公共物品与私人物品的特性，是介于二者之间的准公共物品。一方面，在社会用于养老服务的资源总量一定的前提下，增加某个人养老服务的消费，会减少其他人的消费，即消费者的增加会引起成本的增加，例如，随着使用养老服务的老年人增加，就需要投入更多的财力来购买服务，因此养老服务具有消费上的竞争性；另一方面，养老服务支出只要形成个人可支配性收入，便不受他人侵犯，消费上具有排他性的特点。消费的竞争性和排他性的特性决定了养老服务带有私人产品的特征。但是，任何老年人都享有接受养老服务的权利，人人都可以享受政府为老年人建立的养老服务体系，这一点说明政府主导的养老服务具有一定程度的非排他性；而且，政府对养老服务的供给还具有很强的正外部性，即社会边际收益大于私人边际收益。不仅享受养老服务的老年人获得效用，这种效用还会形成尊老爱老敬老的社会新风尚，对整个社会有益。因此，养老服务不仅是提供给个人的，而且是提供给整个社会的，带有准公共物品的特征，政府有责任供给养老服务[②]。

养老服务的准公共物品属性为政府养老服务供给提供了重要的学理基础，同时也为多元主体共同供给养老服务提供了理论依据。准公共物品供给的核心问题是要处理好政府、家庭、市场、社会组织等供给主体之间的关系。同时公共物品供给理论是为了适应国家干预经济的需求而建立与发展的一种供给理论体系[③]，它从物品属性的角度关注不同主体在物品供给中的责任问题[④]。养老服务的准公共物品属性不仅决定了政府有责任供给养老服务，同时也决定了政府在养老服务供给中的责任不是无限的，政府对养老服务的供给负有限责任。政府责任是众多学科领域内的重要词汇，但由于不同的学理视角和相异的理论工

①　肖卫东，吉海颖. 准公共产品的本质属性及其供给模式：基于包容性增长的视角 [J]. 理论学刊，2014（7）：57－61.

②　刘江军，肖勇. 养老保障制度的政府责任边界分析 [J]. 湖北经济学院学报，2006（3）：98－101.

③　陈静，周沛. 论我国老年社会福利供给中政府角色的嬗变 [J]. 东南学术，2015（3）：140－146.

④　黄俊辉. 政府责任视角下的农村养老服务供给研究 [M]. 北京：中国政法大学出版社，2020：95－113.

具，学界对政府责任所指内涵的界定并不一致。在政治学的视野中，政府责任主要是政府恪守民主与法治责任，向作为其权力来源的民众负责，其关注的重点是政府权力与统治的合法性。经济学对政府责任的探讨是紧紧围绕着政府与市场的关系而展开的，政府责任是指政府对于社会尤其是经济发展所应当担负的职责。在伦理学视野下，政府责任既体现为对政府权力的确认和保护，也体现为对政府权力的约束与规范①。然而，对于政府责任内涵最丰富的界定出现在公共管理领域，其代表性观点主要包括以下几种：美国学者斯塔林（Graver Staring）认为，政府责任的内涵主要包括如下要素：第一，回应。即政府不仅应该快速了解和接纳民众先前表达的需求，而且应该以"前瞻"的"主动行为"研究问题和解决问题。第二，公正。即在政策的形成和执行中，政府不能忽略不同群体、不同地域或对政策目标的情景差异。第三，效率。即政策的制定和执行必须受到恰当的、认可的目标标准的指引，政府的行为应该是理性的、有效率（效能）的。第四，法定程序。政府的行为应该受到法律制度的约束而非意志的支配，即必须依法而不是恣意而治。第五，承担主体。政府必须对其行为负责，一旦违背了理性的法治原则或精神，则必须有相应的个体或组织承担责任。第六，诚实。一方面，政府要透明公开，要接受外界的监督。另一方面，政府的公共管理者不能利用权力谋取不正当的利益②。库珀（Terry L. Cooper）把政府责任放在公共行政角色的组织和政治背景中分析，认为主要有三种关系：一是由公共组织结构中上下级关系决定的责任；二是"对民选官员负责，把他们的意志当作公共政策的具体表现来贯彻"；三是"对公民负责，洞察、理解和权衡他们的喜好、要求和其他利益"③。国内学者对政府责任的研究中，张成福把政府责任划分为广义和狭义两种。广义的政府责任指政府的社会回应，即政府能够积极地对社会民众的需求作出回应，并采取积极的措施，公正、有效率地实现公众的需求和利益。狭义的政府责任主要指法律责任，即政府机关及工作人员违反法律规定的义务、违法行使职权时所承担的否定性的法律后果④。

养老服务兼具公共物品和私人物品的属性，政府对养老服务供给负有确定的责任。2012 年《国家基本公共服务体系"十二五"规划》就已经将养老服

---

① 鲁迎春. 从"福利救济"到"权利保障"：上海养老服务供给中的政府责任研究 [D]. 上海：复旦大学，2014.

② Grover Starling. Managing the Public Sector [M]. Boston：Cengage Learning, 2010：116 – 127.

③ Terry L. Cooper. The Responsible Administrator：An Approach to Ethics for the Administrative Role [M]. San Francisco：Jossey – Bass Publishers, 2011：76 – 79.

④ 张成福. 责任政府论 [J]. 中国人民大学学报，2000 (2)：75 – 82.

务纳入了"基本公共服务体系"。该规划指出,"基本公共服务,指建立在一定社会共识基础上,由政府主导提供的,与经济社会发展水平和阶段相适应,旨在保障全体公民生存和发展基本需求的公共服务。享有基本公共服务属于公民的权利,提供基本公共服务是政府的职责"。基本公共服务范围包括公共教育、就业服务、社会保险、社会服务、医疗卫生、人口计生、住房保障,公共文化等8个领域,其中明确列出"为老年人提供基本养老服务"是社会服务的基本内容,因此提供基本养老服务是政府的职责。

二、养老服务需要与供给的研究

(一)养老服务需要

在人的生命周期中,处在不同年龄阶段的人因面临不同的人生任务而产生不同的需要,人的一生就是一个不断产生需要并不断满足需要的过程。进入老年期以后,人们的生理机能弱化,认知功能衰退,退休行为更大大减少了老年人的社会活动与社会参与,与处于其他年龄阶段的人相比,老年人对外界的依赖明显增加,因而对养老服务的需要不断增长。

1. 养老服务需要分类研究

国外对老年人养老服务需要的研究集中在三个方面,可以概括为3"M":物质需要(Money)、医疗需要(Medical)以及精神需要(Mental)[1]。其中物质需要是指老年人在收入、经济方面的保障需要,医疗需要主要是指老年人对医疗保障或医疗保险的需要,精神需要是指老年人在心理满足、精神慰藉等方面的需要,是比较高级的一种需要。在此需要框架内,学者们通过实证调查发现了多种具体的养老服务需要,如凯恩(Rosalie A. Kane)指出对于有身体功能障碍的老年人来说,他们迫切希望获得专业的医疗康复服务,帮助其恢复和维持身体功能[2]。卡兰科娃(Dominika Kalánková)通过对文献的系统回顾指出老年人的需要可以被分成生理需要、社会心理需要和精神需要三类[3];容(Esther H. K. Yung)等对开放空间的养老服务需要进行了研究,认为"社交及体育活动""社区生活设施及服务""社交网络""宜居环境"是老年人在养老

---

① 邬沧萍,杜鹏,姚远. 社会老年学 [M]. 北京:中国人民大学出版社,1999:245-246.

② Kane R A, Kane R L. Long - Term Care: Principles, Programs, and Policies [M]. New York: Springer Pub. Co., 1987:55-70.

③ Kalánková D, Stolt M, Scott P A, et al. Unmet Care Needs of Older People: A Scoping Review [J]. Nursing Ethics, 2020, 28 (2):149-178.

服务方面最重要的需要①。什里瓦斯塔瓦（Saurabh Ram Bihari Lal Shrivastava）指出满足老年人的复杂多元的需要并解决服务供给中的阻碍是需要迫切完成的任务②。

国内研究对老年人养老服务需要的认识，经历了由单纯的经济需要到多元需要转变的过程。20世纪80年代，我国政府就开始重视老龄问题，对老龄问题的认识从"福利问题"上升到"社会问题"。我国学界和政界在对养老服务问题的探索中，形成了对老年人需要的"六个老有"表述，即"老有所养、老有所医、老有所为、老有所学、老有所教、老有所乐"，并将其写进了《中华人民共和国老年人权益保障法》。"六个老有"涵盖了老年人的物质需要、医疗需要、精神需要等，成为我国老龄事业的目标，也是目前政界、学界普遍使用的老年人需要的表述方式。围绕着老年人的具体需要，学界开展了大量的研究。行红芳将老年人的养老服务需要划分成物质需要、日常照料需要、精神需要等三种类型③。王俊文等将老年人的养老服务需要概括为经济需要、生活照料需要、医疗服务需要和精神文化需要④。郭竞成通过分析14项具体的养老服务［帮助烧饭或送饭、帮助洗衣服或打扫卫生、进行健康教育或建立健康档案、陪伴就医、帮助购买生活物品、健康咨询、紧急情况下有人能及时救援、失能康复治疗（上门服务）、老年人聚会娱乐场所、行动不便后的长期照料、定期电话探访法律维权、法律咨询和法律援助、有人定期上门探访与精神慰藉、便利的纠纷调解机制］，将老年人养老服务需要概括为生活照料需要、医疗保健需要、失能照料需要、精神满足需要、法律维权需要等五个方面⑤。刘媛媛认为老年人的养老服务需要有生活护理照料、健身康复、医疗服务、文化娱乐、精神慰藉等⑥。李新辉等在对养老服务需要进行了分类整理后，将其划分成生活照料、家政维修、医疗保健、精神慰藉、安全防护、文化体育等方面⑦。周

① Yung E H K, Conejos S, Chan E H W. Social Needs of the Elderly and Active Aging in Public Open Spaces in Urban Renewal [J]. Cities, 2016 (52): 114 – 122.

② Shrivastava S R B L, Shrivastava P S, Ramasamy J. Health – care of Elderly: Determinants, Needs and Services [J]. International journal of preventive medicine, 2013, 4 (10): 1224 – 1225.

③ 行红芳. 老年人的社会支持系统与需求满足 [J]. 中州学刊, 2006 (3): 120 – 123.

④ 王俊文, 杨文. 我国贫困地区农村养老服务需求若干问题探讨——以江西赣南 A 市为例 [J]. 湖南社会科学, 2014 (5): 61 – 65.

⑤ 郭竞成. 农村居家养老服务的需求强度与需求弹性——基于浙江农村老年人问卷调查的研究 [J]. 社会保障研究, 2012 (1): 47 – 57.

⑥ 刘媛媛. 中国当代农村老年人养老现状与需求分析——以大连市旅顺口区柏岚子村为例 [J]. 人民论坛, 2014 (19): 241 – 243.

⑦ 李新辉, 艾景涵, 胡海峰, 等. 新疆农村维吾尔族、哈萨克族老年人养老认知及养老需求调查研究 [J]. 西北人口, 2015, 36 (2): 29 – 32.

兆安等认为，老年人除了生理需要、安全需要、归属与爱的需要、尊重需要以及自我实现需要等一般性需要外，还存在一些特殊需要，这些需要主要包括：老年人对生活照料与健康维护的需要、经济供养的需要、婚姻家庭需要、社会参与和精神慰藉需要，以及体验安全与身后事宜安排等需要①。张思锋等将老年人的养老服务需要划分成生活照料需要、医疗服务需要、文化娱乐需要、精神慰藉需要等方面②。陆涵等在对云南白族独居老人的调查研究后构建了六个维度的养老服务需要：宗教信仰、生活照料、情感支持、实现社会价值、医疗和护理服务、经济支持③。随着信息技术的发展及其在养老服务领域的应用，老年人开始接受并使用信息服务，费舍尔（Shira H. Fischer）等人通过对老年人信息技术及互联网使用的研究发现，老年人对信息服务的使用率不断提高，尽管老年人经常使用的传感器、家庭监测设备等信息化服务有利于老年人的"原居安老"，但是老年人在使用信息化服务中受到信息化、互联网的技术信任、隐私等问题的困扰④。

从以上对养老服务需要分类的研究中可以看出，养老服务需要并没有统一的划分标准。不同的研究者基于不同的研究目的、研究内容、研究方法等，从不同的视角对养老服务的需要进行了分类。但从现有文献对养老服务需要的众多分类中可以看出，如此繁多的需要种类反映了老年人多元化的养老服务需要，如何满足老年人的养老服务需要是社会面临的难题。

2. 养老服务需要的影响因素研究

从已有研究看，影响老年人养老服务需要的因素主要有个人因素与社会因素两方面。从个人因素看，主要的影响因素有年龄、子女数量、经济支持、收入等。研究发现，来自家庭、子女的经济支持、照料支持均会降低老年人的养老服务需要⑤。老年人对养老服务的需要随着子女数量的增加而减少，年龄对养老服务需要的影响受养老服务类型的调节，老年人的医疗保健需要随年龄上升而上升，但是文体娱乐需要随年龄上升而下降，收入高的老年人有较强的养

① 周兆安. 家庭养老需求与家庭养老功能弱化的张力及其弥合 [J]. 西北人口, 2014, 35 (2): 45 - 49.

② 张思锋, 张泽滈. 适应多样性需要的养老服务及其质量提升的多元主体责任 [J]. 人口与社会, 2018, 34 (4): 11 - 20.

③ 陆涵, 赵媛, 史婷婷, 等. 基于扎根理论的云南白族独居老人养老服务需求框架构建 [J]. 护理研究, 2021, 35 (16): 2961 - 2965.

④ Fischer S H, David D, Crotty B H, et al. Acceptance and Use of Health Information Technology By Community – Dwelling Elders [J]. International journal of medical informatics, 2014, 83 (9): 624 - 635.

⑤ 张红凤, 罗微. 养老服务资源对老年人社会养老服务需求的影响研究 [J]. 中国人口·资源与环境, 2019, 29 (4): 168 - 176.

老服务需要①。另外有研究从养老服务本身的特点来解释其对老年人需要的影响，龙露露等的研究指出，智慧养老服务虽然有着广阔的未来前景，但就目前的发展现状而言，作为众多养老服务方式中的新形态，智慧养老存在着服务监督不力、资源分配不均、产品和服务技术安全隐患众多、隐私信息泄露、信任度和接受度不高等多方面的问题，这些问题极大降低了老年人对智慧养老服务的需要②。从社会因素看，政府资金投入、养老服务设施功能、养老服务专业化水平、养老服务人才、养老服务政策与养老服务需要呈正相关，充分的养老服务资源供给能够增加老年人对养老公共服务的需要③④，信息化养老服务费用等则会负向影响老年人养老服务需要，高龄老年人养老服务需要存在城乡差异，农村高龄老年人对上门看病等具体服务的需要比城市老年人高⑤。信息化养老服务的研究发现，老年人需要没有被满足的主要原因在于信息化服务本身的操作难度以及老年人对信息化服务的信心不足，但是信息化平台的建设水平、老年人对信息服务的使用期望、绩效期望、努力期望、社会影响、便利条件等均会对老年人信息化服务的使用产生正向积极的影响，有利于提高老年人信息化需要的满足水平⑥。

个人因素与社会因素影响老年人对养老服务类别或数量的需要，然而老年人需要能否被满足则受养老服务供给的影响。总体来说，现有研究中养老服务需要不能被充分满足的主要原因是有效供给不足，各养老服务供给主体尚未形成明确的责任分工，老年人的养老服务需要随着社会经济的发展而不断变化，因此目前低水平的福利服务供给以及供给与需要的低匹配度是老年人养老服务需要不能获得充分满足的最重要因素⑦。

① 刘艺容，彭宇. 湖南省社区居家养老的需求分析——以对部分老年人口的调研数据为基础 [J]. 消费经济，2012，28（2）：63－66.

② 龙露露，李荟，车相坤，等. "区块式"老龄化背景下高知人群养老服务质量调查与模式探索——以 Z 社区为例 [J]. 黑龙江人力资源和社会保障，2022（3）：1－3.

③ 邓宇含，吕芯芮，刘爽，等. 北京市朝阳区老年人对社区卫生服务中心医养结合养老服务的需要现状及相关因素 [J]. 医学与社会，2022，35（5）：39－44.

④ 杨清红，高艳. 供给侧结构性改革视角下居家养老服务需求、供给与衔接 [J]. 商业经济研究，2021（10）：173－177.

⑤ 姚兴安，朱萌君. "互联网＋"居家养老服务需求意愿及影响因素研究 [J]. 中国卫生事业管理，2021，38（3）：230－232.

⑥ 向黎明. 智慧居家养老服务用户使用意愿的影响因素及实证研究 [D]. 成都：西南交通大学，2019.

⑦ 武玲娟. 新时代我国养老服务中的政府职责定位研究 [J]. 东岳论丛，2018，39（9）：134－141.

（二）养老服务供给

1. 福利制度与养老服务供给

养老服务是社会福利体系的一个组成部分，一国的养老服务体系受到社会福利制度的影响。社会福利制度是特定社会历史形态下特定国家对民生问题解决方式的政治选择，其核心问题是国家和社会各自在福利制度中承担什么责任①。任何一种社会福利制度的背后都体现着某种责任基础，隐含着某种责任关系，昭示着这种社会福利体系所具有的责任结构与责任内容，形成了不同的福利供给模式②。

从不同的福利供给模式或福利体制去分析政府福利供给是最常见也是福利研究最经典的研究范式，最早可以追溯到美国学者威伦斯基（H. L. Wilenskey）和勒博（C. N. Lebeaux）。他们在 1958 年的合著《工业社会和社会福利》中将社会福利模式划分成剩余型（The Residual）和制度型（The Institutional）两类。剩余型福利模式背后的基本价值理念是，家庭和市场是为个人提供福利的最理想的机构，但是当家庭破裂、经济萧条、年老体弱或者生病时，家庭和市场难以充分地发挥作用，个人此时就无法有效地利用"自然途径"，国家设置的社会福利机构作为第三种机制开始发挥作用。而一旦家庭和市场恢复正常功能，国家就应该撤退。因此在实行剩余型社会福利模式的社会中，只有当国家的社会福利机构在其他"正常的"（normal）供给渠道（家庭和市场）不能维持福利供给的角色时，才为遇到困难的人们提供帮助，这种模式下社会福利服务的政府供给为"补救的""临时的""替代的"。在这种基本的认识前提下，剩余型社会福利模式往往将国家福利与"施舍""慈善""污名化"等相联系③。而制度型社会福利模式则认为，国家为公民提供福利的目的在于帮助个人的自我实现，是现代社会的"适当的"和"合法的"的功能，公民接受国家提供的福利并不与"污名""施舍""反常"相联系。

尽管威伦斯基和勒博没有分析造成福利模式差异的原因是什么，但是他们开创了福利模式类型学的研究范式。蒂特马斯（Richard Titmuss）在《社会政策十讲》中提出三种对照性的社会福利模式：剩余福利模式（The Residual Welfare Model）、工作能力—成绩模式（The Industrial Achievement Performance

---

① 谢泽宪. 城市老年人社区福利服务模式改革：回顾与前瞻 [J]. 社会工作（上半月），2010 (2)：24-28.

② 高和荣. 中国社会福利体系责任结构的顶层设计 [J]. 吉林大学社会科学学报，2012, 52 (2)：73-79.

③ 转引自毕天云. 社会福利场域的惯习 [D]. 北京：中国社会科学院研究生院，2003.

Model)、制度性再分配模式（The Institutional Redistributive Model）①。剩余社会福利模式基于这样一个前提：私有市场和家庭是能够恰当地满足个人需要的两个"自然的"渠道，个人的需要可以通过它们而获得适当的满足，只有当它们崩溃的时候，社会福利设施（指国家提供的福利，作者注）才应该介入运作，并且这种介入应该只是暂时的，所以"福利国家的真谛是教导人们如何不须依赖它生活"②。在工作能力——成绩模式中，社会福利设施被赋予的角色是充当经济的附属品，因此该模式也被称作"婢女模式"，认为应该论功行赏，按照个人的优点、工作表现和生产力来满足其社会需要。制度性再分配模式则将社会福利视为社会中主要的统合制度，它在市场之外以需要为基本原则，向人们提供普惠性的服务（universalist services）。

以上两种社会福利模式类型是根据国家在福利供给中所扮演的角色而划分的。艾斯平－安德森采用"去商品化程度"这一指标将社会权利与福利国家联系起来，采用去商品化程度、社会分层效应及国家与市场的关系三个标准，将福利体制划分成三种不同的类型，即保守主义、自由主义与社会民主主义福利体制③，三种福利体制下，其去商品化程度、分层化效应、国家与市场关系均不相同④。保守主义强调社群主义、合作主义与国家主义对于保障人们生活的作用，在现实政策层面，面对劳动力商品化的趋势，保守主义由传统的行会、企业的自愿性基金扩展到社会保险项目，成为保守主义福利体制，从而使国家成为社会保险项目的运作者，并通过立法取代自愿性的基金，承担起社会保险的国家责任。这些发展打破了劳动者对于市场运作的依赖性，从而以社会保险的方式来确保劳动者的福利权利，以对抗"劳动力的商品化"趋势。与保守主义福利体制相反，自由主义福利体制崇尚市场竞争、个人主义，反对政府过多介入经济生活。因此自由主义福利体制的国家强调每个人要到市场中去为其生计争取保障，而对市场中的弱势群体提供十分有限的福利救助。因此，在此体系中，社会救助作为核心项目，对于那些"勤俭者"则建立起以个人缴费与待遇挂钩为基本原则的社会保险与职业福利，并鼓励人们发展商业保险。社会民主主义福利体制以普遍主义为基本原则，它倡导地位平等，所有公民都被赋予

---

① 理查德·蒂特马斯. 蒂特马斯社会政策十讲［M］. 江绍康，译. 长春：吉林出版集团有限责任公司，2011：14.

② 理查德·蒂特马斯. 蒂特马斯社会政策十讲［M］. 江绍康，译. 长春：吉林出版集团有限责任公司，2011：15 - 16.

③ 艾斯平－安德森. 福利资本主义的三个世界［M］. 郑秉文，译. 北京：法律出版社，2003：29 - 30.

④ 李芬. 社会分层影响社会福利状况的研究［D］. 南京：南京大学，2013.

同等的权利，而不考虑其阶级地位或市场地位如何。同时，普遍主义还强调福利待遇的平等性，因此社会民主主义建立起以普遍性社会津贴为标志的福利体制，这种体制有效地遏制了市场的作用，有助于减少不平等。

由于安德森对福利体制的划分是基于 18 个 OECD 国家的研究而得出的结论，三种类型划分在受到热切追捧的同时，也遭到了强烈批评。其中一种批评便是这三种模式并不能涵盖所有的福利体制比如东亚国家的社会福利模式，因此安德森后来又对东亚社会福利模式进行了专门讨论。其实学术界从 20 世纪 90 年代开始就一直讨论东亚国家是否存在统一的福利模式问题，且形成了一些有代表性的观点。例如，有学者明确提出东亚福利体制是传统儒家文化和现代福利制度的混合体①，有的研究则认为东亚国家社会福利支出占国家开支的比例低，政府责任小，政府主要起了调节者的作用，社会福利制度的再分配作用不明显②，福利提供的责任被转嫁到私人领域，家庭福利供给的重要性强于欧美福利国家③。琼斯（Catherine Jones）强调儒家文化的传统在东亚福利发展中扮演的角色，以至于国家刻意让家庭承担较重的福利责任④，霍利迪（Ian Holliday）等人则从经济发展与社会政策的关系着手，认为东亚社会政策属于生产性（productivist）福利政策，也就是强调其对于经济增长的效用⑤，但后来威尔丁（Paul Wilding）指出，尽管东亚福利模式带有"生产性"的特点，但是随着社会的发展变迁，它在逐渐变为混合福利模式和较为普惠型的福利供给模式⑥。林卡在总结东亚福利制度的研究时提出，尽管可能并不存在一个普遍的东亚福利模式，但是东亚国家或地区的福利制度确实存在一些共同点，包括：（1）在福利供给上，这些体系基于儒家文化背景，具有对家庭的强烈依赖和对家庭主义价值观的认同；（2）东亚社会中的福利体系在其特有的福利文化规范和劳资关系基础上，建立起以公司福利为特征的法团主义福利模式；（3）在东

---

① Walker A, Wong C K. The Ethnocentric Construction of The Welfare State [M] //Kennett P. A Handbook of Comparative Social Policy. 2013: 98 – 114.

② Aspalter C. The East Asian Welfare Model [J]. International Journal of Social Welfare, 2006, 15 (4): 290 – 301.

③ Jacobs D. Low Public Expenditures on Social Welfare: Do East Asian Countries have a Secret? [J]. International Journal of Social Welfare, 2000, 9: 2 – 16.

④ Jones C. Hong Kong, Singapore, South Korea and Taiwan: Oikonomic Welfare States [J]. Government and Opposition, 1990, 25 (4): 446 – 462.

⑤ Holliday I. Productivist Welfare Capitalism: Social Policy in East Asia [J]. Political Studies, 2000, 48 (4): 706 – 723.

⑥ Wilding P. Is the East Asian Welfare Model still Productive? [J]. Journal of Asian Public Policy, 2008, 1 (1): 18 – 31.

亚社会中，政府的社会保障支出和税收水平都较低，导致了该体系只具有很弱的再分配效应；（4）政府以生产主义为导向制定社会政策①。

与国外研究相比，尽管国内有研究涉及东亚福利制度，但大多数研究考察的对象是日本、新加坡、韩国、中国台湾、中国香港等国家和地区，并未将中国大陆的社会福利制度纳入进去。林卡在考察了包括中国大陆在内的六个东亚国家和地区后，认为东亚生产型社会政策很难反映出东亚福利体系的特殊性，尤其是中国大陆的社会政策处于转型进程中，社会再分配观点的影响力逐渐扩大，人们对政府供给福利的要求得到强化②。万国威则认为我国早期补缺型的社会福利制度是特定的社会历史发展阶段的产物，具有时代的合理性，而且这种补缺型的社会福利制度确实承担了一定时期内经济社会转型的任务，在经济建设为主的时代发挥了不可替代的作用。但是，随着经济社会发展目标的逐步改变，社会福利制度已经悄然具有向适度普惠型转型的时代诉求③。至于中国的福利制度是选择剩余型还是适度普惠型的模式，国务院于 2004 年在发展思路上提出要构建"覆盖城乡的社会保障制度"后，民政部积极推动建设"适度普惠型"的民政福利，而人社部则强调优先建立以收入维持为主的城乡社会保险制度，负责中国福利供给的两大主要部门在福利道路的选择上思路有所不同。到底是坚持适度普惠还是剩余型的福利供给制度，应该取决于我国的基本国情和经济社会状况，就目前来看，这个问题尚未有一致性的回答。

政府在老年福利供给中的角色定位是影响福利效果的主要因素④。国内当前对社会福利供给领域政府角色与作用的研究主要集中于两个方面：一是从国家职能、政府管理的理论层面剖析政府作用的应然形式，强调政府在社会福利供给中的主要责任，以及政府作为领导者对包括市场、非营利组织、家庭和个人的其他供给主体的作用范围的界定，并提出构建政府主导的多元福利供给体系的政策目标；二是对政府责任缺位、错位和越位的研究，认为政府职能过度收缩、责任缺失与职能越界并存，政府在社会福利供给中的责任方向亟待调整，并阐述政府责任调整的相应对策建议。有的研究认为，基于干预供给行为的深度与广度，政府在当前老年社会福利供给中扮演"支配者"的角色。政府支配意味着福利生产与福利供给的分离，较之政府在福利供给中的垄断角色具有实质性的制度进步意义，但同时，政府支配意味着行政机制对福利供给的所有阶

---

① 林卡. 东亚生产主义社会政策模式的产生和衰落 [J]. 江苏社会科学，2008 (4)：77 – 83.
② 林卡. 东亚生产主义社会政策模式的产生和衰落 [J]. 江苏社会科学，2008 (4)：77 – 83.
③ 万国威. 我国社会福利制度的理论反思与战略转型 [J]. 中国行政管理，2016 (1)：15 – 22.
④ 陈静，周沛. 论我国老年社会福利供给中政府角色的嬗变 [J]. 东南学术，2015 (3)：140 – 146.

段深度介入，政府干预的范围不仅停留在规则制定、方向引导与资源调派的范畴，而且陷入直接供给的藩篱，由此产生政府责任过度延伸，以及市场、社会机制相对萎缩的问题。其结果是，一方面政府压力巨大，公共财政负担沉重，福利供给与传输力不从心，社会批评甚重；另一方面，老年人群体福利服务需要不能满足，供需严重失衡，甚至于其基本权利难以得到保障。因此，政府的角色定位应该从支配者走向主导者①。

在养老服务的供给上，政府供给养老服务的责任应该包括政治责任、经济责任和社会责任。政治责任，即政府在建立和完善养老服务制度与政策的过程中，根据不同阶段的发展特点，结合国际环境发展趋势和国内国情或者地方区域性特点，确立合理的执政理念，从而对养老服务政策的价值取向产生影响，最终指导政府在该时期选择合理的养老服务制度。经济责任主要是指政府在建立和完善养老服务制度过程中，必须承担的制度设计、财政出资、制度监管等制度建设和完善等各项具体责任。而政府的社会责任，主要是政府要充分发挥社会力量的作用，完善政社合作机制，发展和促进社会化养老的良好环境②。伴随着老龄化社会来临，国家为积极应对老龄化背景下的养老问题出台了一系列政策，其中 2000 年中共中央、国务院发布的《关于加强老龄工作的决定》提出，"建立以家庭养老为基础、社区养老服务为依托、社会养老为补充的养老机制"，标志着我国开始进入社会养老阶段。相应地，养老服务供给主体日趋多元，家庭、政府、市场和社会组织协同合作，共同向老年人供给养老服务。经过多年的探索，学术界在老年福利供给责任的定位方面已经达成基本共识，即都认为政府是老年福利服务供给中处于主导地位的供给主体③，但是在政府承担责任的范围和程度上学者们还存在争论④。

2. 福利理论与养老服务供给

从养老服务理论研究的角度来看，政府责任是养老服务供给研究的一条重要线索，西方政府在养老服务供给中的责任经历了一个从有限供给到责任无限扩大最后又理性回归的过程。20 世纪 20 年代，庇古（Arthur Cecil Pigou）明确提出政府有责任将税收用于为公众提供公共服务⑤，后来著名经济学家凯恩斯

① 陈静，周沛. 论我国老年社会福利供给中政府角色的嬗变 [J]. 东南学术, 2015 (3)：140 –
146.

② 曹海苓. 中国社会化养老服务中的政府职能研究 [D]. 吉林：东北师范大学, 2020.

③ 杨俊. 老年福利公共支出发展的问题与对策研究——以经合组织国家的情况为参考 [J]. 东岳论丛, 2015, 36 (10)：30 –36.

④ 张磊. 农村老年福利多元供给研究 [D]. 南京：南京大学, 2013.

⑤ 阿瑟·赛西尔·庇古. 福利经济学 [M]. 晏智杰, 译. 北京：华夏出版社, 2017：578 –580.

（John Maynard Keynes）提出政府干预市场的原则，指出政府应承担起更多的公共服务责任，通过财政转移支付等方式补贴穷人，凯恩斯思想为西方政府进行养老服务建设奠定了理论基础①。然而，在上述理论指导下，政府包办了养老机构的建设和绝大部分养老服务的供给，由此导致政府承担的养老服务支出比重愈来愈大，养老服务建设给西方各国带来了沉重的财政负担。各国政府不得不重新审视政府在养老服务中的责任范围和限度。西方学者为此进行了新的思考，自由主义理论的典型代表人物罗尔斯（John Bordley Rawls）指出，政府在公共服务中所起的作用应该是有限的，其供给模式应是补缺型的②。英国社会理论家吉登斯（Anthony Giddens）则提出了第三条道路理论，指出应重新认识国家干预和市场自由的作用，强调个人责任与权利的平衡③。伴随着 20 世纪 70 年代初的"石油危机"，福利国家面临多重困难，福利供给中的财政可持续性受到极大影响，政府对福利开支的削减也在所难免。此时出现的新公共管理运动因其主张"更多地依靠民间机构，更少地依靠政府"契合了当时各国政府进行福利改革的实际情况而备受青睐。在新的理论指导下，西方政府开展了新一轮的养老服务市场化改革，有的国家把一部分养老机构转交给市场去运营，如英国和美国进行的公共服务私营化运动。在养老服务供给上，有些地方开始将养老服务转向基于社区养老的新模式，不再鼓励建设新的养老护理机构，转而支持由家庭和社区提供高质量的老年人长期护理服务，并制定计划促进家庭养老、机构养老、社区养老等各种类型的养老服务提供者之间的协作，共同提供高质量的令老年人满意的养老服务④。

在新公共管理运动的影响下，福利多元主义（welfare pluralism）理论应运而生，提出了福利不应该局限于政府，而应由多个部门共同提供的主张。因此福利多元主义理论是在福利国家通过福利开支缩减的手段来缩小国家的福利规模，将福利责任下放到地方或其他部门的背景下发展起来的，是为解决福利国家危机问题而提出的一种理论范式。福利多元主义理论为福利治理理论提供了学理依据，也是西方国家应对福利危机和社会矛盾的机制和政策性措施，是一

---

① 约翰·梅纳德·凯恩斯. 就业、利息和货币通论 [M]. 徐毓枬，译. 南京：译林出版社，2014：4.

② 约翰·罗尔斯. 正义论 [M]. 何怀宏，等译. 北京：中国社会科学出版社，2009：243–245.

③ 安东尼·吉登斯. 第三条道路：社会民主主义的复兴 [M]. 郑戈，译. 北京：北京大学出版社，2000：67–69.

④ 黄可. 中国农村社会养老服务体系建设中的政府责任问题研究 [D]. 大连：东北财经大学，2013.

种将多主体合作治理原则应用于社会福利供给的机制①。

福利多元主义理论作为西方社会政策研究领域的重要理论，认为在福利供给中尽管福利由政府、家庭、市场、社会组织等共同供给，但是不同供给主体承担的福利责任和份额却未必相同。如埃斯平 - 安德森（Esping - Andersen）认为，美国和瑞典尽管福利开支大体相同，但美国偏重家庭和市场的作用，瑞典则更偏重国家部门②。不同的福利理论对应着不同的福利多元组合，不同的福利多元组合往往强调不同部门发挥不同的作用。其实，福利多元组合与福利多元主义之间存在很强的关联性，但又存在明显的区别。福利多元组合强调福利物资来源的多元化，主要是对各种福利资源进行合理配置，它是对社会结构的一种描述。福利多元主义则是将福利多元组合作为一种手段来应对福利国家危机，当由国家全面提供福利的制度遭遇危机时，家庭、社区和非正式组织等多元主体应承担起共同提供福利的责任，福利国家由此转型为福利社会，它偏重对社会过程的论述，强调多元价值③。

20 世纪 90 年代以来，福利多元主义理论在国外的研究和实践中被广泛应用。如埃弗斯（Adalbert Evers）等在 1991 年与各国学者共同对包括英国、法国、德国、意大利等在内的 14 个国家的多元养老体系进行了研究，通过对制度进行分析提出了多元合作的基本路径④。王卓祺分析了政府部门、私人部门和志愿部门的福利多元组合⑤。21 世纪初，兹苏扎（Széman Zsuzsa）对匈牙利的福利组合进行了分析⑥。鲍威尔（Martin Powell）研究了 OECD 国家的福利体制以及多元主体之间的关系⑦。纪廉（Ana M. Guillén）则对南欧福利组合的动力

① 雷雨若，王浦劬. 西方国家福利治理与政府社会福利责任定位 [J]. 国家行政学院学报，2016（2）：133 - 138.

② Esping - Andersen G. Hybrid or Unique? The Japanese Welfare State between Europe and America [J]. Journal of European Social Policy, 1997, 7 (3): 179 - 189.

③ 李静，沈丽婷. 福利多元主义视角下大城市养老服务主体的角色重塑 [J]. 河海大学学报（哲学社会科学版），2020, 22 (4): 70 - 76.

④ Evers A, Svetlik I. Balancing Pluralism: New Welfare Mixes in Care for the Elderly [J]. American Journal of Public Health, 1993, 71 (9): 991 - 1003.

⑤ Wong, Chackkie. Ideology, Welfare Mix and the Production of Welfare: A Comparative Study of Child Daycare Policies in Britain and Hong Kong [D]. University of Sheffield, 1991.

⑥ Széman Z. The Welfare Mix in Hungary as a New Phenomenon [J]. Social Policy and Society, 2003, 2 (2): 101 - 108.

⑦ Powell M, Barrientos A. Welfare Regimes and the Welfare Mix [J]. European Journal of Political Research, 2010, 43 (1): 83 - 105.

进行了研究①。这些都是将福利多元主义作为一种研究范式进行的实证研究，这使福利多元主义从理论变成了一种福利分析框架，极大地拓展了福利多元主义的研究范围。

我国对福利多元主义的研究始于对福利国家转型的批判，但我国社会福利制度转型却与西方福利国家具有很强的耦合性。中华人民共和国成立后，我国实行了福利和就业、工作制度结合的模式，由国家和集体提供文化教育设施和平均供应生活资料来满足人民的需要，尽管我国没有使用"福利国家"这个概念，但是实施的却是更为彻底的全民福利②。改革开放以来，中国开始实行社会保障社会化，逐渐改变依靠国家和集体提供福利照顾的模式，这与西方国家的"福利多元化"理念是接近的，都反对由国家包揽福利，而主要采用多元化的方式通过多种来源提供保障③。随着经济体制改革不断推进，"单位制福利"逐渐退出历史舞台，政府、家庭、社会组织、市场等逐渐成为福利供给的主体。

我国学术界在 20 世纪 80 年代前对西方福利国家转型缺乏深刻理解，从 20 世纪 90 年代开始，我国学术界逐渐对西方国家福利改革经验进行借鉴，提出我国社会保障体系改革的出路在于"社会福利社会办"，这些研究为我国更好地进行福利多元主义改革提供了理论思路。21 世纪初，我国对福利多元主义的研究呈现出逐渐明晰和增多的趋势。此时开始有研究关注第三部门的作用，尤其是彭华民等人对福利多元主义理论的系统梳理使得学术界对该理论有了更为深入的认识④。田北海等人从国家、市场、社区和民间社会为主体的福利多元主义四维框架出发，认为社会福利社会化的本质是以社会共同责任为理念基础，实现不同责任主体之间的分工与合作⑤。我国学术界在对福利多元主义理论进行探讨的同时，开始将其作为一个分析框架用于实践研究。如早期尚晓援以南京市和兰州市的国有福利院作为案例，分析了社会福利服务由完全依赖政府向依靠多元化资源转变的实践，这种新的混合福利经济改变了政府在福利供

① Guillén A M, Petmesidou M. Dynamics of the Welfare Mix in South Europe. ［EL/OB］. ［2022 - 01 - 02］. https: //www. researchgate. net/publication/259496631_Dynamics_of_the_welfare_mix_in_South_Europe.

② 黄黎若莲. "福利国"、"福利多元主义"和"福利市场化"［J］. 中国改革, 2000 (10): 63 - 64.

③ 林闽钢. 福利多元主义的兴起及其政策实践［J］. 社会, 2002 (7): 36 - 37.

④ 彭华民. 西方社会福利理论前沿［M］. 北京: 中国社会出版社, 2009: 68.

⑤ 田北海, 钟涨宝. 社会福利社会化的价值理念——福利多元主义的一个四维分析框架［J］. 探索与争鸣, 2009 (8): 44 - 47.

给中的职能①。彭华民对城市新贫困社群进行的实证研究②、熊跃根对老年人照顾问题进行的实证研究③都是以福利多元主义作为分析框架。学术界随后有关福利多元主义的分析框架主要用于城市社区养老服务、老人社区照料服务等老年福利研究领域。同时有人运用福利多元主义的分析框架，研究了社会服务购买中政府和 NGO（Non‐Governmental Organization，非政府组织）的互动关系④。福利多元主义研究范式除了通过供给主体的扩展进行横向延伸外，还会经历认知维度的扩展向纵向深化。有研究立足中国国情对福利多元主义理论进行了本土化研究框架的建构⑤。张继元则从福利供给主体多元化和福利供给手段多元化的视角构建了双维度福利混合框架⑥，这对于福利多元主义的理论建构和中国的福利供给分析是一次有益的尝试。

综上所述，国外学者对政府养老服务供给的研究嵌入在福利模式、福利体制以及福利供给的理论中，政府养老服务供给受到福利模式的影响，在不同的福利理论主导的不同历史时期，政府对包含养老服务在内的社会福利服务承担不同的供给责任。近些年在福利多元主义理论的引导下，西方国家进行的养老服务改革倡导服务主体多元化，推行社区照顾和家庭照顾，从而满足老年人多元化需求。根据国外人口老龄化和养老服务发展的历史经验，我国老年人对养老服务的需要将不断提高⑦。随着社会的发展与变化，老年人的养老服务需要的规模和结构都会发生变化，这对养老服务供给提出了更高的要求，各供给主体的养老服务供给能力要继续提升。在此背景下，政府养老服务供给要作出相应的改革和调整。

3. 养老服务的多元化供给主体

作为对老年人多元化养老服务需要的回应，养老服务的供给也必然会走向多元化。在养老服务需要发生在家庭内部的时期，作为"公共服务"供给的养

① 尚晓援. 从国家福利到多元福利——南京市和兰州市社会福利服务的案例研究 [J]. 清华大学学报（哲学社会科学版），2001（4）：16－23.

② 彭华民. 福利三角中的社会排斥 [M]. 上海：上海人民出版社，2007：46－53.

③ 熊跃根. 需要，互惠和责任分担：中国城市老人照顾的政策与实践 [M]. 上海：格致出版社，2008：38－42.

④ 岳经纶，郭英慧. 社会服务购买中政府与 NGO 关系研究——福利多元主义视角 [J]. 东岳论丛，2013，34（7）：5－14.

⑤ 周幼平，唐兴霖. 中国情境下福利多元理论的反思 [J]. 学术研究，2012（11）：56－62.

⑥ 张继元. 双维度福利混合框架——供给主体多元化与手段多元化的结合 [J]. 治理研究，2019，35（2）：71－78.

⑦ 李华. 人口老龄化对中国服务业发展的影响研究——基于供给和需求的分析视角 [J]. 上海经济研究，2015（5）：95－101.

老服务仅仅是面向少数没有家庭支持的人，政府是唯一的供给主体，供给方式也表现为统一的集中供养①。但随着老年人养老服务需要的多元化发展，政府不再可能独揽养老服务供给的责任，在社会化养老的背景下，应充分发挥多元供给主体的力量，形成多元共服的养老服务供给格局。受不同的政治、经济、社会、文化等因素的影响，各国在养老服务供给中形成了不同的社会福利理念，在养老服务供给的实践中呈现出形态各异的养老服务供给模式。

在养老服务供给中，供给主体是指养老服务的提供者，回答的是"谁来提供养老服务"的问题。养老服务的准公共物品性质决定了公共部门和私人部门均是养老服务的供给主体。作为社会福利的一种具体表现形式，养老服务的供给主体与一般福利服务供给主体的内涵是一致的。纵览学术界对福利供给主体的划分，大体经历了福利供给主体的"二分法""三分法""四分法"阶段。福利供给主体二分法是基于公共部分与私人部门的划分，简单地将福利资源配置或福利供给的主体划分为政府和市场②。福利供给主体三分法是指福利供给主体由三方构成，罗斯（Richard Rose）首先提出了福利多元组合（welfare mix）理论。埃弗斯（Adalbert Evers）在其基础上提出了福利三角（welfare triangle）理论。罗斯认为，福利是整个社会的产物，市场可以供给福利，雇主可以为他们的工人提供养老金、医疗保健和培训，家庭可以购买教育、医疗保健和养老金，因此将福利仅仅定义为市场和国家供给是有限的③。不仅如此，由单一主体提供的福利不仅不能有效满足人们的福利需要，而且还会产生"市场失灵""政府失灵""家庭失灵"等问题④。因此家庭、市场和国家作为福利的供给方，任何一方对其他两方都有贡献，三者共同构成一个社会的福利多元组合⑤。埃弗斯在罗斯的研究基础上，将福利多元组合演绎为家庭、（市场）经济和国家共同组成的福利整体，将其分别设置为福利供给的三角，埃弗斯称之为福利三角，并放在文化、经济、社会和政治的背景中进行研究分析。其中，（市场）经济提供就业福利，家庭保障、个人努力、社区互助则是非正规福利

① 鲁迎春. 从"福利救济"到"权利保障"：上海养老服务供给中的政府责任研究 [D]. 上海：复旦大学，2014.

② 徐进. 一个简述评：福利多元主义与社会保障社会化 [J]. 西南石油大学学报（社会科学版），2019，21（3）：29-36.

③ Rose R. Common Goals But Different Roles: The State's Contribution to the Welfare Mix [M] // P. Alcock, M. Powell. Welfare theory and development, SAGE Publications Ltd, 2011: 61.

④ 田北海，钟涨宝. 社会福利社会化的价值理念——福利多元主义的一个四维分析框架 [J]. 探索与争鸣，2009（8）：44-47.

⑤ 彭华民. 西方社会福利理论前沿 [M]. 北京：中国社会出版社，2009：1-2.

的核心，国家通过正规的社会福利制度将社会资源进行再分配①。后来，约翰逊（Norman Johnson）提出的福利多元组合理论中的多元部门的内容则超出了福利三角内涵②，认为福利供给具备非垄断性特征，并在福利三角理论所阐述的三个福利供给主体的基础上，增设了志愿部门③。吉尔伯特（Neil Gilbert）的福利供给四分法的观点与约翰逊一致，认为福利供给主体由政府、经济组织、非正式组织和志愿组织四部门构成，社会总福利通过此四部门输送给福利对象，这四个部门嵌入福利供给的公共领域和私人领域④⑤。福利三角理论的创立者埃弗斯在其后来的研究中也对福利三角的研究范式给予修正，采用了福利供给四分法的分析方式，认为社会福利的来源有四个：市场、国家、家庭和民间社会。他特别强调民间社会在社会福利中的特殊作用，认为它能够在不同层次上，在具有不同理念的政府、市场、社区之间建立起联系的纽带，使私人部门的局部利益与公共利益相一致⑥。

国外研究讨论了政府、家庭、个人、社会组织、志愿部门、商业组织与（市场）经济等不同供给主体的特点及其在福利供给中的作用和利弊。养老服务是福利服务的重要组成部分，国内关于养老服务供给主体的研究普遍认为养老服务供给主体主要由家庭、市场、政府和社会组织等构成⑦，这意味着在养老服务供给中，家庭、市场、政府、社会组织等都可以成为福利供给主体，公、私部门之间可以建立各种合作形式，共同承担供给养老服务的责任，在福利供给中发挥生产福利、筹集福利资源并把福利资源分配给福利需要者的作用⑧。

第一，家庭。家庭是最基本的社会生活单元，是个人最主要的社会生活场所。在社会制度的演进中，家庭制度是产生最早、影响最深刻、最广泛的社会

① Evers A. Shifts In The Welfare Mix: Introducing a New Approach for the Study of Transformation in Welfare and Social Policy [M] //Evers A, Wintersberger H. Shifts In The Welfare Mix: Their Impact On Work, Social Services And Welfare Policies. Vienna: Eurosocial, 1988: 248.

② Johnson N. Mixed Economies of Welfare: A Comparative Perspective [M]. London: Prentice Hall Europe, 1999: 88 – 92.

③ Johnson N. The Welfare State in Transition: The Theory and Practice of Welfare Pluralism [M]. Brighton: Wheatsheaf, 1987: 243.

④ 彭华民. 西方社会福利理论前沿 [M]. 北京：中国社会出版社，2009: 33 – 37.

⑤ Gilbert N. Welfare Pluralism and Social Policy [M] //Midgley J, Tracy M B, Livermore M. Handbook of Social Policy [M], Thousand Oaks, CA: Sage. Publications, 2000: 61.

⑥ Evers A, Olk T. Wohlfahrtspluralismus: Vom Wohlfahrtsstaat zur Wohlfahrtsgesellschaft [M]. Wiesbaden: VS Verlag für Sozialwissenschaften, 1996: 58.

⑦ 彭青云. 多元主体视角下社区居家养老服务路径探索 [J]. 浙江工商大学学报，2019 (3): 101 – 108.

⑧ 李芬. 社会分层影响社会福利状况的研究 [D]. 南京：南京大学，2013.

制度。在人类社会早期，对于个体社会成员而言，家庭不仅是最初的福利供给者，有时甚至是唯一的福利供给者①。我国自古就有尊老、爱老的传统，"孝老"文化作为中国优秀传统文化的重要组成部分世代传承。在这种文化影响下，基于血缘关系、亲情关系的家庭道义主导着人们的价值观，家庭几乎是养老服务的唯一供给主体，依靠家庭成员供给各种养老资源的"家庭养老"在我国占据重要的地位②。就其实质而言，家庭养老主要是由家庭成员（子女、配偶和其他亲属）来提供养老资源（经济支持、生活照顾和精神慰藉）的养老方式和养老制度，其基本特点是"子女养老"和"在家养老"的结合③，是一种亲代抚育子代、子代赡养亲代的"反馈模式"④。在现代社会，除了传统习惯赋予家庭养老的责任外，家庭对老年人提供养老服务的责任和义务在法律中也得到了具体的体现，例如《中华人民共和国老年人权益保障法》（2018 修正本）规定："老年人养老以居家为基础，家庭成员应当尊重、关心和照料老年人；赡养人应当履行对老年人经济上供养、生活上照料和精神上慰藉的义务，照顾老年人的特殊需要"。《中华人民共和国民法典》明确规定："成年子女对父母负有赡养、扶助和保护的义务；成年子女不履行赡养义务的，缺乏劳动能力或者生活困难的父母，有要求成年子女给付赡养费的权利"。这些法律规定强化了子女与家庭赡养照顾老年人的责任与义务，成为家庭供给养老服务的伦理规范⑤。在传统社会文化、现行法律制度的双重作用下，家庭作为养老服务供给主体在养老服务供给中发挥了重要作用，尤其在我国以居家养老为基础的养老模式下，家庭在养老服务供给中是最重要的支持⑥，特别是在日常照料与精神慰藉等养老服务供给方面，家庭发挥着不可替代的作用⑦。

然而，我们也应当看到，现代社会家庭规模、家庭结构以及生产生活方式都发生了重大变化，这对传统的家庭养老服务供给提出了重大的挑战。首先，

---

① 景天魁. 福利社会学 [M]. 北京：北京师范大学出版社，2010：234 - 236.

② 崔树义，杜婷婷. 居家、社区、机构养老一体化发展研究 [J]. 东岳论丛，2021，42 (11)：36 - 44.

③ 马姗伊. 人口老龄化视角下我国家庭养老支持体系建设研究 [J]. 当代经济研究，2021 (3)：104 - 111.

④ 费孝通. 家庭结构变动中的老年赡养问题——再论中国家庭结构的变动 [J]. 北京大学学报：哲学社会科学版，1983 (3)：10.

⑤ 程胜利. 家庭还是社会：谁应当承担当代中国养老服务的责任 [J]. 广东社会科学，2016 (4)：203 - 210.

⑥ 王震. 居家社区养老服务供给的政策分析及治理模式重构 [J]. 探索，2018 (6)：116 - 126.

⑦ 龙玉其，张琇岩. 家庭在养老服务中的作用：传承、变迁与展望 [J]. 河北大学学报（哲学社会科学版），2019，44 (6)：130 - 137.

家庭户规模的缩小不利于家庭作为供给主体提供养老服务。从中华人民共和国成立后的历次人口普查数据看，1953 年到 1982 年为止的前三次人口普查，我国的家庭户规模都维持在 4.3~4.4 人，而 2020 年第七次人口普查数据显示我国的家庭户规模仅为 2.6 人，家庭户规模的缩小弱化了家庭对养老服务的支持能力。其次，家庭成员的流动也加速了家庭养老保障功能的弱化。随着工业化的快速推进与发展，大量劳动力尤其是青壮年人口由农村流向城镇，城市青年人口的城际流动也成为一个普遍现象，家庭成员的流动大大降低了家庭成员尤其是子代向亲代提供养老服务的可能性。同时，家庭成员的流动还造成了空巢老人家庭、留守老人家庭、纯老家庭的大幅增加，对家庭供给养老服务造成极大挑战①。再次，家庭中参与养老服务供给的一般为女性，而妇女就业比率的上升在增加家庭收入的同时也减弱了家庭养老能力。最后，现代社会离婚率持续上升导致家庭稳定性下降和单亲家庭增加，在这种情况下家庭供给养老服务的可能性大大降低②。基于家庭结构和社会经济状况的变化，学者们认为养老功能必将在家庭和社会之间产生转移、替代和扩展③④，社会化养老成为必然趋势，由商品市场提供养老服务成为最直接的社会化养老途径，所以养老服务市场在我国进入老龄化以后迅速发展。

第二，市场。由于家庭在养老服务供给方面的功能弱化，而老年人有大量的养老服务需要，养老服务必须寻求社会化路径，在此背景下，具备专业化、规范化、多元化服务特征的市场经济组织便应运而生⑤。因此，市场作为养老服务社会化的产物，既是家庭供给养老服务的替代主体，又是市场参与养老服务供给的体现。市场参与养老服务供给的合理性主要体现为：首先，养老服务具有公共物品和私人物品双重属性，市场根据供求关系为个人提供消费场所，使个人从中获得满足其个性化需要的私人物品，其基本功能是满足效益和效率的最大化。消费者可以根据市场价格和个人所需决定自己的选择，因此它也是一个促成交换和满足个体需要的场所，人们可以从市场中寻求服务需要的满足，而市场受自身经济利益的驱动供给养老服务。其次，市场被认为是资源配置的最优手段，能够最大限度地满足老年人的个性化、特殊化的需要，能够相应地

---

① 曹海苓，赵继伦. 论家庭养老功能提升 [J]. 社会科学家，2019 (6)：43 - 48.
② 景天魁. 福利社会学 [M]. 北京：北京师范大学出版社，2010：235.
③ 郑功成. 尽快补上养老服务中人文关怀的短板 [J]. 中国社会工作，2018 (29)：34.
④ 杨帆，杨成钢. 家庭结构和代际交换对养老意愿的影响 [J]. 人口学刊，2016，38 (1)：68 - 76.
⑤ 王立剑，金蕾，代秀亮. "多元共服"能否破解农村失能老人养老困境？[J]. 西安交通大学学报 (社会科学版)，2019，39 (2)：101 - 108.

提升养老服务供给效率①。市场参与养老服务供给主要有两种形式：通过私人付费直接向老年人供给养老服务和通过政府购买服务的形式向老年人供给养老服务。前者是指老年人按照市场规则，通过向市场经济组织给付费用以获得自身所需要的养老服务。随着我国人口老龄化程度的不断加深，老年群体作为庞大的消费群体，在衣食住行用、健康教育、医疗保健、文化娱乐和休闲养生等诸多产业领域都有巨大的需求，市场参与养老服务供给既能为自身创造巨大的价值，也能满足不同老年群体的养老服务需要②，市场通过直接向老年人提供养老服务以满足老年人需要来实现自身的利益。而市场通过政府购买服务的形式向老年人提供养老服务则是指政府通过与养老服务供给单位签约的形式，向政府以外的养老服务提供者购买服务，实现政府从养老服务的直接生产供给走向契约化供给。契约化供给的目的是形成竞争性机制，降低公共服务供给的成本，提高养老服务的供给效率③。市场机制的引入并不代表着政府责任的减弱或消失，政府在养老服务的供给中仍然负有不可推卸的责任，如政府在养老服务供给中的财政支持和政策生产与政策监管等责任等。

第三，政府。一般认为，政府与市场是供给公共物品与私人物品的两大基本机制。养老服务准公共物品的属性决定了它既可以由市场供给，也可以由政府供给。纵观世界范围内政府供给公共物品的历史可以发现，在社会发展的不同时期，政府在福利服务供给中所处的地位不尽相同。在国家产生以前，社会福利供给主体中没有政府的位置，国家产生以后，政府在社会福利供给中逐步成为一个供给主体，而且其地位越来越显著，作用越来越突出，并在现代社会中成为最重要的福利供给主体，发挥着主导作用。总而言之，政府在福利供给中的作用经历了一个从小到大，从补缺到主导的演变过程，并在福利国家时代达到顶峰④。在我国社会主义政治制度下，政府始终认为自己有责任为人民谋福利，现代政府的主要责任就是建立健全民生保障体系，实现人民群众的安居乐业⑤。作为养老服务的供给主体，政府养老服务供给的职能充分体现了以人民为中心的执政理念。中华人民共和国成立以后，我国的

---

① 肖伊雪，陈静. 我国养老服务社会化的多元主体责任分析 [J]. 法制与社会，2011 (22)：84 – 85.

② 席恒. 养老服务的逻辑、实现方式与治理路径 [J]. 社会保障评论，2020，4 (1)：108 – 117.

③ 张思锋. 中国养老服务体系建设中的政府行为与市场机制 [J]. 社会保障评论，2021，5 (1)：129 – 145.

④ 景天魁. 福利社会学 [M]. 北京：北京师范大学出版社，2010：240 – 246.

⑤ 中共中央、国务院. 国家积极应对人口老龄化中长期规划 2019 [EB/OL]. [2021 – 01 – 21]. http：//www.gov.cn/xinwen/2019 – 11/21/content_5454347.htm.

劳动与社会保障、民政等部门在完善社会保障制度、扩大社会保障范围、改进社会救助以及老年福利服务等方面，均承担了重要的责任。改革开放以后，由于经济体制改革带来的社会领域的变迁，我国政府作出社会福利社会化的决策，这似乎预示着国家或政府在老年福利服务领域的责任将会淡化，但并不意味着政府责任的消失，政府仍将在经费资助、政策指导、服务示范等方面承担大量的职责①。

第四，社会组织。在社会构成的划分中，志愿组织、非营利组织等社会组织是在政府和市场之外的第三部门，同样承担着供给准公共物品的角色和责任②。社会组织作为养老服务的供给主体，其行动逻辑是实现自身社会价值③。社会组织具有贴近民众，了解民众生活的优势，可以对老年人的需要进行直接、详细、深入、个别化的评估，因此能够为老年群体提供具体化、个性化和便利化的养老服务，是对家庭供给养老服务的弥补，也是对政府和市场养老服务供给不足的有力补充。社会组织在供给养老服务的过程中，主要承担着以下职责：第一，作为生产者，直接向老年人供给养老服务。第二，承接政府对外招标购买的养老服务，与政府合作供给养老服务。第三，与政府合作进行"第三方评估"，开展具体的监督、服务评估、提供发展建议等工作④。

在养老服务供给实践中，家庭、市场、政府、社会组织等作为主要的养老服务供给主体承担着养老服务供给的责任。行红芳认为，家庭、市场、政府、社会组织基于自身作为正式与非正式支持系统的定位，在老年人的物质方面、日常照顾方面、精神方面分别发挥不同的作用。家庭是供给养老服务的重要主体，在满足老年人的日常照料、情感抚慰、心理慰藉等方面起着重要且不可替代的作用。市场在为老年人供给私人物品时具有最大的优势。社会组织贴近老年人生活，往往与社区照顾、家庭照顾相结合，共同发挥作用。政府的作用体现在直接和间接两个方面，直接作用如政府对老年人提供各种政策法律保护、资金支持、便民服务等，间接作用体现为政府引导其他养老服务供给主体的发展，共同为老年人供给养老服务⑤。

关于政府与家庭在养老服务供给中的关系，学术界形成了"挤出论""促

---

① 田北海. 香港与内地老年社会福利模式比较 [M]. 北京：北京大学出版社，2008：193.

② 肖卫东，吉海颖. 准公共产品的本质属性及其供给模式：基于包容性增长的视角 [J]. 理论学刊，2014 (7)：57-61.

③ 席恒. 养老服务的逻辑、实现方式与治理路径 [J]. 社会保障评论，2020，4 (1)：108-117.

④ 肖伊雪，陈静. 我国养老服务社会化的多元主体责任分析 [J]. 法制与社会，2011 (22)：84-85.

⑤ 行红芳. 老年人的社会支持系统与需求满足 [J]. 中州学刊，2006 (3)：120-123.

进论""责任混合论"三种代表性的观点。挤出论认为，政府和家庭在养老服务供给中存在相互挤出的关系，如果政府供给慷慨且充足的养老服务，家庭的养老服务供给就不会受到青睐，政府的服务供给会替代家庭供给①②。促进论则持相反的观点，尽管强化养老服务供给的家庭责任表面上可以节省公共支出、减轻政府责任，但这并不是减少政府供给养老服务支出的理想途径③。这主要是因为家庭和政府在养老服务供给方面的关系其实是相互促进的，政府对家庭的支持会鼓励并增强家庭供给，因此政府慷慨的养老服务制度有助于增加家庭对老年人的服务供给④。责任混合论则主张，政府和家庭提供的养老服务支持与福利并非简单的单线型作用，更可能是一种混合责任关系，在基础服务设施发达的社会中，家庭供给和政府供给是相互促进的，在其他的社会中则既没有明显的促进情况也没有明显的挤出情况⑤。

关于政府与市场的关系，从国内外现有的经验看，市场供给养老服务的基本前提是"有利可图"，市场可以从老年人直接向市场付费购买养老服务的行为中获得利润，还可以通过政府购买服务的过程获得利益。受新公共管理运动的影响，向第三方购买服务成为全球通用的政府养老服务供给方式。目前我国养老服务市场并未充分发育起来，大多数养老服务机构从客户方直接获得的利益并不足以维持其正常运转。因此，在我国养老服务的现实实践中，以市场机制运作的养老服务供给主体在很大程度上不得不依靠政府购买服务的经费和补贴来维持生存，然而，政府目前购买养老服务的数量和内容均有限，这种矛盾的状况使市场化养老服务机构在面向市场的过程中由于定位不清而出现不适应的状况⑥。因此，养老服务的市场定位以及政府与养老服务市场供给的合作仍然是目前困扰养老服务供给的一个难题。

---

① Mair C A, Quiñones A R, Pasha M A. Care Preferences Among Middle – Aged and Older Adults With Chronic Disease in Europe: Individual Health Care Needs and National Health Care Infrastructure [J]. Gerontologist, 2016, 56 (4): 687 – 701.

② 汪润泉. "社会养老"是否淡化了"子女责任"观念？——来自中国农村居民的经验证据 [J]. 人口与经济, 2016 (5): 105 – 113.

③ Gilliland N. Mandating Family Responsibility for Elderly Members: Costs and Benefits ER [J]. The Journal of Applied Gerontology, 1986, 5 (1): 26 – 36.

④ Künemund H, Rein M. There is More to Receiving than Needing: Theoretical Arguments and Empirical Explorations of Crowding in and Crowding out [J]. Ageing and Society, 1999, 19 (1): 93 – 121.

⑤ Motel – Klingebiel A, Tesch – Roemer C, Von Kondratowitz H. Welfare States Do not Crowd out the Family: Evidence for Mixed Responsibility from Comparative Analyses [J]. Ageing nd Society, 2005, 25 (6): 863 – 882.

⑥ 付诚, 王一. 政府与市场的双向增权——社会化养老服务的合作逻辑 [J]. 吉林大学社会科学学报, 2010, 50 (5): 24 – 29.

政府与社会组织在供给养老服务中关系的研究集中于政府购买服务及二者的合作模式。整体来说，政府向社会组织购买服务的制度塑造了政府与社会组织合作的新形式，推动了政府提供公共服务的进程，增强了国家与社会组织的紧密联系，并且在政社合作关系的成长、社会组织发展环境的改善以及社会组织专业性的增强等方面都产生了积极影响①，社会组织在养老服务供给中可以有效链接、合理利用社会支持资源，让老年人享受高质量服务，感受到社会关爱②。然而，政府与社会组织在养老服务供给中的合作内容、合作形式与合作意愿是不断发生变化的。一开始政府允许社会组织通过政策嵌入、关系网络嵌入和服务嵌入等途径进入养老服务体系的构建中，但随着养老服务的深入，政府对于社会组织进一步嵌入的诉求持排斥态度。因此政府与社会组织本质上并不是平等的主体，政府一方面意欲通过调用社会组织资源解决政府治理与基层社会治理的难题，另一方面又对社会组织进行管控和规制，社会组织的主张和目标受政府的限制，社会组织嵌入政府的合作模式实际上是一种政府主导式的嵌入③。在现实的养老服务供给中，由于社会组织直接供给养老服务，政府难以准确定义所购买的服务及设定质量标准并制定有效的市场监督与评价机制，甚至还有一些政府部门将购买服务作为一种推卸责任、甩掉包袱的方法，对社会组织疏于管理和监督④，从而使社会组织逐步获得与政府谈判的能力，甚至可以左右政府对其服务质量评估的判定，导致政府被服务供应者"俘获"⑤，难以实现为公众提供优质服务的目标。

根据福利多元主义理论主张，越来越多的国外学者倾向于多个养老服务供给主体应该共同承担供给责任。由政府、家庭、市场、社会组织等构成的多元养老服务供给主体构成相互竞争关系，总体上有利于提高养老服务的供给效率⑥。布洛姆奎斯特（Paula Blomqvist）的研究指出养老服务供给主体之间的相互竞争有利于老年人在养老服务市场上自由选择提供者，促进养老服务市场向

① 关爽. 党政主导：政府购买社会组织服务的制度特征与发展路径 [J]. 广西社会科学, 2021 (4)：17 – 22.

② 杨帆，杨成钢. 家庭结构和代际交换对养老意愿的影响 [J]. 人口学刊, 2016, 38 (1)：68 – 76.

③ 罗艳，刘杰. 政府主导型嵌入：政府与社会组织的互动关系转变研究——基于 H 市信息化居家养老服务项目的经验分析 [J]. 中国行政管理, 2019 (7)：36 – 41.

④ 彭婧，张汝立. 如何避免政府购买服务成为公众"不称心的礼物"？——基于政府责任视角的分析 [J]. 中央民族大学学报（哲学社会科学版），2018, 45 (1)：58 – 65.

⑤ 杨欣. 公共服务合同外包中的政府责任研究 [M]. 北京：光明日报出版社, 2012：79 – 84.

⑥ 张继元. 双维度福利混合框架——供给主体多元化与手段多元化的结合 [J]. 治理研究, 2019, 35 (2)：71 – 78.

具有良好的流动性方向发展①。潘迪（Sanjay K. Pandey）基于福利多元主义理论，进一步细化了各供给主体在供给养老服务时的具体角色与责任分担②。总体来看，各供给主体之间并不存在固定的关系模式，在分析具体的养老服务供给主体的关系时，应该依据各国具体的制度设计和运行的环境，并且结合不同的养老方式和养老服务内容来具体问题具体分析③。

综上，就目前已有的关于养老服务供给主体的研究看，政府、家庭、市场和社会组织等主体在养老服务供给方面均积极发挥作用，多元化养老服务供给主体初步形成。但是由于家庭供给养老服务能力的弱化，养老服务市场发育不足，社会组织与政府之间合作不畅等问题，我国养老服务的发展依然需要依靠政府来推动。在创建多元共服格局的过程中，家庭、市场、政府、社会组织等各方参与主体需要明确权责，分工协作，共同努力形成推动供需两旺、良性发展的合力④。

（三）养老服务的供需状况

目前对养老服务供需状况的研究普遍认为养老服务中存在供需矛盾，养老服务供给中存在的需而不供、供非所需、供需错配等问题⑤导致老年人的养老服务需要不能被满足。所谓需要满足是人们在需要驱动下的一种有条件的、可行的选择，这种选择的目的是使需要达到有限条件下的最大满足⑥，需要的满足状况反映了社会发展的状况。关于老年人养老服务需要满足状况的研究，国外研究者一般认为，老年人养老服务需要的满足可以提升老年人的生活质量⑦，但很多时候老年人的养老服务需要存在供给缺口⑧，老年人的需要往往没有被

---

① Blomqvist P. The Choice Revolution: Privatization of Swedish Welfare Services in the 1990s [J]. Social Policy and Administration, 2004, 38 (2): 139 – 155.

② Pandey S. Assessing State Efforts to Meet Baby Boomers' Long – Term Care Needs: A Case Study in Compensatory Federalism [J]. Journal of Aging and Social Policy, 2002 (14): 161 – 179.

③ 丁雪萌. 中国老年人长期照护服务的供需研究 [D]. 北京：对外经济贸易大学，2020.

④ 史薇，谢宇. 城市老年人对居家养老服务提供主体的选择及影响因素——基于福利多元主义视角的研究 [J]. 西北人口，2015，36 (1): 48 – 54.

⑤ 刘玉雯，聂玉霞. 有限理性视域下农村互助养老服务供需问题研究——基于鲁西 X 村幸福院的个案分析 [J]. 理论观察，2022 (2): 90 – 94.

⑥ 吴越菲，文军. 回到"好社会"：重建"需要为本"的规范社会学传统 [J]. 学术月刊，2022，54 (2): 113 – 130.

⑦ Aydin R, Unal E, Gokler M E, et al. An Evaluation of Home Health Care Needs And Quality of Life Among The Elderly In a Semi – Rural Area of Western Turkey [J]. European Geriatric Medicine, 2016, 7 (1): 8 – 12.

⑧ Innes A, Mccabe L, Watchman K. Caring for Older People with an Intellectual Disability: A Systematic Review [J]. Maturitas, 2012, 72 (4): 286 – 295.

充分满足①。对加拿大老年人的养老服务需要的普查显示，在所有的被调查对象中，有 26.8% 的老年人存在养老服务需要，但是在被调查的 9 个项目中，17.7% 的老年人表示至少有 1 项需要未能获得满足，超过 50% 的被调查者认为其有 2 项及以上的需要未被满足②。老年人未被满足的需要中，照护需要不能获得有效满足是很多国家的老年人都面临的一个问题③。我国有关老年人养老服务需要满足状况的研究中，多数研究结果支持老年人的养老服务需要未被充分满足。张俊良等认为，老龄化社会中老年人口的不断增长对养老服务资源提出了更高的要求，造成更大的压力，不同类别的老年人有不同的养老服务需要，但整体来讲，老年人对养老服务的需要并没有被很好满足④。郭竞成提出需求弹性的概念，认为老年人居家养老服务具有很大弹性，有些养老服务属于可舍弃类，这些养老服务不属于保证基本生活所需的服务；有些服务属于弹性养老服务，老年人对弹性类服务有较大需求，但是这些需求并不是不可或缺的；有的服务属于无弹性养老服务，这类服务不可或缺且老年人对其存在迫切需要⑤。邓宇含等对北京市朝阳区 713 名老年人的问卷调查结果显示，老年人对调查中涉及的 60% 以上的养老服务存在需要但在不同程度上未能享有该服务⑥。王俊文等在对我国贫困地区农村老年人的养老服务需要进行调查的发现，尽管老年人每月都有一定的经济收入，但这些微薄的经济收入远不能满足老年人的经济需要。家庭是满足农村老年人生活照料需要的主要责任主体，但是由于家庭照料供给者忙于生计，对老年人的生活照料只能满足其基本的饮食起居，老年人的精神慰藉需要不能获得满足，而且他们的医疗服务需要也难以获得满足⑦。张思锋等认为老年人的养老服务需要存在差异性、多样性和层次性等特征，老

①　Börsch – Supan A, Kneip T, Litwin H, et al. Ageing in Europe – Supporting Policies for an Inclusive Society [M]. Berlin, München, Boston: De Gruyter, 2015: 102 – 105.

②　Busque M A, Légaré J. Unmet Needs for Home Services Among Canadian Seniors [J]. Can J Aging, 2012, 31 (3): 271 – 283.

③　Kalánková D, Stolt M, Scott P A, et al. Unmet Care Needs of Older People: A Scoping Review [J]. Nursing Ethics, 2020, 28 (2): 149 – 178.

④　张俊良，曾祥旭. 市场化与协同化目标约束下的养老模式创新——以市场人口学为分析视角 [J]. 人口学刊，2010 (3): 48 – 53.

⑤　郭竞成. 农村居家养老服务的需求强度与需求弹性——基于浙江农村老年人问卷调查的研究 [J]. 社会保障研究，2012 (1): 47 – 57.

⑥　邓宇含，吕芯芮，刘爽，等. 北京市朝阳区老年人对社区卫生服务中心医养结合养老服务的需要现状及相关因素 [J]. 医学与社会，2022, 35 (5): 39 – 44.

⑦　王俊文，杨文. 我国贫困地区农村养老服务需求若干问题探讨——以江西赣南 A 市为例 [J]. 湖南社会科学，2014 (5): 61 – 65.

年人的需要被满足程度不同①。张世青等人对山东省老年人养老服务需要的调查发现，目前较低的社会保障水平不能满足老年人的医疗健康需要，养老机构的服务无法满足老年人多元化的养老服务需要②。向黎明对老年人的信息化服务需要进行了系统研究，发现老年人有较强烈的信息化服务需要但是没有被满足③。总体来说，现有研究普遍认为老年人各方面的养老服务需要没有获得充分满足，如何满足老年人的养老服务需要是老龄化社会的难题。

三、养老服务责任认知相关研究

养老责任认知是人们对"谁供给养老服务""政府在多大程度上供给养老服务"等问题的观点、态度，反映了老年人对养老服务供给主体及其责任的看法和主观认知。

（一）谁来提供养老服务

老年人对"由谁来提供养老服务"的看法反映了老年人对养老服务供给主体的选择偏好，是老年人在寻求福利服务过程中对政府、市场、社会、家庭等福利供给主体的优先选择和排序④。受养老服务供给制度、老年人自身社会经济地位等因素的影响，老年人对由谁来供给养老服务的认知存在差异，不同的老年人优先选择由家庭、市场、政府、社会组织等主体供给养老服务的倾向性是不同的，并呈现出一定的规律性。

国外相关研究中，坎托（Marjorie H. Cantor）通过对老年人对亲属和非亲属照护的偏好进行研究，提出了不同的老年人具有不同"偏好的照护者"⑤，即对于不同的养老服务的提供者，老年人有不同的偏好。阿里坎（Gizem Arikan）等认为，一个特定国家或地区的民众由于他们共同的历史背景和文化传统，一般具有共同的价值观念，这些观念和想法会影响其对政府供给福利服务的看法，如在强调平等、社会正义、社会秩序和集体责任的社会中，人们总体上更支持

---

① 张思锋，张泽滴. 适应多样性需要的养老服务及其质量提升的多元主体责任 [J]. 人口与社会，2018，34（4）：11 - 20.

② 张世青，王文娟，陈岱云. 农村养老服务供给中的政府责任再探——以山东省为例 [J]. 山东社会科学，2015（3）：93 - 98.

③ 向黎明. 智慧居家养老服务用户使用意愿的影响因素及实证研究 [D]. 成都：西南交通大学，2019.

④ 金卉，祝建华. 东亚福利体制背景下的居民福利供给主体偏好 [J]. 南京社会科学，2014（10）：51 - 56.

⑤ Cantor M H. Neighbors and Friends：An Overlooked Resource in the Informal Support System. [J]. Research on Aging，1979，1（4）：434 - 463.

由政府来提供福利服务①。对自由主义、保守主义与社会民主主义福利体制中人们福利观念的比较研究则发现，自由主义福利体制下的民众对政府供给福利服务的支持程度最低，保守主义福利体制中的支持程度中等，而在社会民主主义的福利国家中，民众对政府提供福利服务的支持程度最高②。东亚社会中的民众因受儒家文化强调家庭中心主义以及家庭本位思想的影响，倾向于选择由家庭承担福利供给的责任，而较少选择由政府优先供给社会福利③。埃芬格（Birgit Pfau - Effinger）的研究表明，在欧洲选择何种照护方式，在很大程度上取决于老年人对家庭和政府的态度④。最近几十年的养老服务实践中，美国在照护模式上开始强调家庭成员有责任为不能完全自理的老人提供体力和精神上的帮助，并且推广家庭健康照料、社区日托机构照料等与家庭照护关系密切的照护模式⑤。西格德特（Sigurveig H. Sigurardttir）等学者在互补理论和替代理论的基础上，进一步提出"扩展网络"（network expansion）的概念，强调不同部门提供与自身特征恰好匹配的专属性服务，这样可以确保各种服务不会互相重叠⑥。

　　对东亚地区的研究中，徐（Wook - Young Seo）等的研究结果显示，韩国有80%的子女及其家人为老人提供照护支持⑦。伊凯加米（Naoki Ikegami）等人的研究发现，日本75%以上的年轻人在家里承担照护父母的责任⑧。阿姆斯特朗（Pat Armstrong）指出，超过90%的韩国老人在家庭中接受家庭成员提供的长期照护⑨。然而，这些研究也指出，随着经济社会的发展和居住模式的改

　　① Arikan G, Ben - Nun Bloom P. Social Values and Cross - National Differences in Attitudes towards Welfare [J]. Political Studies, 2015, 63 (2): 431 - 448.

　　② Andreß H, Heien T. Four Worlds of Welfare State Attitudes? A Comparison of Germany, Norway, and the United States [J]. European Sociological Review, 2001 (17): 337 - 356.

　　③ 朴炳铉. 社会福利与文化：用文化解析社会福利的发展 [M]. 高春兰，金炳彻，译. 北京：商务印书馆，2012：74 - 76.

　　④ Pfau - Effinger B. Welfare State Policies and the Development of Care Arrangements [J]. European Societies, 2005, 7 (2): 321 - 347.

　　⑤ 丁一. 我国失能老人长期照护模式构建研究 [D]. 北京：首都经济贸易大学，2014.

　　⑥ Sigurðardóttir S H, Bravell M E. Older Caregivers in Iceland: Providing and Receiving Care [J]. Nordic Social Work Research, 2013 (3): 14 - 19.

　　⑦ Seo W Y, Moon D, Chung H. Determinants of Welfare Attitudes towards Healthcare Services: Focusing on Self - Interest, Symbolic Attitude, and Sociotropic Perceptions [J]. Health Policy and Management, 2017, 27 (4): 324 - 335.

　　⑧ Ikegami N, Campbell J. Japan's Health Care System: Containing Costs And Attempting Reform [J]. Health Affairs (Project Hope), 2004, 23: 26 - 36.

　　⑨ Armstrong P, Banerjee A, Szebehely M, et al. They Deserve Better: The Long - Term Care Experience in Canada and Scandinavia [M]. Ottawa: Canadian Centre for Policy Alternatives, 2009: 66 - 68.

变，家庭照护的功能逐渐削弱，如果继续片面强调家庭在老年人长期照护中的责任，而忽略了国家和政府的责任与义务，不仅老年人个性化、多样化的需要无法被满足，社会化养老服务模式的构建和健康发展也会受到阻碍①。新加坡、中国台湾、中国香港等华人地区在强调家庭养老重要性的基础上，日益重视政府在老年人养老服务供给中的必要职责。宋（J. C. Y. Sung）研究了日本长期照护模式的发展历程后指出，无论从思想上还是具体实践上，政府在最近几十年都在努力为老年人长期照护提供更多的支持②。新加坡把老年人养老服务供给视为一个系统工程，建立起了一个由政府、社会、个人多方协作的老年人养老服务模式。中国香港对需要养老服务的老年人采取全面照顾的模式，由家庭、社区、政府共同通过经济援助和服务提供两种模式帮助有养老服务需要的老年人。波利策（Robert Politzer）等更是通过梳理政府颁布的相关法律，指出经过几十年的发展，东亚地区的机构照护已经在老年人养老服务领域中占据一定比重③。在跨文化的比较研究中，研究者认为人们对养老服务供给主体的选择偏好与福利体制有关，如方若男等在一项对瑞典、德国、美国、日本、韩国等国家和中国台湾地区的研究中发现，这六个国家或地区的公众整体上比较认同由政府承担福利责任，普遍认为政府在健康保障和养老保障方面应承担更多的供给责任，而在就业保障方面承担较少的责任；欧美公众更加倾向由政府承担社会性福利责任，而东亚公众更加倾向由政府承担经济性福利责任④。从总体上看，由家庭供给养老服务是东亚地区老年人的传统养老思想，东亚地区和欧洲国家在长期照护理念和照护方式的选择上存在着明显差异。东亚国家或地区倾向于选择非正式照护，源于他们更多地考虑亲情和老年人的尊严。但是，随着经济社会的快速发展与核心家庭的增多，家庭供给养老服务的可行性逐渐降低。西方发达国家则更倾向于以正式照护为主，其更多地考虑养老服务的专业化，但是往往无法满足老年人的精神、心理等方面的养老服务需要。因此，无论是崇尚"养儿防老"的东亚地区，还是强调个人价值的欧美国家，都在摒弃原本单一供给主体的养老服务模式，倾向于坚持福利多元主义的观点，逐步趋向养

---

① 丁一. 我国失能老人长期照护模式构建研究 [D]. 北京：首都经济贸易大学，2014.

② Sung J C Y, Nichol M, Venturini F, et al. Factors Affecting Patient Compliance with Antihyperlipidemic Medications in an HMO Population [J]. The American Journal of Managed Care, 1998, 4: 1421 –1430.

③ Politzer R, Yoon J, Shi L, et al. Inequality in America: The Contribution of Health Centers in Reducing and Eliminating Disparities in Access to Care [J]. Medical Care Research and Review: MCRR, 2001, 58: 234 –248.

④ 方若男. 六个国家地区公众对政府福利责任的态度 [D]. 南京：南京大学，2019.

老服务供给的多元化。

我国关于老年人养老服务供给主体偏好性的研究中，张思锋等认为我国的养老服务存在层次性，老年人对来自不同主体的服务存在选择偏好[①]。李兵水等人的研究发现，68% 的老年人认为养老服务最好由政府供给，且老年人对由营利性组织来提供服务的接受程度很低[②]。史薇等人的研究认为老年群体对政府依赖较高，具体表现为 50.2% 的老年人期待政府供给养老服务，35.8% 的老年人认为养老服务应由养老服务企业（市场）来供给，10.1% 的老年人选择由社区供给养老服务，1.8% 的老年人选择由志愿团体供给养老服务，还有 2.1% 的老年人选择由其他供给主体来供给养老服务[③]，但该研究并没有涉及老年人对家庭这一重要供给主体的认知，在本研究涉及的四个供给主体中，老年人倾向由不同主体供给养老服务的顺序依次为政府、市场、社区、志愿服务组织等。罗忠勇等对湖南省被征地农民的养老责任认知研究发现，69.6% 的被征地农民认为家庭应该承担全部或部分养老服务供给责任，而认为应当由村集体和地方政府供给部分或全部养老服务的老年人比例较低[④]，研究者将被征地农民对家庭承担过高养老服务责任的认知称为自我贬损式的养老责任认知，认为这种养老责任认知是由传统的家庭孝道文化造成的，但本研究忽略了 88.1% 和 81.2% 的被征地农民分别反映村集体和地方政府没有对他们承担任何养老责任的事实，或许这种自我贬损式的养老责任认知是失地农民在自我被忽略的现实面前作出的最理性的自我安慰。安瑞霞对 2014 年中国老年社会追踪调查数据的分析发现，"养儿防老"的传统养老观念正在发生变化，农村老年人依靠子女养老的观念逐渐弱化，而更多转向自我养老或社会养老[⑤]，但徐宏对 2015 年中国综合社会调查数据的分析却得出了不同的结论，认为子女负责提供养老服务依然是农村人口最认同的养老责任认知[⑥]。这两项研究的区别在于前者是以老年人为分析对象，而后者则对所有人群进行了分析，截然相反的研究结果暗示人们对养老服务供给主体的偏好可能存在代际差异。陆杰华等同样使用 2015 年

① 张思锋，张泽滈. 适应多样性需要的养老服务及其质量提升的多元主体责任 [J]. 人口与社会，2018，34（4）：11 - 20.

② 李兵水，时媛媛，郭牧琦. 我国居家养老服务供给主体分析——从老年人对居家养老服务供给主体的期望的视角 [J]. 广西经济管理干部学院学报，2012，24（2）：14 - 24.

③ 史薇，谢宇. 城市老年人对居家养老服务提供主体的选择及影响因素——基于福利多元主义视角的研究 [J]. 西北人口，2015，36（1）：48 - 54.

④ 罗忠勇，漆雨烟. 被征地农民的养老责任认知及其影响因素分析——基于湖南 8 县市被征地农民的调查 [J]. 经济地理，2013，33（8）：134 - 141.

⑤ 安瑞霞. 中国农村老年人养老责任认知的影响因素分析 [J]. 调研世界，2018（9）：3 - 8.

⑥ 官天文. 社会福利社会化中政府责任探析 [J]. 山东社会科学，2009（7）：69 - 71.

中国综合社会调查数据对不同队列人群的养老责任观念进行了系统研究，结果显示，人们对养老服务供给主体的认知趋于多元化，尽管家庭养老仍然是当前的主流观念，但这种观念在不断弱化①。晏子对中国、日本、韩国的综合社会调查数据进行比较分析发现，三国居民在养老服务供给主体偏好方面表现出巨大差异，中国居民更倾向由家庭供给养老服务，日本居民更倾向于社会养老，而韩国居民则倾向于将中立的态度②。李新辉等通过对我国新疆维吾尔族和哈萨克族老年人的养老服务意愿的研究发现，超过80%的被调查对象希望与子女居住在一起，接近2/3的老年人认为依靠儿女养老比较可靠③。

为什么老年人对养老服务供给主体的选择偏好存在差异？学者们从微观与宏观两个层面，分别从个体因素、家庭因素、经济因素、社会因素等方面进行了探索。在微观层面，唐艳等对中老年人的研究发现，相对于男性，女性更倾向于选择家庭供给养老服务④，但张波的研究却认为男性比女性更加认同自我供给养老服务⑤。健康状况对人们的养老服务供给主体偏好也有影响，闫金山等发现，健康状况不良者倾向于选择共同承担养老服务供给责任⑥。收入对养老服务供给主体偏好的影响则不同，对中国澳门市民的一项研究发现，收入越高的人越倾向于支持政府发展更大规模的福利服务⑦，而对中国内地老年人的调查则发现家庭收入越高的受访者越认同老人自我养老，家庭收入越低的则越认同政府供给养老服务⑧。另一项考查个人收入对养老服务供给主体偏好的研

① 陆杰华，王馨雨，张雁雯．社会转型背景下不同代际队列的养老责任观念变化探究——来自2015年中国综合社会调查数据的验证［J］．华中科技大学学报（社会科学版），2019，33（2）：105－115.

② 晏子．倾向传统还是走向现代：性别意识与养老责任态度——基于中国、日本、韩国的比较研究［J］．公共行政评论，2018，11（6）：112－136.

③ 李新辉，艾景涵，胡海峰，等．新疆农村维吾尔族、哈萨克族老年人养老认知及养老需求调查研究［J］．西北人口，2015，36（2）：29－32.

④ 唐艳，刘洁琼，王诗，等．中老年人家庭养老意愿及影响因素分析［J］．护理学报，2017，24（7）：6－9.

⑤ 张波．中国谁来养老？——基于中国人养老责任认知及其影响因素分析［J］．华中农业大学学报（社会科学版），2018（4）：99－109.

⑥ 闫金山，乌静．自利与政治信任对养老责任分担态度的影响——基于2010年CGSS数据分析［J］．探索，2015（2）：119－124.

⑦ 赖伟良．澳门市民的福利意识形态：中间路线取向［M］//中国社会工作教育协会．王思斌，中国社会工作研究（第二辑）．北京：社会科学文献出版社，2004：184..

⑧ 张波．中国谁来养老？——基于中国人养老责任认知及其影响因素分析［J］．华中农业大学学报（社会科学版），2018（4）：99－109.

究则发现，个人收入越高的老年人越倾向于支持由政府供给养老服务①。家庭因素方面，家庭经济状况较差者更认同政府供给养老服务或者共同承担养老责任，家庭规模越大的农村老年人越不认同养儿防老②，子女数量越多的被调查对象越倾向多元主体共同承担养老服务供给责任。社会因素方面，社交贫乏的人倾向于选择自我养老，而社交丰富的人倾向于选择子女养老与政府养老③。

在宏观层面，户籍、社会保险等因素对养老责任认知均有影响。有的研究认为福利服务以物质财富为基础，关于福利服务的供给责任认知是建立在一个社会的经济基础之上的，小农经济背景下形成的福利供给责任认知与工业社会时代的福利供给责任认知是不同的。在小农经济背景下人们对福利供给责任认知是谨慎的、低要求的，人们基本上靠自己和家庭成员的活动维持自己需要的福利，较少希望通过外部支持来满足自身的需要，因此小农经济下的人们形成了自助、保守、重视个人责任的福利责任认知。而工业生产背景下的个人不可能应对工业社会风险，人们容易接受来自外部的福利支持，这样，就会形成比较开放的福利态度④。这种差异反映在我国城乡居民对政府作为养老服务供给主体的认知中，则表现为城市居民更倾向于选择政府作为供给养老服务的首要主体，而农村居民则将养老服务供给的首要责任归为家庭或个人⑤。首先，有研究证实农村老年人选择政府优先供给养老服务的概率要比城镇老年人的选择低51.8%⑥。其次，有的研究考察了劳动力市场分割等制度性因素对政府养老服务供给责任认知的影响，在控制其他变量不变的情况下，相比选择由子女供给养老服务，从事稳定性就业的居民更多选择政府供给养老服务或者多元主体共同供给养老服务。其中，选择政府供给养老服务的概率是选择子女供给的1.63倍，而选择共同承担养老服务供给责任的概率是选择子女负责养老的1.4倍⑦。另外，是否参加养老保险影响人们的养

① 闫金山，乌静. 自利与政治信任对养老责任分担态度的影响——基于2010年CGSS数据分析 [J]. 探索，2015（2）：119-124.

② 叶男. 农民"养儿防老"观念实证研究 [J]. 西北人口，2012，33（5）：24-28

③ 徐宏. 中国农村人口养老责任观念及影响因素研究——基于CGSS2015的实证分析 [J]. 厦门大学学报（哲学社会科学版），2019（3）：138-146.

④ 王思斌. 底层贫弱群体接受帮助行为的理论分析 [M] //王思斌. 中国社会工作研究（第四辑）. 北京：社会科学文献出版社，2006：45.

⑤ 范丛. 城乡居民养老观念的差异及影响因素——基于CGSS 2013数据的实证研究 [J]. 西南交通大学学报（社会科学版），2019，20（3）：91-98.

⑥ 赵锋，樊正德. 代际支持、制度供给与老年人养老责任认知——基于CGSS2015数据的实证分析 [J]. 人口与社会，2018，34（6）：79-88.

⑦ 张仁鹏，孙振亚，陈济生. 人口老龄化背景下中国养老责任认知的影响因素研究——基于CGSS2015数据考察 [J]. 怀化学院学报，2019，38（4）：23-29.

老责任认知，享有社会养老保险的居民更加认同政府供给养老服务和责任共担，而没有参加社会养老保险的居民则更加认同子女或自我供给养老服务。医疗保险对养老服务供给主体偏好的影响不如养老保险的影响明显，即使参加了医疗保险，人们仍然认为子女是最可靠的保障，而且更加认同自我供给养老服务和共同承担养老责任①。

（二）政府在养老服务供给中承担多少责任

国外关于政府在养老服务供给中承担多少责任即老年人对政府养老服务供给责任认知的研究，主要集中于民众对福利国家的福利供给态度方面。布勒克索恩（Morten Blekesaune）对福利国家进行考察后发现，因为更多人不得不依赖福利国家，因此他们出于自身利益考虑而倾向于支持福利国家，认为政府在经济供应和收入再分配方面应承担更多的责任②。钟（Heejung Chung）等对德国、挪威、瑞典和斯洛文尼亚的调查结果显示，各国民众在不同程度上认为政府应该承担供给养老服务的责任，其中斯洛文尼亚人民认为政府应发挥无所不包的作用，不仅应负责提供足以支付医疗服务的养老金，而且应该对老年人提供护理服务；英国民众则对政府养老服务供给责任的认知非常低，认为养老服务应该主要由个人通过个人资产、储蓄来解决；挪威与德国对政府供给养老服务的责任认知也比较低，二者均将养老服务供给的责任托付于家庭③。还有研究对具体的养老服务供给责任认知做了研究，哈里森（Fleur Harrison）等关于养老服务需要与责任认知的研究发现，由于老年人社交和娱乐活动以及身心健康方面的需要未被满足，养老服务的供给者和照护者对养老服务的责任认知不一致④。

中国内地地区关于人们对政府养老服务供给责任认知的研究较少，但是相关的研究如福利认知、社会保障预期等仍有一些研究成果。在中国香港地区，几乎所有社会阶层的香港地区民众都强烈认为应由政府提供更多福利服务，但

---

① 张波. 中国谁来养老？——基于中国人养老责任认知及其影响因素分析 [J]. 华中农业大学学报 (社会科学版), 2018 (4): 99 - 109.

② Blekesaune M. Economic Conditions and Public Attitudes to Welfare Policies [J]. Iser Working Paper, 2009, 23 (3): 393 - 403.

③ Chung H, Hrast M F, Rakar T. The Provision of Care: Whose Responsibility and Why? [M] // Taylor - Gooby P, Leruth B eds. Attitudes, Aspirations and Welfare. Palgrave Macmillan, Cham,. 2018: 183 - 214.

④ Harrison F, Low L, Barnett A, et al. What do Clients Expect of Community Care and What are Their Needs? The Community Care for The Elderly: Needs and Service Use Study (CENSUS) [J]. Australasian Journal on Ageing, 2014, 33 (3): 206 - 213.

特权阶层的这种认知比弱势阶层更强烈①。石佑启认为，尽管我国经济体制已经转型为中国特色社会主义市场经济体制，但是我国计划经济时代形成的"全能政府"的观念仍然支配着一部分人的行为，他们对政府有极强的期望和依赖，遇到问题习惯性找政府②。周津对城镇中年人的社区养老服务责任认知的研究发现，城镇中年人对各项养老服务的责任认知都较高，尤其对医疗卫生服务和休闲娱乐服务的责任认知最高，受教育程度、收入、居住方式等因素对政府养老服务供给责任认知均有影响③。朱珠等对老年人养老服务责任认知的研究发现，老年人对养老服务供给的优先选择顺序为生活照料服务、医疗服务、健康教育服务，而年龄、户籍、日常生活能力、医疗保险类型、健康状况等是影响养老服务责任认知的重要因素④。彭国胜在关于农民的福利预期的研究中发现，农村居民认同集体作为养老服务供给主体，将社会公平看得较重，对社会福利存在积极的预期⑤。尽管在我国经济和社会发展的历程中，经济发展往往被排在政府职能绩效表现的第一位，但针对中国民众的调查显示，在政府的五项具体职能（行政职能、治安职能、经济发展职能、福利职能、人道主义职能）中，民众对政府的经济发展职能的期待仅仅排在第三位，而对政府供给社会福利的职能排在第一位⑥。何文炯指出，我国在建立健全社会保障制度的过程中取得了一些成就，在覆盖面和社会保障项目上实现了快速发展，但是由于制度设计尚不完善、社会保障实践中的偏差以及不合理承诺等原因，使一部分民众不能正确理解社会保障制度的职责，过高地期待社会保障待遇，希望社会保障制度提供给他们充分的保障，以解决所有的风险⑦。所以政府的职能与公众的认知可能并不完全一致，致使某些民众对政府责任的认知与政府实际职责存在一定程度的错位。

① Wong T K, Wan S P, Law K W. Welfare Attitudes and Social Class: The Case of Hong Kong in Comparative Perspective [J]. International Journal of Social Welfare, 2009, 18 (2): 142 – 152.

② 石佑启. 论有限有为政府的法治维度及其实现路径 [J]. 南京社会科学, 2013 (11): 92 – 99.

③ 周津. 城镇中年人群社区养老服务期望及影响因素研究 [D]. 南昌: 江西农业大学, 2021.

④ 朱珠, 燕武, 姜海婷, 等. 养老机构老年人期望——满意度评价模型构建及初步应用研究 [J]. 中国全科医学, 2020, 23 (22): 2775 – 2782.

⑤ 彭国胜. 欠发达地区农村居民社会福利价值认同及其影响因素研究——以贵州省为例 [J]. 南京农业大学学报 (社会科学版), 2012, 12 (2): 1 – 7.

⑥ Zhang G. Citizen Expectations and Improvement of Government Functions: A Study of Importance and Performance of Budgetary Demands in China [J]. Australian Journal of Public Administration, 2012, 71 (2): 148 – 158.

⑦ 何文炯. 合理引导社会保障预期 [J]. 中国社会保障, 2018 (8): 35.

四、文献述评

以往研究呈现了政府养老服务供给的基础和合理性，对不同福利体制下的政府责任做了不同程度的探索。国外学者对福利制度、福利模式与不同福利形态的政府养老服务供给进行了理论分析和实证研究。而国内政府养老服务供给研究开展得相对较晚，但是随着经济体制改革引发社会保障领域的变革，尤其进入老龄化社会以后，我国学术界围绕着社会化养老开展了大量有关养老服务的研究，在养老服务制度、养老服务模式、政府养老服务供给的责任、养老服务体系构建、养老服务责任认知等方面形成了一些有价值的结论和判断，这些成果为本研究提供了重要的参考。但现有研究中仍然有一些问题需要进一步的细致研究，主要表现为：

1. 从研究内容看，现有研究对养老服务的需要和供给进行了探索，但多数研究将养老服务的需要和供给作为各自独立的研究主题进行讨论，将养老服务供给与需要置于同一分析框架下进行研究的相对较少。这导致供给与需要的研究存在不同轨、不同步的问题，使得供需不匹配的矛盾更加难以得到解决。

2. 从养老服务供给内容看，已有文献较少用规范的方法对养老服务供给内容进行研究，导致学术界尚未形成比较统一的关于养老服务供给内容的类型学划分，加上养老服务供给的宏观数据统计口径的变化，使得养老服务研究中出现五花八门的供给内容划分，不利于理论研究对供给实践的指导。

3. 从研究视角看，政府养老服务供给的研究缺乏责任认知的视角。现有政府养老服务供给研究对过往及当下的养老服务需要等描述居多，也总结了我国养老服务供给中的经验、存在的问题，这些研究为调整养老服务的供给提供了很好的借鉴。但由于政府不是供给养老服务的唯一主体，须有养老服务的多元供给主体共同满足老年人的养老服务需要，因此各主体间存在一定的责任划分。老年人对由谁供给养老服务、供给主体在多大程度上承担养老服务责任的看法构成了老年人的养老责任认知。老年人对政府养老服务供给的责任认知会影响其对政府的满意度，影响政府养老服务供给的政策，而目前从责任认知出发系统地开展政府养老服务供给的研究极少。

4. 目前有关养老责任认知的研究一般从个体、社会方面分析影响责任认知的因素，但是没有探索养老责任认知的形成机制。老年人养老服务需要和社会保障政策对老年人的养老责任认知的影响没有得到充分研究，政府养老服务供给优化未能考量老年人养老责任认知，以老年人养老责任认知为导向的政府养老服务供给优化策略被忽略。

第四节　研究设计

一、研究思路

如前所述，目前学术界有关政府养老服务供给的研究集中于政府供给的理论分析、政府养老服务供给的历史变迁、政府与其他供给主体的合作等方面，此类研究基于政府养老服务供给的实然状况作出政府完善或调整供给的判断，却并没有纳入老年人对政府养老服务的供给责任认知等问题，基于养老责任认知视角的政府养老服务供给的应然情形被忽略了。然而，一个国家和社会的民众对待福利服务的态度充分反映了社会政策的质量和效果，从责任认知视角去探索政府养老服务供给能够为政策调整提供更加有针对性的建议，从而在未来政策与政策使用者之间架起一座沟通的桥梁，让政策更好地满足服务对象的需要，以便更有效、更公平地发挥公共政策的作用。本研究的内容主要包含老年人养老服务需要、需要供给分析、养老服务责任认知以及养老服务政策优化等，为阐述和解释以上问题，本研究的主要研究思路为：

第一，了解我国政府养老服务供给的变迁。我国社会保障制度形成于中华人民共和国成立后，政府养老服务供给在 70 多年的发展历程中经历了怎样的变化？影响政府养老服务供给变迁的因素是什么？通过探索这些问题以分析现阶段我国政府养老服务供给的宏观背景，研判政府养老服务供给的基础和方向。第二，对我国进入老龄化社会以后的政府养老服务供给的相关政策进行内容分析，确定政府养老服务供给内容的类型或维度，并将其作为老年人养老服务需要、政府养老服务供给现状的分析框架。第三，通过统计年鉴、政府统计公报、政府网站等公布的宏观数据，以及问卷调查微观数据描绘老人养老服务需要与目前政府养老服务供给的现状，考察政府供给了怎样的养老服务、政府养老服务供给特点及老年人养老服务需要满足状况，并对养老服务的供需状况进行分析，探讨政府在养老服务供给中承担的实然责任。第四，通过微观调查数据了解老年人的养老责任认知，探索影响老年人养老责任认知的因素，分析老年人养老责任认知的形成机制。第五，根据老年人的养老服务需要和政府养老服务供给责任认知的研究结果，对现有的政府养老服务供给政策进行回应，提出优化政府养老服务供给政策的建议。

基于以上分析，本研究的基本研究思路如图 1-2 所示。

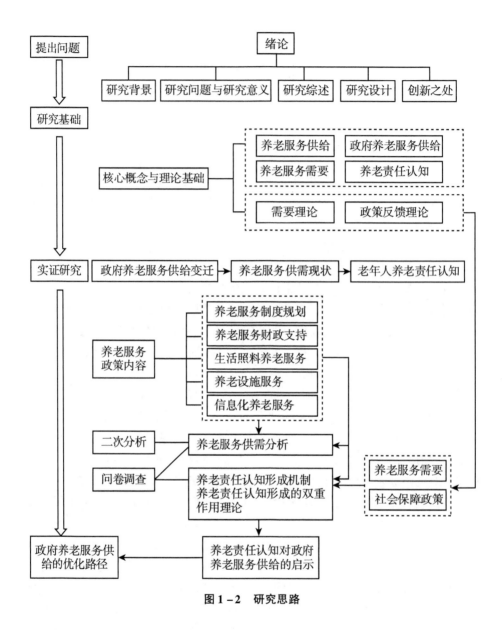

图1-2 研究思路

二、研究方法

(一) 内容分析法

内容分析法是一种搜集与分析文本内容的方法, 文本可以是任何书面的、可读的或者口头的作为交流媒介的东西, 内容是指文字、意义、图片、符号、构思、主题等用来交流的信息①。在这种方法中，研究者通过对文献的现行内容特征的定性与定量的分析，得到与之相关的潜在内容特征的推论②。本研究以山东省为例，通过开放式编码、轴心式编码、选择式编码对 2000 年以来的养老服务政策文本进行编码，构建养老服务政策的五大维度，并以此为框架分析目前政府养老服务供给的内容、特点与变化趋势等。

（二）二次分析法

二次分析法是研究者根据自己的研究目的，对已有的数据进行深入挖掘和分析的方法。这种数据可以是国家发布的各项统计数据、其他科研人员独立收集的用于科研的数据库、用于非科研目的的各种数据库、定性研究收集的文字与影音材料等③。因为二次分析法可以更加充分地利用已有数据库，挖掘出有意义、有价值的结果和结论，避免大量的资源浪费和重复劳动，因此成为学界常用的一种研究方法。本研究根据研究目的，对有关的统计年鉴、政府统计公报、政府网站等公开的数据进行了二次分析，探索政府养老服务供给的维度、特点及其对老年人养老服务需要的满足状况。

（三）问卷调查法

本研究采用自编的《政府养老服务供给问卷》进行了调查。该问卷基于内容分析的五大维度，设计了具体的养老服务项目，问卷包含两部分内容：第一部分为基本信息，包括性别、年龄、婚姻状况、户籍、收入、健康状况、子女数量、受教育程度、医疗保险、养老保险状况等。第二部分列出了 22 项具体的养老服务项目，涵盖生活照料服务、养老服务设施、信息化养老服务等方面，每一具体养老服务项目后面询问养老服务需要、使用、政府养老服务供给及老年人养老责任认知等方面的问题，如，对该服务的需要程度（不需要、基本不需要、不知道、偶尔需要、需要）；您是否使用过该项服务（使用过、没有使用过、本地没有此服务）；谁提供的该服务（政府、市场、家庭、社会组织、其他）；您认为应该由谁来优先提供该项服务（家庭、市场、社会组织、政府、以上共同提供）；您认为政府应该为此项养老服务承担多少责任（无责任、小部分责任、一半责任、大部分责任、全部责任）等，问卷见附录 1。

① 劳伦斯·纽曼. 社会研究方法——定性和定量的取向（第五版）[M]. 郝大海，译. 北京：中国人民大学出版社，2007：391.
② 风笑天. 社会研究方法（第四版）[M]. 北京：中国人民大学出版社，2013：209.
③ 周亮. 二次分析数据中需要注意的几个问题 [J]. 中国心理卫生杂志，2012，26（2）：111.

三、数据及其来源

内容分析的数据主要来自政策文本，本研究的政策文本为山东省政府、山东省民政厅等省级部门 2000 年以来养老服务的相关政策，对文本初步阅读后筛掉不符合本研究内容分析的文本，最终确定了 39 份与养老服务相关的政策文件作为本研究内容分析的对象文本。

二次分析的数据主要来自 2000 年以来的中国统计年鉴、中国民政统计年鉴、中国人口与就业统计年鉴、山东统计年鉴、相关统计公报、政府工作报告、政府网站等公布的统计数据，同时本研究还借鉴使用了相关研究中的数据。

问卷数据来自《政府养老服务供给问卷》的调查数据，本研究对山东省的老年人进行了调查，共收取 810 份问卷，其中 731 份为有效问卷。

第五节　创新之处

本研究在梳理现有政府养老服务供给文献与政策文本的基础上，探索政府养老服务的供给情况，进一步从养老服务对象——老年人的角度出发，了解老年人的养老服务需要、老年人对政府养老服务供给的责任认知等，发现政府供给养老服务中的合理与不合理之处，为养老服务供给实践及未来的养老服务供给政策优化提供经验和理论支持。本研究主要从服务对象出发检视政府养老服务供给的内容、数量，对老年人养老责任认知进行描述、解释，探索政府养老服务供给责任认知的形成机制，构建了养老责任认知形成的双重作用机制，在此基础上提出政府养老服务供给政策的优化建议。本研究的创新主要表现为以下四点：

第一，本研究采用了客观描述与主观认知相融合的研究范式。基于宏观统计数据以及微观调查数据，本研究客观呈现了老年人养老服务需要、政府养老服务供给的现实状况，基于对养老服务供给主体及供给责任的看法、观念，了解老年人养老责任认知。并对老年人养老责任认知的客观影响因素和形成机制进行了实证分析，针对性提出优化养老服务供给政策的建议。

第二，本研究归纳了养老服务政策内容的五个维度，将老年人的需要与政府供给置于同一分析框架。本研究对 39 项养老服务政策文本进行了三级编码，通过对政策文本的内容分析，抽象出了养老服务政策包含的五个维度：养老服务制度规划、养老服务财政支持、生活照料养老服务、养老设施服务以及信息化养老服务。从这五个维度分析老年人的需要以及政府供给，探索目前老年人养老服务需要被满足状况。

第三，本研究编制了《政府养老服务供给问卷》。本研究使用该问卷调查获得的截面数据探索了老年人对不同维度养老服务的需要、利用情况、老年人的养老责任认知状况，考察了变量之间的关系，探索了老年人养老责任认知的影响因素。该问卷的克隆巴赫一致性系数为0.910，说明问卷具有较高的信度，可用于追踪研究老年人对政府养老服务供给责任认知的变化趋势，更加深入分析养老服务政策、政府养老服务供给实践与老年人的责任认知之间的互动状况。

第四，本研究构建了老年人养老责任认知形成的双重作用理论。需要理论将人的需要分成不同的层次，需要的层次性决定了老年人对养老服务责任认知的差异。而政策反馈理论则解释了公共政策与民众福利态度之间的互动机制。本研究以老年人养老服务需要和社会保障政策对老年人养老责任认知的影响作用为基础，考察了老年人养老责任认知的内在形成机制和外部形成机制，在此基础上构建了老年人养老责任认知形成的双重作用理论，即认为老年人养老责任认知是在养老服务需要内在驱动与社会保障政策外部推动的双重作用下形成的。

本章小结

随着深度老龄化和高龄化的同步发生，老年人的养老服务需要激增，政府在供给养老服务以回应老年人需要方面作了巨大努力，但在实践中政府却经常陷入向老年人供给不合意服务的困境。本章梳理了目前老年人养老服务需要、养老服务供给以及老年人养老责任认知等方面的相关研究，提出从老年人的需要和养老责任认知等方面去研究政府养老服务供给以破解现有供给困境、优化供给内容、提高养老服务供给效率的难题。根据研究目的，构思了本研究的研究设计，确定了采用内容分析法、二次分析法和问卷调查法，综合使用已有宏观统计数据和微观调查数据，从老年人养老责任认知视角自下而上开展政府养老服务供给研究的思路。

第二章 概念界定与理论基础

第一节 核心概念及辨析

一、养老服务需要

需要是社会保障、公共政策等学科的核心概念，其他社会科学如心理学、经济学、社会学、政治学等也将需要视为一个重要的概念。

从心理学角度看，需要是有机体内部的一种不平衡状态，是有机体感到缺乏某种东西而力求获得满足的心理倾向，它表现为有机体对实现自身满足的目标进行获取①。人本主义心理学的代表人物马斯洛（Abraham H. Maslow）认为，"人是一种不断产生需要的动物，极少达到完全满足的状态"，因此人类的需要是有层次的，人类的需要层次从低到高分别为生存需要、安全需要、归属与爱的需要、尊重需要和自我实现的需要②。从唯物史观的角度看，人类社会要存在和发展，就必须生产各种物质资料，而物质资料生产就是以满足人类需要作为出发点的。学者们根据马克思关于需要的论述将人的需要分为生存需要、享受需要和发展需要三个层次。政治学意义上的需要是指在政治、道德和伦理上被认定为重要且关键的事项，当其不满足时会导致严重的伤害，并且这种伤害超越了个人自主所能应对的范畴③。经济学侧重于从商品消费的角度来理解需要，认为消费的扩张能够满足人类需要，从而增进人类的福祉。经济学家在社会需要（social need）的研究中发展了有效需求（effective demand）和无效需求（ineffective demand）的概念，当人们准备以金钱消费来支持需求时，需求是有

---

① 彭聃龄. 普通心理学（修订版）[M]. 北京：北京师范大学出版社，2004：327.

② 马斯洛. 动机与人格 [M]. 许金声，译. 北京：华夏出版社，1987：156–161.

③ Walsh A M. Necessary Goods：Our Responsibilities to Meet Others' Needs [J]. Australasian Journal of Philosophy，2001，79：308.

效的，而当他们没有这种准备时，需求是无效的或不存在的①。

社会福利与社会政策领域对需要的经典表述是"不足够的"收入与物质资源匮乏，从这一点出发，需要就是缺乏基本收入或基本生活必需品不足，需要的满足方式主要是提供足够的生活必需品与基本社会服务②。从社会福利服务发生发展的历史看，社会服务所面临的最关键的问题之一便是如何界定人们的需要，社会服务发展的历史就是不断认知人们对社会服务的需要并组织社会力量去满足需要的过程③。经济学中的有效需求的概念并不适用于社会服务，因为在社会服务的分配过程中，社会服务的获取和报酬之间在很多时候并没有必然联系，一个社会中的公共部门承担着不以追求经济效益为目的的公共服务的供给。除以政府为代表的公共部门，社会服务需要还可通过家庭、市场、社会组织等途径获得满足，如何界定需要的概念决定了需要满足的主要途径与不同途径之间的组合模式，人类需要的界定和满足与一个社会的社会福利制度安排密切相关④。

基于以上分析，本研究将养老服务需要界定为老年人因养老服务或者养老物品不足而产生的匮乏状态，它引导老年人向政府、家庭、市场和社会组织等养老服务供给主体寻求养老服务，直到匮乏状态缓解或消失。

二、养老服务供给与政府养老服务供给

(一) 养老服务供给

从社会保障发生和发展的规律看，世界各国大多是先建立社会保险制度，然后在社会保险制度的基础上，不断完善和发展用以防范各类风险和保障人们基本生活的社会救助制度，最后建立推动全体公民发展和旨在提升民众幸福感的社会福利制度。作为现代社会保障制度建设的后发国家，我国的社会保障体系不仅包括社会救助制度、社会保险制度和社会福利制度，还包括养老服务等社会保障服务制度，其中社会保险制度、社会救助制度、社会福利制度提供的主要是货币化或者实物性资源，这些货币化或者实物性资源是个体获得和享有社会保

① 吴越菲，文军. 回到"好社会"：重建"需要为本"的规范社会学传统 [J]. 学术月刊，2022，54 (2)：113 – 130.

② Veit – Wilson J. Setting Adequacy Standards：How Governments Define Minimum Incomes [M]. Bristol：Policy Press，1998：89 – 92.

③ Bradshaw J. A Taxonomy of Social Need [M] //McLachlan G Ed. Problems and Progress in Medical Care：Essays on Current Research, 7th Series. London：Oxford University Press，1972：70 – 82.

④ 刘继同. 欧美人类需要理论与社会福利制度运行机制研究 [J]. 北京科技大学学报 (社会科学版)，2004 (3)：1 – 5.

障的物质基础，而基本社会保障服务则是满足保障对象基本生活、发展和幸福需要的行为①。因此，社会保障服务是社会保障制度体系的重要组成部分。

养老服务以提供老年人需要的各种服务为主，在老有所养制度体系中，它是与养老保险并重的支柱性项目，成为整个社会福利事业的重要组成部分②。养老服务有广义与狭义的区分，广义的养老服务是一个大而全的概念，只要是与老年人有关的产品和服务都可以涵盖，包括吃、穿、住、行、医、文化娱乐等各个方面，体现为现有养老服务供给主体为老年人提供的生活照料、家政服务、康复护理、医疗保健、紧急救助、精神慰藉等③。从养老服务供给主体的角度理解，广义的养老服务包括但不限于政府提供的养老服务，而狭义的养老服务是由政府部门为老年人提供的包括生理和心理方面的养老服务，包括养老金的发放、提供养老床位、照顾照料等④。

本研究从老年人养老服务需要出发，关注政府养老服务供给以及老年人的养老责任认知，因此本研究将养老服务看作满足老年人需要的准公共服务，是由政府、家庭、市场和社会组织等提供的用以保障老年人基本生活的相关政策与服务行为等，包括以直接生产形式进行的直接养老服务供给，如向老年人提供养老设施、生活照料等；也包括间接方式的养老服务供给，如政府制定养老服务制度、出资为老年人购买养老服务等。

（二）政府养老服务供给

在社会保障与社会福利服务领域，福利供给是一种系统性的社会行动，包括供给主体、供给对象、供给内容和供给方式等基本要素⑤，是社会福利运行过程中的关键环节，也是满足社会成员福利需要的基本途径⑥。

政府养老服务供给是最重要的养老服务供给形式，"只有政府承担起为社会成员提供社会福利的责任，才能最终建立一种能够使人民的生活随着经济的发展而更有保障的利益共享机制"⑦。在政府养老服务供给中，养老服务可以是

---

① 丁建定，倪赤丹. 论中国社会养老服务体系建设的重要转型——基于改革开放以来的一种历史比较分析 [J]. 学海，2021 (6)：109 - 113.

② 郑功成. 让社会组织成为养老服务生力军 [J]. 学会，2016 (1)：25 - 44.

③ 马岚. 福利性、公益性和产业化相结合的养老服务模式研究 [J]. 现代经济探讨，2019 (2)：40 - 45.

④ 倪文菲. 常州市天宁区城市社区养老公共服务问题及对策研究 [D]. 徐州：中国矿业大学，2020.

⑤ 景天魁. 福利社会学 [M]. 北京：北京师范大学出版社，2010：226 - 227.

⑥ 毕天云. 社会福利供给系统的要素分析 [J]. 云南师范大学学报（哲学社会科学版），2009，41 (5)：124 - 128.

⑦ 徐月宾，张秀兰. 中国政府在社会福利中的角色重建 [J]. 中国社会科学，2005 (5)：80 - 92.

政府直接生产的即政府直接提供养老服务给老年人，也可以是政府借他者生产的，如政府购买第三方生产的服务后提供给老年人。因此文森特·奥斯特罗姆等在20世纪60年代提出了公共服务的"生产"和"提供"的问题，生产是指投入一定的生产资料并将其转换成产出，而提供是指决定适当类型的服务及其供给水平，并安排生产和监督生产。提供者不等于生产者，提供者和生产者可以是同一个单位或机构，也可以是不同的主体，或者是合作生产或提供①。因此作为养老服务供给主体之一的政府不必一定生产该项服务，其可以通过委托或者购买等方式将服务提供给老年人②。公共服务提供和生产相对分离的理论意味着公共服务供给的多元化，政府、家庭、市场、社会在公共服务供给中呈现不同的特征。养老服务供给就是家庭、市场、政府以及社会组织等通过各种方式向老年人提供养老服务，满足老年人养老服务需要、提升老年人福祉的行动与结果。

　　根据以上分析，本研究将政府养老服务供给界定为政府在供给养老服务、履行养老服务职能以满足老年人养老服务需要的系统过程中所采取的行动和结果，既包括用以支持养老服务发展的制度设计、财政支持等间接养老服务，也包括能够直接被老年人使用的生活照料服务、养老设施服务、养老信息化服务等直接养老服务。

三、养老责任认知

　　"认知"这一概念指的是存在于人头脑中的一种思维活动，着重强调人对某件事情或事物的观点、态度和判断。人的认知是个体主动寻找信息、接收信息，并在一定社会结构中进行信息加工后在人头脑中的反映。从这个基本概念出发，养老责任认知是指人们在掌握一定客观信息的基础上，在主观意识上所形成的对"应该由谁为老年人提供养老服务""在多大程度上承担养老服务供给责任"等问题的观点、态度。前者即老年人认为养老服务应该由谁供给，是老年人根据自己的现实处境对不同的养老服务供给主体的优先选择，可以理解为老年人倾向于选择由谁来优先满足自己的养老服务需要，是老年人在选择养老服务供给主体时的倾向性偏好。后者是老年人对养老服务供给主体的供给责任的认知，即老年人认为供给主体应当承担供给责任的多少或程度。国外关于公共政策与公众的认知、态度的研究发现，公众的政策偏好和政策变化之间存

　　① 文森特·奥斯特罗姆，埃莉诺·奥斯特罗姆．公益物品与公共选择［M］//麦金尼斯．多中心体制与地方公共经济．毛寿龙，译．上海：上海三联书店，2000：121－125．
　　② 许芸．从政府包办到政府购买——中国社会福利服务供给的新路径［J］．南京社会科学，2009（7）：101－105．

在相当大的一致性，公共舆论往往是政策的主要原因，能够有效影响公共政策，而民众对于社会福利的认知或态度对于政府选择什么样的社会福利制度模式和体系起着非常重要的作用。

本研究从养老责任认知切入，聚焦于老年人对政府作为养老服务供给主体应当承担多少养老服务供给责任的认知，因此本研究的养老责任认知是老年人对政府在养老服务供给中承担养老服务供给责任的看法、态度，即老年人认为政府应当承担养老服务供给责任的程度。

第二节　理论基础

在社会保障领域，关于福利服务探讨的问题，追根究底不外乎三点："给谁""给什么""由谁给"①。本研究关注老年人的需要、养老责任认知和政府供给，是对典型的社会服务问题的探讨，同样也是对以上问题的回答。对这些问题进行实证研究前，可从现有的理论中寻找这些问题的理论主张。

一、需要理论

党的十九大报告明确指出："我国社会主要矛盾已经转化为人民日益增长的美好生活需要和不平衡不充分的发展之间的矛盾"②。在一定社会发展条件下，人们为满足自身需要而进行生产实践，而以满足这一需要为目标的生产实践同时又激发人们产生新的需要并为满足新需要采取必要的手段，即人们为满足新需要又必须在新的社会发展条件下重新进行更高层次的生产实践活动，创造更高水平的生产力，由此推动人类社会不断向前发展。从这个意义上说，人类社会的发展处于"需要→生产→新需要→再生产"的循环往复、不断上升的过程之中③。社会主义生产的根本目的是不断满足人民日益增长的美好生活需要，但谁来满足需要、如何满足需要、在多大程度上满足需要是政策制定者要统筹考虑的问题。一方面社会的有限资源与人们的无限需要之间存在潜在冲突，另一方面通过什么途径提供服务和满足需要反映了社会保障政策目标、价值观念、社会保障制度安排和背后隐含的理论假设，反映了供给主体的责任及责任

---

① 万育维. 社会福利服务：理论与实践 [M]. 台北：三民书局，2001：1 - 2.

② 习近平. 决胜全面建成小康社会夺取新时代中国特色社会主义伟大胜利——在中国共产党第十九次全国代表大会上的报告 [M]. 北京：人民出版社，2017：11.

③ 高峰，胡云皓. 从马克思的需要理论看新时代中国社会主要矛盾的转化 [J]. 当代世界与社会主义，2018（5）：64 - 69.

分担问题。如前所述，养老服务供给主体主要有家庭、市场、社会组织、政府及不同的组合模式，它们的更迭变化反映了养老服务供给历史演进和社会保障制度安排的特色①。

从唯物史观的角度看，人类社会要存在和发展，就必须生产各种物质资料，而物质资料生产就是以满足人类需要为出发点的。马克思指出："人们为了能够'创造历史'，必须能够生活。但是为了生活，首先就需要吃喝住穿以及其他一些东西。因此第一个历史活动就是生产满足这些需要的资料，即生产物质生活本身。"②　马克思使用"需要"这个术语，通常是表明这个社会的生产活动是以满足人们生活需要为生产目的的，认为生产活动是为了满足人们的需要③。首先，人应该满足其基本生存的需要，即"使劳动者个人能够在正常生活状况下维持自己"，包括"食物、衣服、取暖、居住等自然需要"；其次还包括劳动者为"获得一定劳动部门的技能和技巧，成为发达的和专门的劳动力"所耗费的物质资料以及"工人的补充者即工人子女的生活资料"④；最后是在生产力发展的前提下，随着剩余产品生产能力的不断发展，人们在更高层次上的丰富的需要驱动下开始生产，比如对文体艺术、科学研究等活动的需要。因此，需要的体系由生存需要、享受需要以及发展需要三部分组成，而对应于劳动力再生产的三个方面，需要满足的对象包括"生活资料、享受资料、发展一切体力和智力所需要的资料"⑤。学者们据此将人的需要分为生存需要、享受需要和发展需要，其中生存需要是人类维持基本生存的手段，享受需要是人在满足生存需要之后的一种力求提高生活质量和生存条件的需要，发展需要旨在增强人的自由个性，是人发展能力、创造价值的需要。随着社会不断发展，生存需要在人的需要中的占比会逐步下降，而享受需要和发展需要的占比会不断上升⑥。

人的需要又具有无限性。人的需要的无限性意味着人的需要的满足不是一次性的，而是一个历史的发展过程。这表现为人在同一层级的需要不断产生和要求不断提高，也表现为不同层级的需要的不断更新和逐级跃升⑦。在一定社

---

① 刘继同. 欧美人类需要理论与社会福利制度运行机制研究 [J]. 北京科技大学学报 (社会科学版)，2004 (3)：1-5.

② 马克思，恩格斯. 马克思恩格斯文集 (第1卷) [M]. 北京：人民出版社，2009：531.

③ 刘凤义，刘子嘉. 政治经济学视域下"需要"与"需求"的关系研究 [J]. 南开经济研究，2021 (1)：13-25.

④ 马克思. 资本论 (第1卷) [M]. 北京：人民出版社，2004：199-200.

⑤ 马克思，恩格斯. 马克思恩格斯文集 (第1卷) [M]. 北京：人民出版社，2009：710.

⑥ 唐海波，郭颖芳. 马克思需要理论研究综述 [J]. 西部学刊，2020 (19)：45-47.

⑦ 杜玉华. 创造高品质生活的理论意涵、现实依据及行动路径 [J]. 马克思主义理论学科研究，2021，7 (6)：98-106.

会历史阶段下，人类社会的发展水平规定人类需要的对象，决定本阶段人类所具有的能够满足自身需要的能力与手段，决定这些需要得以满足的程度，并提供为满足人类需要所必需的社会生产关系和社会制度。"已经得到满足的第一个需要本身、满足需要的活动和已经获得的为满足需要而用的工具又引起新的需要"①。正是因为人的需要既具有层次性，又具有无限性，所以，在社会不断发展的历史条件下，在较低层次的生存需要得到某种程度的满足后，更高层次的发展需要与享受需要就凸显出来了。低层次的需要得到满足之后，需要就呈现出立体化的特点，它本身更强调超越生存需要的更高层次的享受需要、发展需要。

需要的层次性和无限性为本研究分析养老服务需要及需要满足的动力提供了理论基础。生存需要、享受需要与发展需要是从低级到高级的具有层级性的需要体系，从以上对生存需要、享受需要与发展需要的分析看，三种需要层层递进，低级需要的满足推动高级需要的形成与进一步满足。需要本身能够产生激励和指引个体消除缺失状态的动力，需要的层次越低，其满足需要的动力越强，潜力越大，随着需要层次的上升，满足需要的动力相应减弱②。依据需要的动力性和层次性特征，如果老年人的养老服务需要处于较低的需要层级上，极度的匮乏感会让老年人有较强的动力去寻求自身需要的满足，老年人可以根据自身的经济状况、家庭状况选择不同的方式满足自己的需要。但是如果老年人自身能力不足，从家庭、市场、社会组织等主体中获取满足自身需要的能力较弱时，在社会保障制度的作用下，相对稳定地、制度化地供给养老服务的政府就成为他们满足自身养老服务需要的最优先选择主体。

二、政策反馈理论

政策反馈理论（Policy Feedback Theory）关注政策与行动者的互动，阐释民众的主观态度与社会政策之间的互动与相互影响。国外研究发现，公众的政策偏好和政策变化之间存在相当大的一致性，民众对于社会福利的认知或态度对于政府选择什么样的社会福利制度模式和体系起着非常重要的作用③。例如，李春成以美国公共救助政策为个案，阐明了价值观念对社会福利政策选择的基

---

① 马克思，恩格斯. 马克思恩格斯文集（第5卷）[M]. 北京：人民出版社，2009：586.

② 彭聃龄. 普通心理学（修订版）[M]. 北京：北京师范大学出版社，2004：327-330.

③ Edlund J. Trust in Government and Welfare Regimes: Attitudes to Redistribution and Financial Cheating in the USA and Norway [J]. European Journal of Political Research, 2010, 35 (3): 341-370.

础作用，认为价值观影响社会福利政策设计的各个方面①，查米莉－赖特
（Emily Chamlee－Wright）等人认为民众对政府能力的期望以及政府官员打算采
取的政策会影响他们的决定②。政策反馈最开始是作为一种思想嵌入在历史制
度主义研究中的，旨在说明先前的政策如何影响后来的政策，在历史制度主义
学者韦尔（M Weir）等人的著作中被表述为政策反馈③，其回答的核心问题是
"政策一旦产生，如何重塑政治，这种转变又如何影响随后的政策制定④"。政
策反馈理论认为通过政策设计与政策执行，公共政策不仅能够给予或剥夺公众
资源，还可以塑造民众的规范、价值和态度，从而影响公众行为⑤。对政策反
馈理论的理解，可以概括为历史论、动因论、过程论三个方面，历史论视角旨
在说明过去的政策遗产塑造未来的政策，动因论视角可以理解为社会政策作为
一种政治力量可以影响后续政策的发展，而过程论视角重在阐释社会政策可以
塑造行动者的态度和行为，进而影响后续的政策结果⑥。

　　政策反馈理论是一个较为年轻的公共政策理论，其核心思想是通过政策设
计与政策执行对资源进行重新分配、并通过不同方式对公共政策进行阐释，从
而塑造人的认知和行为，进而对公共政策产生影响⑦。政策反馈理论的研究重
点在政策与行动者的互动过程，并通过资源效应和解释效应来说明公共政策与
民众之间的互动关系⑧。资源效应是指公共政策向特定对象提供经济、商品或
服务等资源而产生的反馈影响，这种影响一方面可以决定政策对象的成员资格、
界定公民身份及社会分层、影响大众对自身和他人的看法，另一方面可以影响
政策制定者与执行者的认知与行为，如资源供给不足或不公可能导致政策变迁，

　　① 李春成. 价值观念与社会福利政策选择——以美国公共救助政策改革为例 ［J］. 复旦学报
（社会科学版），2004（6）：113－121.

　　② Chamlee－Wright E, Storr V H. Expectations of Government's Response to Disaster ［J］. Public
Choice, 2010, 144（1－2）：253－274.

　　③ Weir M, Orloff A S, Skocpol T. Introduction: Understanding American Social Politics ［M］//The
Politics of Social Policy in the United States. Princeton, N. J.：Princeton University Press, 1988：103－108.

　　④ Béland D, Rocco P, Waddan A. Policy Feedback and the Politics of the Affordable Care Act ［J］.
Policy Studies Journal, 2019, 47（2）：395－422.

　　⑤ Mettler S, Sorelle M. Policy Feedback Theory ［M］//Weible C, Sabatier P A. Theories of the
Policy Process（3rd ed.）. Westview Press, 2014：64－71.

　　⑥ 翟文康, 邱一鸣. 政策如何塑造政治？——政策反馈理论述评 ［J］. 中国行政管理, 2022（3）：
39－49.

　　⑦ 苏泠然. 取消药品加成如何影响医疗服务收费调整——基于政策反馈视角 ［J］. 中国卫生事
业管理, 2022, 39（1）：32－37.

　　⑧ Pierson P. When Effect Becomes Cause：Policy Feedback and Political Change ［J］. World Politics,
1993, 45（4）：595－628.

而资源供给充足则促使执行者继续执行该政策，典型的例子是随着社会保障待遇水平的提高，受益者会进一步支持社会保障政策①。就公众而言，已有研究发现原本政治上不活跃的低收入老年人因为依赖政府提供每个月的社会保障金而积极参加各种政治活动以鼓励他们的代表保护这些福利②。就行政部门而言，一项社会政策带来的资金和权力等资源都会激励着体制内的行动者保护该政策的继续执行③。解释效应是指公共政策对人的认知产生影响并塑造人们的规范、价值观和态度，比如对人的价值观的影响、对利益偏好的改变、影响人们对社会本质的基本信念、为政府行为提供合法性等④，公共政策的解释效应主要影响那些直接体验公共政策的人，如社会福利政策的受益人，或受监管程序约束的人。公共政策主要通过其语言符号、内容设计和执行过程三个方面传达信息，这些信息会塑造行动者的认知，从而影响行动者后续的政策态度和行为⑤。例如，我国在2003年废止了《城市流浪乞讨人员收容遣送办法》，并于2005年出台和执行新的《城市生活无着的流浪乞讨人员救助管理办法（草案）》，政策文本表述从"收容遣送"转变为"救助管理"，反映了当时社会对流浪乞讨人员的包容性，这种转变背后体现的是"以人民为中心"的治理理念⑥。

作为一种政策过程研究的新路径，公共政策的"反馈效应"近年来受到我国学者的关注。杨小龙运用政策反馈理论的资源效应和解释效应来分析公共政策对于信访人员信访能力以及信访倾向的研究，向我们展示了政策型信访的生成逻辑，政府的政策以及信访人员对政策的再解释会形塑他们的上访态度与上访行为，而上访态度与行为反过来又影响了公共政策的发展。信访是国家吸收民意的一种方式，从政策反馈理论的资源效应看，信访是民众的一种宝贵的政策资源，正是由于信访渠道的存在，信访人员才能够拥有表达自己意见以及维护自身权利的另一个机会。从政策反馈的解释效应看，公共政策设计本身具有

① Campbell A L. How Policies Make Citizens: Senior Political Activism and the American Welfare State [M]. Princeton, NJ: Princeton University Press, 2003: 88 – 89.

② Campbell A L. Self – Interest, Social Security, and the Distinctive Participation Patterns of Senior Citizens [J]. American Political Science Review, 2002, 96 (3): 565 – 574.

③ 翟文康, 邱一鸣. 政策如何塑造政治？——政策反馈理论述评 [J]. 中国行政管理, 2022 (3): 39 – 49.

④ Mettler S, Soss J. The Consequences of Public Policy for Democratic Citizenship: Bridging Policy Studies and Mass Politics [J]. Perspectives on Politics, 2004, 2 (1): 55 – 73.

⑤ Mettler S, Sorelle M. Policy Feedback Theory [M] //Weible C, Sabatier P A. Theories of the Policy Process (3rd ed.). Westview Press, 2014: 103 – 134.

⑥ 翟文康, 邱一鸣. 政策如何塑造政治？——政策反馈理论述评 [J]. 中国行政管理, 2022 (3): 39 – 49.

很强的解释力，政策作为一种政府信号会影响信访人员对自身以及政府行为的解释，公共政策的执行过程也是一个政策示范的过程，在这个过程中，信访人员会对政策形成直观的感受从而影响其对公共政策效果的解释。信访人员在通过上访与某些政府机关协商与博弈的过程中也会基于自身的知识水平、个人经验对公共政策进行再解释，从而改变或者强化其既有的观点、态度与行为，影响上访活动①。苏泠然运用政策反馈理论分析了取消药品加成对医疗服务收费调整的影响，结果表明由于医疗机构规模较大、服务面较广，在严格执行取消药品加成政策之后，医疗机构的运营收入受到较大冲击。从资源效应来看，药品收入的降低剥夺了该医院的一些既得经济利益，为了维持医疗服务的正常供给，医疗机构通过争取政府财政补贴、调整医疗服务收费、强化内部管理等多措并举来弥补收入缺口，使得医疗服务收费有所提高。从解释效应角度来看，取消药品加成政策使医疗机构在执行过程中对国家医疗体制改革的宗旨有了更深程度的认知，进而充分发挥其公益性质，尽可能通过强化内部管理、推进新型绩效来控制运营费用，减小医疗服务收费提升幅度②。

本研究尝试用政策反馈理论分析养老服务供给中社会保障政策与老年人养老责任认知之间的逻辑关系，从政策反馈的资源效应解释养老服务政策对政府养老服务供给的影响，从政策反馈的解释效应理解养老服务政策覆盖下的老年人养老责任认知，最后分析政策反馈理论对政府养老服务供给的政策启示。

本章小结

本章对养老服务需要、养老服务供给、政府养老服务供给和养老责任认知等核心概念作了界定，对需要理论和政策反馈理论进行了阐述，分析了它们与本研究的关联，将其作为本研究理论基础。通过对核心概念的界定和理论基础的阐述，本章进一步聚焦了研究的内容和范围，确定本研究主要围绕养老服务需要、养老服务政策和养老责任认知展开，试图揭示老年人养老责任认知形成的机制，以责任认知为导向优化政府养老服务供给。

---

① 杨小龙．基于政策反馈理论的政策型信访研究 [D]．武汉：中南财经政法大学，2020．

② 苏泠然．取消药品加成如何影响医疗服务收费调整——基于政策反馈视角 [J]．中国卫生事业管理，2022，39（1）：32－37．

第三章　我国政府养老服务供给的变迁

　　我国社会保障制度化建设始于中华人民共和国成立。党和政府根据人民不断变化、增长的养老服务需要，适时调整、改革我国养老服务体系，推动我国养老事业不断适应经济社会发展，逐步走出一条符合我国国情民意的养老服务发展道路。

　　总体来看，政府养老服务供给的发展嵌入在经济、社会发展以及社会保障制度的变迁中，大体遵循着养老服务供给主体走向社会化与追求城乡养老服务供给均等化的方向发展①。养老服务从家庭单一供给到社会化养老不断演变，养老服务覆盖人群由特定老年群体向全社会老年群体扩展、由城乡养老服务差距明显向多层次养老服务体系转变、由社会救济向社会福利和养老产业化方向发展②。在这个过程中，我国经历了经济体制的转型，受经济发展阶段和政府职能与角色定位的影响，政府对经济社会生活的干预不断调整变化，在不同的发展阶段表现出不同的政府行为，政府职能和角色定位及行为的变迁同步地反映在政府对养老服务的供给中。政府养老服务供给的变迁背后最根本的原因是宏观的政治、经济、社会发展阶段的变迁，在不同阶段，经济体制、社会主要矛盾不同，政府对自身介入经济社会的角色定位和工作重点也相应存在差异。自中华人民共和国成立后，我国的经济体制经历了从计划经济到中国特色社会主义市场经济的转变，政府在职能上也经历了全能型政府、发展型政府和服务型政府的职能转变③。相应地，政府养老服务供给也经历了政府救助性供给、家庭和市场共同供给、政府主导下的多元供给等发展阶段，在养老服务供给中呈现出不同的供给特点④。

---

　　① 王震. 公共政策70年：社会保障与公共服务供给体系的发展与改革 [J]. 北京工业大学学报（社会科学版），2019，19（5）：25-35.

　　② 黄睿. 养老服务体系支撑幸福晚年 [M] //宋晓梧. 新中国社会保障和民生发展70年. 北京：人民出版社，2019：190.

　　③ 胡志平. 中国农村公共服务供给变迁的政治经济学：发展阶段与政府行为框架 [J]. 学术月刊，2019，51（6）：53-63.

　　④ 武玲娟. 新时代我国养老服务中的政府职责定位研究 [J]. 东岳论丛，2018，39（9）：134-141.

第一节　计划经济体制下全能型政府的养老服务供给

一、计划经济体制下的全能型政府

从中华人民共和国成立到 1978 年，我国经济领域实行的是高度集中的计划经济体制。1949 年中华人民共和国成立，我国建立了人民民主专政的国家政权，确立了社会主义的国家性质和政治制度。经过对生产资料私有制的社会主义改造，我国逐渐确立全民所有制和集体所有制这两种公有制经济体制，实行计划经济的社会主义经济模式。受当时国内外环境的影响，为了维护国家安全和稳定国内政治经济局势，同时为了实现经济发展和建立社会主义工业基础，政府几乎总揽了当时的政治、经济、文化、社会生活等一切事务，建立起了高度集中、全面控制的全能型政府管理模式①。具体来说，全能型政府的特征主要表现在：国家采取直接计划和间接计划两种形式将国民经济的绝大多数成分都不同程度地纳入计划轨道，以加强国家对整个国民经济的集中统一领导，国家对经济社会的几乎所有事务进行集中化管理，对应在福利供给领域，政府对福利供给同样采取了包揽式的做法，对公共产品进行一元化供给。

这一时期，我国在生产资料公有制的基础上推行公平优先、注重分配的社会经济政策。国家在实施优先发展重工业的经济政策的同时，城市社会福利事业主要由国家举办，养老服务的供给则统一由政府下属的社会福利事业单位负责。城镇建立了一套以终身就业为基础的、由单位直接提供各种社会福利和服务的社会政策体系，构建了"国家－单位保障型"的社会福利体制，政府依托公有性质的单位包揽了职工及其家庭成员包括养老服务等在内的生活各领域的福利供给②。国家财政对社会福利服务负责，形成了由政府设置的社会服务机构以及国营企业供给社会福利服务的模式③。农村则在集体经济的基础上，依托人民公社和生产大队建立起了包括合作医疗制度、"五保"户制度等集体福利制度，人民公社和生产大队负责公共产品和公共服务的筹资，为村民提供相

---

① 曹海苓. 中国社会化养老服务中的政府职能研究 [D]. 长春：东北师范大学，2020.

② 易艳阳，周沛. 元治理视阈下养老服务供给中的政府责任研究 [J]. 兰州学刊，2019（4）：184 – 193.

③ 王震. 公共政策 70 年：社会保障与公共服务供给体系的发展与改革 [J]. 北京工业大学学报（社会科学版），2019，19（5）：25 – 35.

应的社会福利服务①。由于城乡社会福利水平差距很大，计划经济时期的福利制度是典型的二元制福利体系，可以称为"一个国家，两种福利制度"②。

二、全能型政府的养老服务供给

这一时期，党和政府始终重视城乡孤寡老人的赡养问题，在积极发展生产和强化社会调控能力的同时努力维护社会秩序稳定，开始探索建立社会福利制度。如上所述，城市社会福利事业主要由政府举办，养老服务的供给统一由政府下属的社会福利事业单位负责。农村养老服务供给的标志性政策为 1958 年党的第八届中央委员会第六次全体会议通过的《关于人民公社若干问题的决议》，提出"要办好敬老院，为那些无子女依靠的老年人提供一个较好的生活场所"③。这个时期政府养老服务供给与当时的公有制和计划经济体制相适应，通过行政手段调配养老福利资源。

有学者认为政府在这个阶段扮演了"垄断供给"的角色④，主要理由是当时在城市实行的单位包办福利制度和在农村实行的集体包办福利制度，国有经济体制下的单位和集体经济体制下的村集体承担了城市居民和农村居民的养老、医疗、住房、生活等的全部福利。事实上，尽管中华人民共和国成立初期，国家财力微薄、百废待兴，社会主义政治体制下的政府依然全面介入福利供给领域。一方面，用人单位包办城镇职工的福利，通过"国家 + 单位"制度保障退休人员的养老福利，退休职工往往可以享受到完善的、水平较高的养老待遇；另一方面，各级政府合并教会、社会团体开设的救济院和慈幼院，设立了教养院、敬老院、福利院，为城镇"三无"人员提供基本生活来源和服务⑤。经过一系列整顿和调整，内务部（国务院原组成部门）接管改造了大批救济性福利机构，专门收养残疾人和"三无"老年人，并将其更名为社会福利院或养老院。截至 1953 年，全国有 923 个城市生产教养院转为养老院、敬老院，收养孤老对象 10 万人。截至 1964 年，全国共建成城镇福利机构 733 个，收养城镇"三无"老人近 7.9 万。农村的"五保"供养制度也初步建立，并兴办敬老院，

---

① 叶兴庆. 论农村公共产品供给体制的改革 [J]. 经济研究，1997（6）：57 – 62.

② 岳经纶. 社会政策学视野下的中国社会保障制度建设——从社会身份本位到人类需要本位 [J]. 公共行政评论，2008（4）：58 – 83.

③ 黄睿. 养老服务体系支撑幸福晚年 [M] //宋晓梧. 新中国社会保障和民生发展 70 年. 北京：人民出版社，2019：198.

④ 陈静，周沛. 论我国老年社会福利供给中政府角色的嬗变 [J]. 东南学术，2015（3）：140 – 146.

⑤ 向运华，王晓慧. 新中国 70 年养老服务体系建设、评估与展望 [J]. 广西财经学院学报，2019，32（6）：9 – 21.

为孤寡老人提供养老服务，从 1956 年黑龙江省拜泉县兴华乡创办我国第一个农村敬老院到 1958 年年底，全国共建成 15 万所敬老院，收养五保对象 300 万人。①。

但应当看到的是，在养老服务领域，政府的责任只局限于已经遭遇社会风险的困难群体，如"三无"老人和"五保"老人，覆盖面偏窄，养老服务供给的目标仅是满足困难对象的基本生活服务需要，而非全面的养老服务。政府或集体投资兴办的福利院和敬老院也主要面向特殊老年人群体——鳏寡孤独者，社会福利院主要面向城市"三无"老人，由民政部门负责，敬老院收养农村"五保"老人，由村集体负责供养。政府的养老服务规范和管理职责主要体现在对公办养老院和农村敬老院的管理上。同时受传统思想影响，当时人们普遍认同养儿防老的理念，而且此时家庭平均规模较大，维持在 4.3 ~ 4.6 人之间，家庭赡养功能相对完善，60 岁及以上老年人口占比不高，这一时期家庭仍然承担着主要的养老服务供给责任。因此，虽然当时政府全面介入福利服务供给，但带有典型的社会救助和社会福利的双重特征，形成了由城镇孤寡救济、农村五保供养构成的政府包办、城乡分割的救济型养老服务供给制度。

这一时期养老服务供给的成效主要是逐步明确了养老机构的职能，完善了养老服务的对象和养老服务的供给内容②。在城市，政府、单位和企业提供基本均等化的养老服务，在农村，"政社合一"的人民公社体制也基本保证了社员包括鳏寡孤独家庭最低限度的养老服务。虽然这种平均主义的"大锅饭"难以调动广大社员的积极性，但这种体制所给予的保障生存及安定的环境，是中华人民共和国成立以前的旧社会所无法比拟的③。当时养老服务供给的整体水平较低，而且家庭尚有较强的养老服务供给能力，这导致在养老服务供给中政府往往是最后的出场者，这一时期养老服务实际上是国家福利体制下的行政化、低水平、内容单一、受益人数极其有限的供给体制。这种只面对部分社会成员补救型的、资源单一化的福利供给模式，严重阻碍了养老服务事业的发展④。计划经济体制下救助式的政府养老服务供给模式的出现有其时代的必然性与合

① 刘鹏程. 让所有老年人都有幸福美满的晚年——新中国成立 70 年来养老事业改革发展巡礼 [J]. 中国社会工作，2019（26）：4 - 7.
② 黄睿. 养老服务体系支撑幸福晚年 [M] //宋晓梧. 新中国社会保障和民生发展 70 年. 北京：人民出版社，2019：191 - 202.
③ 石建国. 我国全能型政府职能的历史成因与改革方向 [J]. 中国井冈山干部学院学报，2015，8（3）：125 - 131.
④ 李长远，张举国. 养老服务本土化中政府责任的偏差及调整 [J]. 人口与发展，2013，19（6）：84 - 89.

理性，以行政手段集中控制社会资源的全能型政府职能模式在当时起了十分重要而积极的作用，适应当时我国经济发展水平落后的现实国情和生产力发展的客观需要，使我国在短时期内建立了相对完备的福利体系①。但这种体制同时呈现出诸如非现代性、非规范性、非一体化和非持续性等特征②，其后续的中央政府过度介入、条块分割、责权不明等不足亦日益显露出来。一方面，这极大限制了地方和下级行政机关工作主动性、积极性的发挥；另一方面，机构臃肿庞大、机制不灵活、行政效率低下等问题严重束缚了经济社会的发展活力③，最终因其对效率、自由和权利的极大伤害而难以为继④。

总体来说，在中华人民共和国成立之后的生产资料公有制和计划经济体制下，基于当时社会稳定和治理的需要，政府全面介入经济、社会的所有领域，以一种全能的姿态包揽性地提供社会福利服务等⑤，但受制于当时极低的社会发展水平和政府供给能力，家庭仍然扮演着最核心的养老服务供给的角色，政府只是最后的福利供给出场者，养老服务供给表现出典型的社会救助性特点。

第二节　经济体制转型期发展型政府的养老服务供给

一、经济体制转型期的发展型政府

1978 年党的第十一届三中全会作出把工作重心转移到经济建设上、实行改革开放的伟大决策。于是以经济建设为中心成为我国经济社会发展的基本政策，政府为快速实现国家工业化和现代化而充分运用各种方法进行经济建设，一直到 20 世纪 90 年代末，我国政府表现为一种典型的"发展型政府"⑥。发展型政府主要是指"发展中国家在向现代工业社会转变的过程中，以推动经济发展为主要目标，以长期担当经济发展的主体力量为主要方式，以经济增长作为政治合法性主要来源的政府模式"⑦。在这种模式下，政府通过强大的资源动员能力

---

① 曹海苓. 中国社会化养老服务中的政府职能研究 [D]. 长春：东北师范大学，2020.

② 胡薇. 国家角色的转变与新中国养老保障政策变迁 [J]. 中国行政管理，2012 (6)：40–44.

③ 曹海苓. 中国社会化养老服务中的政府职能研究 [D]. 长春：东北师范大学，2020.

④ 陈静，周沛. 论我国老年社会福利供给中政府角色的嬗变 [J]. 东南学术，2015 (3)：140–146.

⑤ 陈静，周沛. 论我国老年社会福利供给中政府角色的嬗变 [J]. 东南学术，2015 (3)：140–146.

⑥ 宋维强. 论从发展型政府到服务型政府的转型 [J]. 甘肃理论学刊，2005 (3)：36–39.

⑦ 郁建兴，徐越倩. 从发展型政府到公共服务型政府——以浙江省为个案 [J]. 马克思主义与现实，2004 (5)：65–74.

实现了经济的飞速发展，人民生活水平不断提高，国家综合国力显著增强。

改革开放之后，中国社会经济变革开启了"加速键"，我国开始了计划为主的计划经济体制向社会主义市场经济体制的转型，政府也转变为发展型政府，社会福利供给由全能型政府下的救助性供给向发展型政府下市场供给的逻辑转变。这种转变的内在动力是经济体制改革的客观需要，外在动力则来自西方国家的危机启示。我国政府在经济领域推进经济体制改革的同时，并不是没有考虑统筹推进社会福利体制的协调发展，以避免因改革发生有损社会成员福利的问题①。但受经济体制转型的影响，为提高企业效益和推动经济改革，政府在社会政策领域采取了"效率优先，兼顾公平"的原则进行变革，其基本特征是政府责任的收缩与市场功能的扩展，政府责任的有限性和个人自我负责的理念被不断强化。这一时期在市场机制不健全和社会力量不成熟的情况下，政府迫于财政压力，只能削减福利开支，把老年福利供给责任向家庭和社会转移②。尽管老年福利政策明确个人、家庭、社会和国家的福利责任共担机制，但特别强调用市场逻辑来改革和调整福利制度。经济转型期的政府在社会福利供给中的责任呈现收缩的趋势，在社会政策中的责任不断弱化③。这种责任的弱化最直接的表现是社会福利的财政支出不能与经济增长相同步，政府对社会福利的投入远远滞后于经济的发展速度，也滞后于人们的社会福利需要④，从社会福利费用与国内生产总值的比值看，20 世纪 80 年代社会福利服务费用占国内生产总值的 0.05% ~ 0.06%，到 90 年代这一比例下降到 0.04%⑤。

二、发展型政府的养老服务供给

改革开放后，我国经济社会发生了巨大的变化，在发展型政府的福利理念的引导下，养老服务社会化一时间成为积极应对养老问题的主基调，一系列开创性的政策举措在养老服务领域雨后春笋般涌现。国家在对特困老年群体兜底保障的基础上，逐步由单位养老、家庭养老向社会化养老拓展。1979 年，随着孤老职工自费收养工作的开展，城市老年人社会福利服务对象突破了"三无"的局限。1984 年 11 月，民政部"漳州会议"首次提出"社会福利社会办"的

---

① 江治强. 社会福利价值观转变及其政策实践意义 [J]. 岭南学刊，2010 (5)：110 - 115.

② 田北海. 香港与内地老年社会福利模式比较 [M]. 北京：北京大学出版社，2008：124 - 126.

③ 李长远，张举国. 养老服务本土化中政府责任的偏差及调整 [J]. 人口与发展，2013, 19 (6)：84 - 89.

④ 胡薇. 国家角色的转变与新中国养老保障政策变迁 [J]. 中国行政管理，2012 (6)：40 - 44.

⑤ 李长远，张举国. 养老服务本土化中政府责任的偏差及调整 [J]. 人口与发展，2013, 19 (6)：84 - 89.

指导思想，主张依靠社会力量，多渠道、多形式、多层次发展养老服务事业，提倡社会福利事业由国家包办向国家、集体、个人共同承担转变，支持城市社会福利院和农村敬老院向社会老年人开放。1992 年中国确立了社会主义市场经济体制，民政部等 14 个部门于 1993 年联合印发《关于加快发展社区服务业的意见》，首次提出"养老服务"概念，将养老服务项目纳入社区服务业范畴，确立了"85% 以上街道兴办一所社区服务中心、一所老年公寓（托老所）"的发展目标。1994 年民政部等 10 部委发布《中国老龄工作七年发展纲要 (1994—2000 年)》，首次把老龄事业纳入了国民经济和社会发展的总体规划，提出了 10 个任务目标。紧接着，1996 年《中华人民共和国老年人权益保障法》出台，在法律层面明确家庭是老年人养老的主要责任主体，同时鼓励、扶持社会组织或者个人兴办各类养老设施，保障并丰富老年人的物质与精神生活。随后民政部选定 13 个城市进行社会福利社会化试点工作①。

随着社会福利社会办的全面推进，政府在福利供给领域大幅度退出，政府的老年福利供给责任随之下降，这一阶段政府养老服务供给的典型特征是消极性。政府养老服务政策没有清晰厘定社会化与市场化的边界，导致养老服务供给政策与其他社会政策一样出现了过度市场化的问题，政府一度大踏步地从公共服务领域后退。另外政府在养老服务的规范管理方面相对放松，同时开始降低门槛允许民间力量进入，模糊了营利与非营利组织的界限，对传统的国家公办和农村集体办的养老机构进行了市场化的改革。一些有商机意识的个人和企事业单位为了经济利益开始投资养老服务行业，创办敬老院和老年公寓，严重制约了政府养老服务供给的发展。在此市场化背景下，老年人主要以金钱购买的方式获得服务，而生活贫困无经济能力但需要照顾的老人却无法获得必需的服务②。由于此时家庭养老功能渐趋弱化以及社会力量发育不足，这种境况使得政府收缩的福利责任并未得到有序合理的承接，加之这一时期人口结构日益老龄化，种种因素交互作用下，老年社会福利供需之间的矛盾迅速产生并不断加剧。20 世纪 90 年代之后，受发展型政府职能下社会政策的影响，一系列社会问题尤其是公共服务供给问题不断产生。这些问题不仅危及公平与稳定的基本社会目标，也不可避免地成为阻碍经济进一步发展的负面因素③。

---

① 向运华，王晓慧．新中国 70 年养老服务体系建设、评估与展望 [J]．广西财经学院学报，2019, 32 (6): 9 - 21.

② 李长远，张举国．养老服务本土化中政府责任的偏差及调整 [J]．人口与发展，2013, 19 (6): 84 - 89.

③ 陈静，周沛．论我国老年社会福利供给中政府角色的嬗变 [J]．东南学术，2015 (3): 140 - 146.

这一时期发展型政府职能的角色让政府获得了两种截然不同的评价。一种是积极评价，认为发展型政府模式与计划经济时期相比是一个巨大进步，它大大促进了我国经济的持续快速发展，是提高人民生活水平、发展国家综合实力的重要推动因素。另一种为消极评价，认为政府在摸着石头过河的改革进程中过分看重经济建设而忽略了社会建设，尤其疏于供给公共服务，造成了很多社会问题①。总之，该阶段政府养老服务供给责任收缩，市场机制的引入为养老服务业的快速发展创造了新的生机，促使养老服务供给主体市场化、社会化。然而当时社会化主体相对弱小，资金、人力有限，尚未形成有效供给，政府责任的过早弱化与过度市场化，实则是把养老服务推给了家庭和个人②，政府在养老服务供给中表现出典型的消极性。

第三节　社会主义市场经济体制下服务型政府的养老服务供给

一、社会主义市场经济体制下的服务型政府

随着改革的不断深入，政府不应当也不可能再充当经济建设的主体力量，在我国初步建立社会主义市场经济的条件下，政府职能主要是经济调节、市场监管、社会管理和公共服务，发展不再仅仅被理解为经济增长，不再仅仅被理解为 GDP 的增长。尤其进入 21 世纪以来，党中央提出科学发展观和建设和谐社会的目标，政府的政策导向开始发生转变，社会建设、民生福祉等成为中国政治社会生活的重要关键词，政府开始主动承担社会福利供给责任，政府社会福利供给从国家为本转向以民众需求为本③。以人为本、重视社会全面发展、协调发展、可持续发展越来越成为一种社会共识。这种新发展观对于政府改革的要求就是，在社会主义市场经济体制已初步建立的新历史条件下，政府必须

---

① 郁建兴，高翔. 地方发展型政府的行为逻辑及制度基础 [J]. 中国社会科学，2012 (5)：95-112.

② 向运华，王晓慧. 新中国 70 年养老服务体系建设、评估与展望 [J]. 广西财经学院学报，2019，32 (6)：9-21.

③ 李国和. 从收缩到强化：改革开放以来城镇养老保障与政府责任探析 [J]. 广西社会科学，2021 (4)：51-57.

适时实现角色的转型，由发展型政府转变为服务型政府①。2004 年，中央政府确认了"建设服务型政府"的目标，党的十七大报告中提出要"加快行政管理体制改革、建设服务型政府"。党的十八大以来，党中央坚持"以人民为中心"的发展思想，重视社会保障建设和民生发展，党的十九大报告进一步强调"提高保障和改善民生水平""建设人民满意的服务型政府"。服务型政府是指以公平、共享和全面的增长为宗旨，以经济、社会、人口、环境和资源的协调发展为目标，为全社会提供基本而有保障的公共产品和有效的公共服务，以不断满足广大社会成员日益增长的公共需求和公共利益诉求为目标的现代化政府②。自"建设服务型政府"被确认为中国行政改革的总目标后，我国政府更加关注政府的社会管理与社会服务职能，更加注重地方公共产品的供给，政府的社会福利供给责任开始回归，在以人民为中心的发展理念指导下，从人们对美好生活的需要出发致力于服务型政府建设。

这一时期，社会福利政策开始由市场主导模式逐步调整为政府主导的多元主体共同参与社会福利供给的模式，政府、家庭、市场、社会等主体之间的责任得到重新调整，社会福利供给责任转向多元主体共同承担。与改革开放初期过于强调市场化的供给模式相比，这一时期政府更加注重福利供给主体的多元化，以共同应对福利供给不足与失衡问题，政府社会福利服务供给水平不断提升。以社会福利支出为例，1998 年我国社会福利支出占财政总支出的比例为3.92%，2001 年超过 5%，2007 年这一比例超过 6%，2011 年超过 8%，2015 年超过 9%，而 2016 年则达到了 9.57%③。总体来说，这一时期我国的社会福利服务总体水平呈现出持续上升的态势。

二、服务型政府的养老服务供给

进入 21 世纪，我国正式迈入老龄化社会，未富先老、未备先老的现实境况对社会化养老提出了迫切要求，积极应对老龄化的各项改革进一步提速。在推动经济体制改革与建设和谐社会、满足人民日益增长的美好生活需要的内在要求下，政府加大对社会民生事业的投入，在老年人社会福利领域，以养老保险制度改革为核心的老年福利体系建设成为政府再次主动承担养老责任的重要标

---

① 郁建兴，徐越倩. 从发展型政府到公共服务型政府——以浙江省为个案 [J]. 马克思主义与现实，2004（5）：65-74.

② 姜艾佳，孙世香. 以包容性增长的视角探索克服政府失灵新路径——从发展型政府到服务型政府的转变 [J]. 时代金融，2013（30）：122-123.

③ 王维国，李秀军，李宏. 我国社会福利总体水平测度与评价研究 [J]. 财经问题研究，2018（9）：28-34.

志，养老服务供给迎来了福利供给中的"政府回归"，政府逐渐成为养老服务供给主体的主导者①。

2000 年中共中央、国务院印发《关于加强老龄工作的决定》，指出老龄问题是重大社会问题，要努力建立和完善具有中国特色的老年社会保障制度、社会互助制度、养老机制，通过社会化、产业化的道路逐步建立内容完善的老年服务体系。同年财政部、国家税务总局印发《关于对老年服务机构有关税收政策问题的通知》，明确了政府部门和企事业单位、社会团体以及个人等社会力量投资兴办或捐赠老年服务机构的优惠政策。4 月召开了全国社会福利社会化工作会议，启动了全国养老服务社会化示范活动，促进社会福利由补缺型向适度普惠型转变，积极倡导和推进养老服务社会化。之后相继发布的《中国老龄事业发展"十五"计划纲要（2001—2005 年)》与《中国老龄事业发展"十一五"规划》从经济供养、医疗保健、照料服务、精神文化生活、权益保障、社会参与等方面作出任务安排，明确要基本建立城市老年社会保障体系，探索建立农村养老保障制度。2006 年国务院办公厅转发全国老龄委办公室和发展改革委等部门联合下发的《关于加快发展养老服务业的意见》，明确了"养老服务业"的内涵，指出要建立公开、平等、规范的养老服务业准入制度，支持以多种方式兴办养老服务业。同年全国老龄工作会议提出要建立"以居家养老为基础、社区服务为依托、机构养老为补充"的中国特色养老服务体系。2008 年《关于全面推进居家养老服务工作的意见》出台，明确居家养老服务的概念、地位和发展计划。《中国老龄事业发展"十二五"规划》《社会养老服务体系建设规划（2011—2015 年)》《关于鼓励和引导民间资本进入养老服务领域的实施意见》等一系列政策的颁布，标志着以居家为基础、社区为依托、机构为支撑的社会养老服务体系建设的全面开启。这一阶段政府开始从宏观角度规划养老服务体系，思路更加清晰，对养老服务内容的认识也更加全面。2013 年国务院出台《关于加快发展养老服务业的若干意见》，明确全面建成功能完善、规模适度、覆盖城乡的养老服务体系的政策目标、主要任务和政策措施等。2016 年《关于全面放开养老服务市场提升养老服务质量的若干意见》、2017 年《"十三五"国家老龄事业发展和养老体系建设规划》和《"十三五"健康老龄化规划》均涉及了我国养老服务的问题，2018 年新一轮党和国家机构改革大潮中，党中央、国务院赋予民政部在养老服务保障工作中的重要职能，批准其设立养老服务司，由民政部牵头组织召开养老部际联席会议，综合协调养老服务政策

---

① 易艳阳，周沛. 元治理视阈下养老服务供给中的政府责任研究 [J]. 兰州学刊, 2019 (4)：184 - 193.

落地实施。2019 年国务院办公厅发布的《关于推进养老服务发展的意见》等政策不断规范和丰富养老服务体系的内容，明确养老服务体系建设重点任务和措施，加快推进养老服务市场的发展。同年民政部发布的《关于进一步扩大养老服务供给　促进养老服务消费的实施意见》针对养老服务有效供给不足、消费政策不健全、营商和消费环境有待改善等突出问题提出了明确、具体的发展措施。2021 年，中共中央、国务院发布的《关于加强新时代老龄工作的意见》提出要构建居家社区机构相协调、医养康养相结合的养老服务体系和健康支撑体系，大力发展普惠型养老服务，促进资源均衡配置，指出要推动老龄事业与产业、基本公共服务与多样化服务协调发展的养老服务发展思路，在此基本建设思路中统筹好老年人经济保障、服务保障、精神关爱、作用发挥等制度安排。2022 年国务院印发《“十四五”国家老龄事业发展和养老服务体系规划》，对“十四五”期间的养老服务事业做了目标规划，提出要基本建立起积极应对人口老龄化国家战略的制度框架，使老龄事业和产业有效协同、高质量发展，加快健全居家社区机构相协调、医养康养相结合的养老服务体系和健康支撑体系，初步形成全社会积极应对人口老龄化的格局，显著提升老年人的获得感、幸福感、安全感。

该阶段井喷式出台的养老服务政策为养老服务业的发展提供了宽松、友好、积极的社会环境，养老服务质量不断提高，养老服务供给方式不断变革，养老服务与养老产品类型更加丰富、多样，养老服务的体系化、社会化建设进一步延伸，养老服务产业得到了前所未有的蓬勃发展[①]。在这个过程中，政府重新走向了养老服务供给的“前台”，在养老服务供给领域的责任重新得到了强调。政府一方面通过政策文件对养老服务进行宏观的纲领性规划，另一方面通过直接生产和向第三方购买服务的方式积极引导家庭、市场、社会组织、社区等其他养老服务供给主体充分参与养老服务供给，形成了养老服务产业化、养老服务民营化、养老服务社区化等养老服务供给模式[②]。这一时期政府在养老服务供给中强调家庭、市场、社会组织等多元主体的共同参与，并且致力于构建政府主导的多元主体合作的伙伴关系。

---

① 向运华，王晓慧. 新中国 70 年养老服务体系建设、评估与展望 [J]. 广西财经学院学报，2019，32（6）：9-21.

② 易艳阳，周沛. 元治理视阈下养老服务供给中的政府责任研究 [J]. 兰州学刊，2019（4）：184-193.

本章小结

本章梳理了中华人民共和国成立以来，政府养老服务供给发展变化的三个阶段，即计划经济体制下全能型政府的政府救助性供给、经济转型时期发展型政府的政府消极性供给、社会主义市场经济体制下服务型政府的政府主导性供给。从中华人民共和国成立到改革开放之前我国实行以计划为主的计划经济体制，政府以全能形态介入社会福利服务供给，形成了城镇和农村的全揽式的供给制度，但是因为当时生产力水平和经济水平极其低下，其时政府的供给仅仅只能针对少数老年人，个体家庭仍然供给了大部分的养老服务，政府养老服务供给呈现出社会救助性供给的特点。从 20 世纪 70 年代末改革开放伊始到 90 年代末我国处于经济体制转型时期，在发展型政府职能影响下，政府养老服务供给向市场让渡责任、引入市场机制、收缩职能，强调政府责任的有限性，强化市场与个人的责任，政府养老服务供给显示出消极性。进入 21 世纪以后，我国建立了社会主义市场经济体制，提出了建设服务型政府的目标，以人民为中心的治国理念引导政府大力发展民生事业，政府养老服务供给责任回归，开始积极发展社会福利、服务事业，构建由政府主导的家庭、市场、社会组织等共担责任的多元养老服务供给体系。

政府养老服务供给的变迁历程表明政府在养老服务供给中的责任是在变化中的，受到政治、经济、政府职能定位等因素的影响。进入老龄化社会，基于宏观背景的养老服务供给政策的调整并不能有效满足老年人不断增长的美好生活需要，必须对老年人的养老服务需要、政府责任等主观认知进行探索以优化养老服务供给。

第四章　政府养老服务供给与老年人养老服务需要现状

　　我国政府养老服务供给的变迁表明，受不同社会发展阶段政治、经济、社会、文化等因素的影响，政府在养老服务供给中扮演的角色和承担的责任处在动态的往复循环中。进入老龄化社会后，政府重新审视自身在养老服务供给中的责任，在财政投入、政策支持、直接供给养老服务等方面付出了巨大的努力，推动我国老龄事业不断向前发展。

　　本章以具体的养老服务政策为对象，对山东省的养老服务政策文本进行分析，了解目前政府养老服务供给的内容、特点，分析老年人的养老服务需要与满足状况。之所以选择山东省作为案例进行分析，主要是基于山东省在全国老龄化进程方面的典型性与先行性。1994 年山东省 60 岁及以上人口达到 890 万，占当年山东省人口总数的 10.26%，比我国整体进入老龄化国家的时间提前6 年①，且山东省老年人口比例、老年人抚养比（某一人口中老年人口数与劳动年龄人口数之比）等情况与全国的情况比较一致，2000 年以来全国与山东省老龄化及老年人抚养比的趋势，如图 4 - 1 所示。

　　山东省与全国在老龄化程度以及老年人抚养比方面的发展趋势高度一致，而且山东省的这两个指标均远高于全国平均水平。2006 年山东省 65 岁及以上老年人口已经达到全省总人口的 10%，率先进入了深度老龄化社会，2021 年老年人口比例则达到 15.9%，老年人抚养比为 24.3%。从以上数据看，山东省的老龄化程度比全国平均水平更加严重，养老服务问题比国内其他地区更为突出，养老服务供给压力更大。作为走在老龄化程度前列的省份，山东省在政府养老服务供给政策、实践等方面对其他地方有先行先试的引领作用。进入 21 世纪后，山东省在养老服务供给方面积极作为，在应对人口老龄化、供给养老服务、提升老年人生活质量方面进行了深入探索，从养老服务的政策设计与出台到养老服务实践均作出了大量的努力。本部分基于内容分析法，对山东省养老服务

---

① 万克德. 迎接山东人口老龄化的对策研究 [J]. 山东教育学院学报, 2000 (02): 65 - 69.

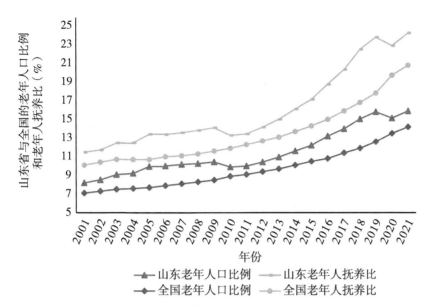

图 4 – 1 山东省与全国的老年人口比例和老年人抚养比趋势

资料来源：根据 2000—2022 年《中国统计年鉴》相关数据制作。

有关政策文本进行内容分析，归纳养老服务政策的内容维度，并以此为框架对统计年鉴、统计公报、政府网站等公布的宏观数据进行统计分析，以了解政府养老服务供给的特征。同时，利用问卷调查数据分析政府养老服务供给对老年人养老服务需要的回应与满足程度，呈现政府养老服务供给与老年人养老服务需要的现状。

第一节　养老服务政策的内容

一、养老服务政策的内容分析

为了解老龄化社会中养老服务政策的内容与特点，本研究以 2000 年以来山东省养老服务的政策文本为对象，采用内容分析法，借助质性分析软件 NVivo12 对养老服务相关政策文本进行编码和确定节点，提取政策文本中有价值的信息，构建政府养老服务供给的内容体系。本研究依循扎根理论的研究程序，自下而上对养老服务政策文本进行整理归纳、探索核心概念、形成逻辑关系。对出现频率较高、能够形成一定意义范式的相关词语或概念加以关注并进行编码是扎根理论的通常做法，施特劳斯（Anselm L. Strauss）根据编码的三个阶段将编码分为三类：开放式编码、轴心式编码和选择式编码①。在对政策文本进行编码过程中，本研究首先进行了开放式编码，即对养老服务政策文本进行子节点选取，以开放的心态，尽量保持价值中立，采集政策文本呈现的信息和意义。其次是轴心式编码，即对已经存在的编码或概念再次进行分析与归纳，并发现其间的关联。最后是选择式编码，即分析在以上步骤中归纳、发现的概念以及类属，将它们归纳为一个或几个核心类属，这些核心类属将囊括全部编码。本研究按照此三级编码展开，选取关键子节点加以分析，归纳总结养老服务政策的内容维度，呈现政府养老服务供给的内容现状，并结合老年人的养老服务需要考量政府养老服务供给的特点和问题。

（一）文本选择

本研究全面收集了2000年以来山东省政府、山东省民政厅、山东省人社厅、山东省老龄办等公开发布的48份养老服务相关的政策文本。对48份政策文件进行初步阅读，发现有些政策文件的名称中虽然含有养老服务的表述，但其本身是关于某些活动的年度通知类文件，这些文件除年份不同外，其他内容高度相似。对这部分文本，本研究仅保留年份最早的一份纳入内容分析的范围。经研究者筛选，最终选择了39份政策文本作为内容分析的对象。这39份政策文件的名称和发布时间等基本信息如表4-1所示。

表4-1 纳入内容分析的养老服务政策

编号	年份	名称
1	2001	中共山东省委山东省人民政府关于贯彻中发〔2000〕13号文件精神切实加强老龄工作的意见
2	2006	山东省老龄事业发展"十一五"规划
3	2007	山东省农村五保供养服务机构管理暂行办法
4	2011	山东省老龄事业发展"十二五"规划
5	2011	山东省养老服务机构服务质量规范（试行）
6	2012	关于加快社会养老服务体系建设的意见
7	2012	山东省社会养老服务体系建设规划（2011—2015年）
8	2013	关于加强养老机构医疗服务的工作意见

---

① Strauss A, Corbin J. Basics of Qualitative Research: Techniques and Procedures for Developing Grounded Theory [M]. Sage Publications, Inc, 1998: 201-243.

续表

编号	年份	名称
9	2013	山东省养老服务项目建设用地管理办法
10	2013	山东省养老机构设立许可办法
11	2013	政府向社会力量购买服务办法
12	2014	关于加快发展养老服务业的意见
13	2014	关于支持农村幸福院建设的实施意见
14	2015	关于做好养老机构设立许可和管理工作的通知
15	2015	关于做好政府购买养老服务工作的通知
16	2015	山东省民政厅关于规范农村幸福院建设和运行管理的指导意见
17	2015	山东省民政厅关于规范社区老年人日间照料中心建设和运营管理的指导意见
18	2015	省级养老服务业发展专项资金管理办法
19	2016	山东省民政厅关于推进公办养老机构改革的指导意见
20	2016	山东省养老服务业省级专项资金补助项目实施方案
21	2016	山东省养老服务业转型升级实施方案
22	2017	"十三五"山东省老龄事业发展和养老体系建设规划
23	2017	关于贯彻国办发〔2016〕91号文件全面放开养老服务市场提升养老服务质量的实施意见
24	2017	山东省民政厅关于推广应用"互联网＋养老"
25	2017	山东省养老院服务质量建设专项行动实施方案
26	2018	关于支持社区居家养老服务的若干意见
27	2019	关于推进养老服务发展的实施意见
28	2019	山东省民政厅、财政厅关于规范农村幸福院建设和运行管理的指导意见
29	2019	山东省养老和养老服务业发展资金管理暂行办法的通知
30	2020	关于规范新型农村幸福院建设和运行管理工作的指导意见
31	2020	关于养老服务创新实验区提升发展的指导意见
32	2020	关于增加省级养老服务业发展资金补助项目的通知
33	2020	山东省公办养老机构委托运营管理办法
34	2020	山东省民政厅山东省农村信用社联合社关于做好金融支持养老服务发展的通知

续表

编号	年份	名称
35	2020	山东省养老服务条例
36	2021	关于建立健全养老服务综合监管制度促进养老服务高质量发展的实施意见
37	2021	山东省"十四五"养老服务体系规划
38	2021	山东省城镇居住区社区养老服务设施规划、建设、移交和使用管理办法
39	2021	山东省"十四五"老龄事业发展规划

（二）文本编码

按照扎根理论的研究程序以及验证编码信效度的要求，研究者在阅读文本后对文本进行了编码分析。

1. 逐句阅读政策文本。按照时间发布顺序整理39份政策文本，将39份政策文本导入NVivo 12。为了增加研究的信效度，本研究由两名相关领域的研究者对文本进行认真阅读，并分别对政策文本内容形成初步的意向编码。

2. 编码。在熟悉政策文本内容后，借助扎根理论的编码方法对文本进行编码，即自下而上地对政策文本进行整理、归纳，探索代表研究对象本质的核心概念，找出养老服务政策文本中重要和突出的主题，剖析概念间的逻辑关系。编码的标准是相关词语或者内容出现的频率，假若某一概念或主题屡次出现在政策文本中，形成了一定的意义范式，那么这些主题就应该被关注。开放式编码属于第一阶段，开放式编码主要是为了对出现频率较高和关键的词语进行标记、编码、初步归纳，此阶段共得到1875个开放式编码参考点，63个主题（二级子节点）。编码的第二环节是轴心式编码，轴心式编码的目的是形成概念词，具体做法是对开放式编码进一步归纳、概括，合并意义相同或相近的编码，梳理开放编码中的层次关系，赋予概念词更多的解释力，更为精准全面地描述现象。经过轴心式编码得到20个主题（一级子节点），包括养老服务模式、养老服务体系、养老服务人才体系建设、养老服务产业发展、资金补助、政府购买服务、财政金融政策支持、政府兜底救助、生活照料服务、养老护理照料供给、社区居家养老服务、养老服务供给质量规范、文体娱乐与精神慰藉服务、机构养老设施、社区养老设施、居家养老设施、养老服务公共设施、信息化建设补贴、信息化平台建设、"互联网＋养老"等。最后进入选择式编码，选择式编码的任务是形成核心类别，根据轴心式编码的结果凝练更具概括性和解释性的主题，高度抽象后通过更小的范畴以展现所要描述的概念。此阶段得出山东省养老服务政策文本的五大重要主题（父节点）：养老服务制度规划、养老服务财政支持、生活照料养老服务、养老设施服务、信息化养老服务。内容分析中三级编码的基本情况如表4－2所示。

表4－2 养老服务政策内容分析的编码情况

父节点	一级子节点	二级子节点	参考点
养老服务制度规划	4	16	524
养老服务财政支持	4	15	484
生活照料养老服务	5	19	446
养老设施服务	4	10	376
信息化养老服务	3	3	45

注：表中的数据代表参考点的数量。

3. 信效度检验。为了研究结果的科学严谨性，减少质性编码结果的主观性，本研究对编码的信效度进行了检验。将两位研究者独立进行的所有编码进行比较对照，将比对结果作为检验研究信度的参考依据。采用 NVivo 12 中的"编码比较"功能，通过"编码一致百分比"衡量原始材料编码的一致程度，并且通过 Kappa 系数和一致性百分比加以表征。通常认为，一致百分比在 70% 以上，Kappa 系数在 0.8－1 之间表示编码具有较高的一致性[1][2]。本研究中两位研究者的编码进行比对检验的结果如表4－3所示，结果显示本研究编码的一致性百分比均高于93%，Kappa 系数在 0.82 以上，表明本次编码具有较好的信效度。

表4－3 养老服务政策编码一致性检验

	养老服务 制度规划	养老服务 财政支持	生活照料 养老服务	养老设施 服务	信息化服务
Kappa 系数	0.85	0.88	0.83	0.97	0.82
一致百分比	94.94	97.36	95.05	99.68	93.91

---

① 肖福军，蓝文婷. "双一流"建设高校董事会章程现状研究——基于 26 份章程文本的 NVivo 软件分析 [J]. 中国人民大学教育学刊, 2020 (1)：29－43.

② 左春伟，吴帅. 乡村振兴战略中绩效目标的价值与困境——基于中央和 17 省级区划乡村振兴指导性政策文件的 NVivo 质性研究 [J]. 西藏大学学报（社会科学版）, 2019, 34 (2)：163－170.

二、养老服务政策的五大维度

本研究对 39 项养老服务政策进行了内容分析，根据扎根理论的研究程序对政策文本进行自下而上的编码后，将养老服务政策的主要内容归纳为五个维度：养老服务制度规划、养老服务财政支持、生活照料养老服务、养老设施服务以及信息化养老服务，它们反映了目前政府养老服务供给的主要内容。

（一）养老服务制度规划

养老服务制度规划主要是山东省在中央相关养老服务政策的指导下执行或制定本省养老服务制度和政策的措施和行动，是落实国家养老服务基本主张、开展具体养老服务的执行依据和行动指南。本研究对养老服务政策文本进行内容分析的结果表明，养老服务制度规划主要包括养老服务模式、养老服务体系、养老服务人才体系建设及养老服务产业发展四个方面，编码信息情况如表 4-4 所示。

表 4-4　养老服务制度规划信息编码表

父节点	一级子节点	二级子节点	参考点举例
养老服务制度规划	养老服务模式（207）	①政府主导，市场机制，社会参与（107） ②国家、社会、家庭、个人结合供给（6） ③居家为基础，社区为依托，养老机构为示范骨干（5） ④养老服务模式转型（2） ⑤创新养老服务供给机制（87）	老龄事业；社会主义市场经济体制相适应；政府加强引导；社会广泛参与；市场机制；社会化；产业化；家庭养老与社会养老相结合……
	养老服务体系（154）	①公共养老服务体系（57） ②医养结合养老服务体系（86） ③完善社会基本养老保险制度（5） ④养老服务机构升级（3） ⑤社区居家互助养老服务体系（3）	社会养老服务体系；目标责任考核；督促检查；社会监督；转变政府职能；政事分开、政社分开；市场准入；创新养老服务供给机制……
	养老服务人才体系建设（67）	专职、兼职、志愿服务人才队伍建设（67）	职业资格鉴定工作；专、兼职和志愿者相结合；专业培训；持证上岗……

续表

父节点	一级子节点	二级子节点	参考点举例
养老服务制度规划	养老服务产业发展（96）	①培育养老服务产业（38） ②开发养老服务产品（33） ③健全养老服务金融产品（1） ④吸引投资融资（2） ⑤品牌建设（22）	鼓励、引导开发老年食品、老年服装、老年保健、老年旅游、老年健身、老年文化等产品和服务项目；孝润齐鲁安养山东……

注：表中的数字代表参考点的数量，下同。

养老服务制度规划维度包含4个一级子节点，共524个参考点。

第一，养老服务模式。本研究选择的政策文本中涉及养老服务模式的参考点有207个，主要是养老服务政策在居家养老、社区养老、机构养老等养老服务模式以及养老服务供给主体的要求等方面作出的规定，在前期"居家为基础、社区为依托、养老机构为支撑"的基本养老服务模式主导下，采取政府主导、市场机制和社会参与相结合的养老服务供给机制，国家、社会、家庭和个人均作为养老服务供给的主体，创新各种养老服务模式，尤其要充分发挥市场作用，促进养老服务模式从机构养老模式向社区居家养老模式的转型。

第二，养老服务体系。本研究涉及养老服务体系的参考点有154个，主要是在多方供给的基础上，完善社会基本养老保险制度，发展医养结合的养老服务体系，促进养老服务机构向护理型升级，大力发展城市日间照料中心和农村幸福院，促进社区居家互助养老服务体系。提出了公共养老服务清单，确立了政府养老服务供给的底线责任。

第三，养老服务人才体系建设。本研究涉及养老服务人才体系建设的参考点有67个，主要是针对设置养老服务专业以培养养老服务人才的大中专院校的政策，还包括对养老服务专业人才、兼职人才和志愿服务者的培养、培训、激励等方面的政策。

第四，养老服务产业发展。本研究涉及养老服务产业发展的参考点有96个，主要指发展养老健康、文化、金融、旅游、食品、服装等产品，打造养老服务品牌，促进养老服务产业化发展。

（二）养老服务财政支持

养老服务财政支持是指政府在养老服务领域进行的财政补助和财政政策支持等，主要的形式有资金补助规定、政府购买服务办法、财政金融政策支持、政府兜底救助等，内容分析的编码情况如表4-5所示。

表4-5 养老服务财政支持信息编码表

父节点	一级子节点	二级子节点	参考点举例
养老服务财政支持	资金补助规定（47）	①资金补助（45） ②福利彩票公益金（2）	财政专项资金；福利彩票公益金……
	政府购买服务办法（86）	①养老服务购买规定（17） ②购买主体与承接主体（15） ③规范实施（47） ④绩效评价（7）	政府购买养老服务资金；承接主体资格；购买服务对象；政府供养制度；购买居家养老服务或机构养老服务照顾……
	财政金融政策支持（9）	①支持养老服务中小企业的政策（6） ②加强养老服务机构建设（3）	对养老服务事业给予资金扶持；落实各项优惠扶持政策；税收减免……
	政府兜底救助（342）	①发放生活补贴（44） ②老年人救助（41） ③农村"五保"供养制度（52） ④养老服务托底救助（12） ⑤农村互助养老补贴（12） ⑥养老服务机构建设补助（90） ⑦社区老年日间照料中心补贴（91）	发放生活补贴；困难老年人补贴；百岁老人长寿补贴；贫困老年人救助制度；吃、穿、住、医、葬方面的生活照顾和物质帮助；政府兜底养老责任；分类补助……

养老服务财政支持维度包含4个一级子节点，共484个参考点。

第一，资金补助规定。本研究涉及资金补助的参考点有47个，主要指政府对养老服务的资金补助和福利彩票、专项资金等在养老服务领域的投入，资金补助的目的是支持养老服务设施建设或对特定人员进行救助等。

第二，政府购买服务办法。本研究涉及政府购买服务的参考点有86个，主要是指政府通过向第三方购买服务的方式向老年人提供养老服务，承接政府购买养老服务的主体与政府之间达成合作意向，按照一定的要求向老年人提供直接养老服务。政府购买服务的服务对象主要是基于家计调查制度的老年救助对象以及面向一般人的社区养老服务项目等。

第三，财政金融政策支持。本研究涉及财政金融政策支持的参考点有

9个，指通过财政、金融手段为养老机构提供资金、税收、土地等方面的优惠与支持。

第四，政府兜底救助。本研究涉及政府兜底救助的参考点有342个，主要是指政府对基本养老服务设施的补助、对贫困老年人的直接补贴、救助，以及其他的兜底性养老救助事务等。

（三）生活照料养老服务

生活照料服务是面向老年人开展的与直接服务相关的养老服务，主要包括日常照料服务、养老护理照料供给、社区居家养老服务、照料机构质量规范、文体娱乐与精神慰藉服务等，编码情况如表4-6所示。

表4-6　生活照料养老服务信息编码表

父节点	一级子节点	二级子节点	参考点举例
生活照料养老服务	日常照料服务（194）	①推进居家养老服务政策（5） ②居家养老服务（42） ③法律援助（10） ④老年家庭病床（22） ⑤部分计划生育家庭奖励扶助制度（2） ⑥完善家庭供给，强化家庭责任（27） ⑦社区老年人日间照料中心服务（86）	改善居家养老环境；社区老年人日间照料中心建设；提升托养服务；发展老年家庭病床；鼓励子女照顾失能老人带薪休假；喘息服务……
	养老护理照料供给（85）	①居家养老护理（5） ②社区护理（21） ③机构护理（34） ④社区医养结合（25）	发展护理型养老；提供居家期上门、康复期护理、稳定期生活照料、安宁疗护一体化的健康养老服务；举办医养结合机构……
	社区居家养老服务（77）	①服务对象选择（12） ②社区居家养老服务升级（13） ③社区养老服务供给（52）	医养结合养老机构托管乡镇（街道）综合养老服务中心；发展养老服务实体，为老年人提供助餐、助洁、助浴、助医等专业化服务……

续表

父节点	一级子节点	二级子节点	参考点举例
生活照料养老服务	照料机构质量规范（85）	①服务质量规范与行动（20） ②养老服务机构入驻、退出标准等规范（1） ③运行管理与建章立制（64）	提升养老机构服务质量；完善公办养老服务机构准入退出和监管评估制度、等级管理制度；符合相关安全标准，消防安全设施配备齐全……
	文体娱乐、精神慰藉服务（5）	①文化体育活动（2） ②老年卫生服务（3）	建立老年活动场所；添置影视器材、信息网络器材、体育器材、书籍和音像制品……

生活照料养老服务有5个一级子节点，包括446个参考点。

第一，日常照料服务。本研究涉及日常照料服务的参考点有194个，主要是指在推进居家养老服务政策的指导下，大力发展居家养老服务，积极发展老年家庭病床，对计划生育家庭的奖励扶助、完善社区老年照料中心的服务以及完善家庭政策、强化家庭供给养老服务的责任等。

第二，养老护理照料供给。本研究涉及养老护理照料供给的参考点有85个，主要是对需要照护的老年人开展居家养老护理服务、社区护理服务、机构护理服务、社区医养结合等健康养老服务。

第三，社区居家养老服务。本研究涉及社区居家养老服务的参考点有77个，主要是针对居家老人配备送餐、家政服务等多种形式的养老服务，为老年人提供助餐、助洁、助浴、助医等专业化服务。

第四，照料机构质量规范。本研究涉及养老服务供给质量规范的参考点有85个，主要是对养老服务供给的质量、标准、管理规定等的监督和要求。

第五，文体娱乐、精神慰藉服务。本研究涉及文体娱乐、精神慰藉服务的参考点有5个，指为老年人提供文化、体育、娱乐、精神慰藉等方面的服务。

（四）养老设施服务

养老设施服务是指政府为建设养老服务体系而提供的基本养老服务设施，包括机构养老设施、社区养老设施、居家养老设施和除此之外的养老服务公共设施，编码情况如表4-7所示。

表4-7　养老设施服务信息编码

父节点	一级子节点	二级子节点	参考点举例
养老设施服务	机构养老设施（137）	①床位建设（31） ②土地供应（56） ③基础设施（50）	城市社会机构养老床位标准；农村社会机构养老床位标准；无偿划拨土地、山林、水面或其他资产；按照《划拨用地目录》依法划拨用地……
	社区养老设施（101）	①社区、新建小区配套老年服务设施（11） ②老年活动设施建设（4） ③文化体育设施（6） ④社区老年福利服务星光计划（2） ⑤农村幸福院设施建设（78）	新建城镇居住区配套建设社区养老服务设施；规划户外绿地及老年活动场所；社区老年福利服务星光计划；农村幸福院建设目标……
	居家养老设施（4）	居家养老服务设施（4）	社区适老化改造，推进无障碍通道、老年人专用服务设施建设……
	养老服务公共设施（134）	养老公共网络设施（134）	发展城乡公共设施建设；养老服务设施建设……

养老服务设施建设父节点包含4个一级节点，共包括376个参考点。

第一，机构养老设施。本研究涉及机构养老设施的参考点有137个，主要是政府在养老机构的土地供给、床位建设以及养老机构内的基础设施方面的政策与补助等，在国家要求养老服务床位达标的目标下，山东省围绕养老床位制定了一系列鼓励性、支持性政策，在养老床位总数、千人养老床位数量等方面均提出了建设目标。

第二，社区养老设施。本研究涉及社区养老设施的参考点有101个，主要是社区养老服务配套设施、文化体育设施、活动中心、城市社区日间照料、农村幸福院建设等方面的相关政策。

第三，居家养老设施。本研究涉及居家养老设施的参考点有4个，主要是居家养老中的适老化改造、家庭养老床位等方面的政策。

第四，养老服务公共设施。本研究涉及养老服务公共设施的参考点有134

个，主要是指综合性的养老服务设施建设、公共为老服务、老年友好型环境等方面的政策。

(五) 信息化养老服务

信息化养老服务建设旨在满足老年人在数字化社会获得便捷和整合性养老服务的需要，包括信息化建设补贴、信息化平台建设以及"互联网 + 养老"等，编码情况如表 4 – 8 所示。

表 4 – 8　信息化养老服务信息编码

父节点	一级子节点	二级子节点	参考点举例
信息化养老服务	信息化建设补贴 (3)	信息化建设补贴 (3)	县级养老服务信息平台的建设补助；市级养老服务信息平台增加建设补助……
	信息化平台建设 (37)	信息化平台建设 (37)	养老信息服务平台覆盖全省城乡社区……
	互联网 + 养老 (5)	互联网 + 养老 (5)	推行"互联网 + 养老"；打造线上线下相结合的服务模式……

信息化养老服务包含 3 个一级子节点，共 45 个参考点。

第一，信息化建设补贴。本研究涉及信息化建设补贴的参考点有 3 个，主要指现有政策对建设养老服务平台的补贴制度。

第二，信息化平台建设。本研究涉及信息化平台建设的参考点有 37 个，主要是关于养老服务信息化平台的建设要求、建设内容等方面的政策规定。

第三，"互联网 + 养老"。本研究涉及"互联网 + 养老"的参考点有 5 个，主要指信息化平台使用和智慧养老等方面的制度，线上线下联动的"互联网 + 养老"模式。

从以上政策文本的内容分析看，养老服务政策的内容主要体现在养老服务制度规划、养老服务财政支持、生活照料养老服务、养老设施服务以及信息化养老服务等五个方面。从公共物品的属性出发，以物品的不可分割性、非竞争性和非排他性来划分上述养老服务政策包含的五大维度，养老服务制度规划的公共性程度最高，而生活照料服务因老年人个别化的需要以及一定程度的排他性和竞争性而具有最低的公共性程度。从政策文本分析可以看出养老服务政策的内容几乎涵盖了养老服务的所有领域，然而政府养老服务供给的实践状况如何？本研究试图通过对政府养老服务供给的宏观数据进行分析以回答该问题。

第二节　政府养老服务供给特征

为进一步了解政府养老服务供给的现实状况，本研究采用二次分析法对2000年以来中国统计年鉴、中国民政统计年鉴、中国人口与就业统计年鉴、山东统计年鉴、山东省政府和山东省民政厅等部门公开的有关养老服务的数据进行了深入挖掘、整理，结合本研究的研究目的和养老服务政策的五大维度，选取了民政事务费用支出、机构养老床位、社区养老床位、老龄事业发展、社区养老设施、社区互助养老设施、老年人法律援助、高龄补贴、护理补贴、养老服务补贴、老年活动设施、老年学校等指标进行统计分析，本研究还借鉴使用了其他研究者的研究中的一些有价值的数据。为了清晰呈现政府养老服务供给的特点和现状，本研究依循以上内容分析中养老服务政策的五大维度对选取的指标进行了处理。结果表明，政府在养老服务制度规划、养老服务财政支持、生活照料养老服务、养老设施服务、信息化养老服务等方面均承担了大量的责任，政府养老服务供给呈现出阶段性发展的显著特点。

一、养老服务制度规划趋向完善和多元

政府养老服务供给最主要的责任是进行制度规划与政策设计。如前文所述，自从我国进入老龄化社会以后，政府对养老服务的制度、模式不断探索和调整。山东省在1994年便进入了老龄化社会，老龄化社会初期的养老服务政策是嵌入在老龄事业、社会化养老等政策中的，同时受当时发展型政府职能定位的影响，国家大力发展社会主义市场经济，养老服务的供给责任更多限定在了家庭、市场层面上，养老服务政策作为经济发展的附属品嵌入在经济发展中，并未形成独立的政策系统[①]。进入21世纪以后，我国正式进入老龄化社会，2000年10月中共中央、国务院颁布的《关于加强老龄工作的决定》首次系统提出了发展养老服务业的思路。山东省紧接着出台了《中共山东省委 山东省人民政府关于贯彻中发〔2000〕13号文件精神切实加强老龄工作的意见》，以提高老年人口的生活质量为根本出发点，指出要充分发挥政府的主导作用，运用市场机制，动员社会各方面力量，推动各项老龄事业健康、有序、全面发展，促进健康老龄化及社会的和谐稳定。从此，养老服务正式进入社会政策领域。从养老服务

---

① 韩烨，付佳平．中国养老服务政策供给：演进历程、治理框架、未来方向［J］．兰州学刊，2020（9）：187–198.

政策数量上看，政府在养老服务领域的政策供给逐渐增加，表明政府对养老服务日益重视并出台相关政策来积极应对老龄化问题。对山东省养老服务政策文本的内容分析发现，政府制定和颁布的养老服务政策越来越多，尤其是"十四五"时期，养老服务政策出现了井喷式上涨。根据养老服务政策发展的特点，本研究将政策文本的发布时间划分成2010年之前、2011—2015年及2016年以后三个阶段，这三个时间段内政府发布的养老服务政策的数量分别为3项、15项和21项，政府养老服务政策数量增长迅速。

从政策内容上看，养老服务政策越来越细化，指标体系越来越健全。养老服务政策从笼统的社会养老到居家养老、护理型床位等非常具体的政策，表明政府不断调整养老服务供给中的思路和关注重点，以精细化的政策确保养老服务供给的针对性。目前养老服务制度规划已经涵盖了城市日间照料、农村幸福院、养老服务机构质量规范、养老服务医养结合标准、政府购买养老服务细则、养老服务项目建设用地、社区养老服务设施、"互联网＋养老"、养老服务质量建设等具体的政策，初步形成了机构养老、社区居家养老服务的政策依据和服务体系。同时，养老服务政策的实践还体现在每年的统计指标和统计数据中。以《中国民政统计年鉴》中山东省的数据为例，2010年之前与养老服务相关的统计指标仅包括城镇老年福利机构、农村老年福利机构、床位数、农村五保供养、敬老院、老年公寓、老年活动中心等①，且这些指标零散分布于各种统计类目中。从2010年开始，各类统计指标中出现了日间照料、社区养老服务设施、居家养老服务设施、提供的养老服务数量等，表明政府的供给实践开始与政府的政策文本保持一致。在此之后老年人法律援助、老年活动设施、高龄补贴、老年学校等老龄事业指标逐渐被纳入统计范畴，并且在老年人补贴上区分了高龄补贴、护理补贴以及养老服务补贴等指标。2014年开始增加了社区养老设施、社区互助型养老设施、照料床位数、收养床位数等指标，2018年又增加了其他养老机构这一统计指标。

养老服务政策内容上的不断扩展与统计指标上的变化说明政府不仅扩大养老服务的供给内容，而且提升了服务的精细化、具体化水平，充分反映了政府按照养老服务的制度规划在养老服务供给实践中承担了重要的供给责任。

二、养老服务财政支持扩张与紧缩并存

养老服务财政支持是老年人能明显感知到的政府养老服务供给维度，政府

---

① 本研究对象没有包括军队系统的老年人，且这里的指标选择没有将我国优抚安置等政策下的老年人包括在内。

以财政支出或者税收优惠等方式兑现自己的养老服务供给责任，以直接补贴或者递送服务的形式将养老服务传递给老年人。山东省在财政支持方面不断扩大养老服务覆盖面，对60周岁及以上老年人发放居家养老服务补贴，补贴发放受益者越来越多，补贴支出呈上升趋势；在省级确立的百岁以上老人和80岁及以上低保老人高龄津贴制度的基础上，全省实现了市级层面90岁及以上老年人高龄津贴全覆盖；建立了困难失能老年人护理补贴制度，对"三无"、低保高龄、困难失能老年人发放护理补贴；对"失独家庭"发放养老扶助金。

　　从财政支出上看，仅在"十三五"期间，山东省每年支出10亿元支持养老服务业发展，加大对失能老年人的服务保障，鼓励各地统筹困难失能老年人护理补贴、困难老年人高龄津贴、服务补贴等养老服务保障制度，为困难失能老年人购买养老服务，如此种种，均是政府承担养老服务责任的具体表现。由于目前尚没有专门的公开的养老服务财政支出的数据，本研究考察了山东省的民政事业费用的绝对支出情况、山东省民政事业费用在全国民政费用支出比例的相对支出情况以及有关养老补贴、养老床位建设等方面的数据，以了解政府对以上各项的财政支持情况，具体数据如图4-2所示。

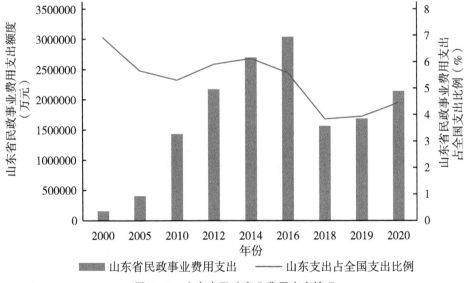

图4-2　山东省民政事业费用支出情况
资料来源：根据《中国民政统计年鉴》历年数据制作。

　　从图4-2可以看出，进入2000年以后山东省民政事业费用支出逐渐增加，2008年以后增加尤为显著，2016年达到最高点。但2016年以后山东省民政事业费用支出开始减少，2018年降到最低点，之后又缓慢回升。另外，从山东省民政事业费用支出占全国民政事业费用支出的相对比例来看，山东省民政事业费用在 2000 年的相对支出最高，其次是 2012—2016 年间，2016 年山东省民政事业费用的相对支出开始下降，2018 年相对值降到最低，仅占全国民生事业费用支出的 3.9%，2019 年、2020 年山东省民政事业费用绝对支出与相对支出均缓慢回升，但仍然仅相当于 2012 年的相对支出水平。从绝对支出与相对支出两方面来看，山东省在民政事业费的支出方面显示出 21 世纪初的扩张与其后的财政支出紧缩的特点。

同时，从政府养老服务供给的统计数据来分析，本研究发现政府养老服务供给的财政支出呈现出同民政事业费用支出相类似的趋势，即养老服务供给中政府财政支出存在扩张与紧缩并存的现象。以养老补贴为例，2016 年享受老年人政府养老补贴的人数达到 1 544 221，是补贴人数最多的一年。山东省老年人享受政府养老补贴的情况如图 4 - 9 所示。

表 4 - 9　山东省老年人政府养老补贴发放情况

项目	2011 年	2012 年	2013 年	2014 年	2015 年	2016 年	2017 年	2019 年	2020 年
高龄补贴（人）	939 885	1 107 679	1 168 297	1 193 880	1 340 505	1 346 824	1 228 519	789 197	133 344
护理补贴（人）	—	—	9 555	15 021	20 213	20 618	21 625	16 775	1 622
养老服务补贴（人）	—	—	170 278	161 858	173 316	176 779	83 198	430 605	8 215
综合补贴（人）	—	—	—	—	—	—	—	142 028	1 270 684
当年老龄人口数量（万人）	966.5	1 011.574	1 067.187	1 137.728	1 203.652	1 316.436	1 403.617	1 596.748	1 537.965
补贴总人数（人）	939 885	1 107 679	1 348 130	1 370 759	1 534 034	1 544 221	1 333 342	1 378 605	1 413 865
补贴人数比例（%）	9.72	10.95	12.63	12.05	12.74	11.73	9.50	8.63	9.19
养老服务补贴比例（%）	—	—	1.6	1.42	1.44	1.34	—	—	—

资料来源：根据《中国民政统计年鉴》《中国统计年鉴》的数据制作。

如果仅选取养老服务补贴这一项，山东省养老服务补贴人数情况如图 4 – 3 所示。由于不同年度的统计口径存在差异，2017—2020 年的养老服务补贴人数无法作为参数与 2013—2016 年的养老服务补贴人数进行直接比较。本研究观察了统计口径一致的 2013—2016 年的数据，结果显示，山东省每年获得政府养老服务补贴的人数基本维持在 17 万多一些，这一数字逐年缓慢增加但相对稳定。然而，应当注意的是，由于老年人口的总量逐年上升，享受养老服务补贴人数的相对稳定性的背后却是政府养老服务补贴的相对数值在下降。2013—2016 年的养老服务补贴人数占当年 65 岁及以上老年人口总数的比例分别为 1.60%、1.42%、1.44%、1.34%。结合养老服务政策对补贴对象的选择性要求以及补贴数量，本研究认为山东省的养老服务制度仍然属于补缺型福利制度，尽管从 2007 年民政部提出建立适度普惠的社会保障体系以来，各级政府做了很大的努力，但实践中的养老服务仍然是仅针对少数人的养老服务供给模式。

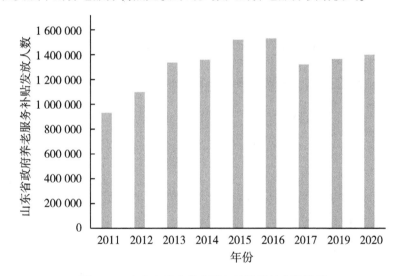

图 4 – 3　山东省政府养老服务补贴发放人数情况

从以上分析看，本研究认为政府在养老服务财政支持方面的供给经历了扩张—紧缩的历程，从政府财政支出的绝对数量看这一趋势也比较明显，但从相对供给方面看，政府在养老服务财政支持上的扩张趋势不明显。

三、生活照料养老服务供给有限

生活照料服务是与老年人关系最密切、个人体验性最强的服务内容，是作为微观个体的老年人与宏观的政府养老服务供给之间得以联系的桥梁，老年人通过使用这些体验性的生活照料服务产生由政府养老服务供给带来的获得感。

已有资料显示，截至 2020 年年末山东省以政府为主要供给主体的家庭医生签约服务已覆盖所有常住老年人群，90% 的街道综合性养老服务机构、社区日间照料中心等社区养老服务设施与周边医疗机构实现"嵌入式"发展或签约合作，65 岁及以上老年人健康管理率已达到 70%。政府还对养老服务尤其是直接服务的供给标准和质量进行了规范，到 2020 年年末省级共编制出台 27 个养老服务标准，地方和企业制定出近 1000 个养老服务标准①。

　　本研究通过查阅相关宏观数据，发现与生活照料服务相关的政府养老服务供给的指标很少，且由于统计方法与口径的因素，年度统计结果相差较大，如表 4 – 10 所示。据目前可观察的有限统计数据显示，政府供给的生活照料服务内容有限、数量不多。这与生活照料服务的公共性程度较低有关，也与目前剩余型的养老服务供给模式有关，生活照料服务的供给更多来自家庭。关于这一点，本研究将在下一章结合老年人的需要及服务使用情况继续进行探讨。

表 4 – 10　政府供给老年人生活照料服务情况

供给内容	2011 年	2012 年	2013 年	2014 年	2015 年	2016 年	2017 年	2019 年
老年法律援助（人）	1 958	1 945	2 055	2 070	2 080	2 088	643	—
老年活动（个）	53 233	51 836	55 327	53 095	55 280	55 105	41 992	27 038
老年学校（个）	2 705	2 480	3 047	3 051	1 261	1 259	827	—

资料来源：根据《中国统计年鉴》历年数据制作。
注：由于统计口径的变化，2018 年数据缺失。

四、养老设施服务供给重点从机构转向社区

　　本研究的 39 项养老服务政策中涉及养老服务设施等的政策有 14 项，其中 7 项关于养老机构模式，7 项关于社区居家模式，更多的社区居家养老服务政策是在 2016 年及以后出台的。在 7 项机构养老政策中，2015 年之前颁布的 4 项政策较多关注养老机构的建设与发展，而 2016 年及以后发布的 3 项政策则更多是涉及养老机构改革，反映的是政策供给从机构养老向社区居家养老模式的转变。同时，在 7 项居家养老服务的政策中，2015 年之前的 15 年时间共颁布了 3 项，

---

① 山东：打造居家社区养老服务"齐鲁样板"［EB/OL］.［2022 – 08 – 02］. http：//www. selectshandong. com/website/article/index/id/ 16624. html.

而 2016—2021 年短短几年时间便颁布了 4 项居家养老服务相关的政策，涉及社区居家养老服务支持、农村幸福院建设与管理，以及社区养老服务设施规划、建设、移交和使用等。

另外，从政策文本的词语分析看，在 2010 年及以前、2011—2015 年、2016 年及以后的三个时间阶段中，居家、社区、机构等词汇在文本中出现的次数变化显著，居家一词在这三个时间段出现的频次分别为 0 次、50 次、126 次，社区一词出现的频次分别为 2 次、113 次、285 次，机构一词出现的频次分别为 138 次、401 次、615 次。从增长幅度看，这三个词在最后一个时间阶段比在上一个阶段出现的频次增加比例分别为 152%、152%、49%。本研究对政策文本的词语分析显示，"社区"一词在 2016 年及以后的养老服务政策文本中开始作为主要词汇显示在词云图中，如图 4–4 所示。

2010年及以前　　　　　2011—2015年　　　　　2016年及以后

图 4–4　政府养老服务供给的词语分析

从以上对养老服务政策文本的内容分析看出，2015 年之前山东省养老设施服务供给侧重养老服务机构，而 2016 年之后开始的养老服务机构改革将养老服务供给重点由机构转向社区。近年来中央政府及民政部等部门对居家养老服务规划、改革等方面的要求逐步提高，且文件精神体现了养老服务供给结构调整的趋势①，山东省养老服务供给重点由机构转向社区的变化反映了山东省与国家养老服务供给政策变化保持了较高的一致性。

机构养老、社区养老和居家养老是目前三种主要的养老模式，政府在养老机构、社区居家养老方面均建设完成了一定数量的养老服务设施，政府在养老服务设施建设中承担了相应的责任。《山东省"十四五"老龄事业发展规划》中的数据显示，到 2020 年年末，山东省建成养老机构 2 373 家、养老床位 39.2 万

---

①　贺薇. 居家养老服务供给结构的现状与优化 [J]. 湖北大学学报（哲学社会科学版），2020，47（6）：155–165.

张，其中护理型床位17万张，占比43%；建有街道综合性养老服务中心523处、社区日间照料中心3 069处、农村幸福院10 026家。政府对养老服务设施的配置也经历了调整和变化，从最典型的养老服务设施——养老床位的建设看，由于国家对"十二五"期间养老服务床位建设设立了达标要求和标准，因此2013年之前山东省的养老设施服务主要表现为养老机构不断增加的床位数，至2013年年末养老机构床位数已近38万张，一直到2015年，山东省的养老服务床位一直迅猛扩张建设，截至2015年年末养老床位总数达到近65万张。之后在我国"社区养老服务为主导"的养老模式的引领下，政府开始调整社区和机构养老服务床位的设置，在维持养老服务设施的规模基本不变的基础上，对养老服务设施的供给结构进行了较大调整。2015年山东省养老机构的床位数开始低于社区养老床位数量，其时山东省社区养老床位33万多张，机构养老床位31万多张。政府养老服务供给从以机构为重点转向以社区为重点的变化趋势如图4-5所示。

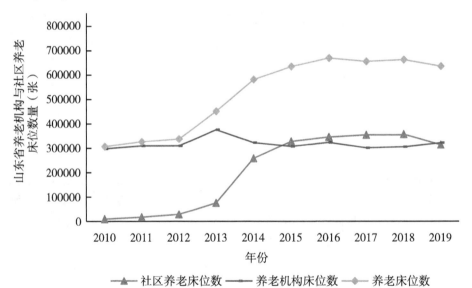

图4-5 山东省养老机构与社区养老床位发展变化趋势图

资料来源：根据《中国民政统计年鉴》《山东省社会服务统计公报》的数据制作。

五、信息化养老服务供给以平台建设为主

在互联网大数据时代，"智慧养老"不仅必要而且可行。在养老服务信息化建设方面，政府养老服务信息化供给体现了以平台建设为主的特征。山东省

建立了以山东省养老管理平台、养老服务平台（12349 呼叫中心）、山东养老服务信息网为支撑，覆盖全省的"两台一网"养老信息系统，并对县级、市级养老服务信息化平台分别给予 100 万元、200 万元的建设补助，鼓励信息化平台的建设。省级平台有利于对老年人信息进行宏观统筹，但是老年人的利用情况并不理想，他们使用更多的是能够满足自身需要的地域性的平台，目前能够提供老年人基础性信息、健康信息、服务需求信息以及提供服务的各种机构信息的平台数量少、规模小、层次低，多数平台由养老机构或社区服务机构自己建立，政府介入不足①。另外，信息化建设以信息化手段利用互联网、移动终端、公共服务等资源，其主要目标是整合老年人需求信息和各类社会服务资源，在需求和资源之间建立联结促进"互联网 + 养老"与智慧养老，然而目前养老服务平台在实现信息化养老服务的目标方面还存在一定差距。

第三节　老年人养老服务的供需现状

从以上对养老服务政策的内容分析看，养老服务政策主要涉及养老服务制度规划、养老服务财政支持、生活照料服务、养老设施服务以及信息化服务五个维度，政府养老服务供给在这五个方面不断变化，呈现出一定的特征。从老年人的角度出发，政府养老服务供给是与老年人的养老服务需要紧密相连的，其在多大程度上满足了老年人的具体需要？在政府养老服务供给的五大维度中，尽管养老服务制度规划与养老服务财政支持是政府供给的主要内容，但是制度规划与财政支持并不能为老年人所直接使用，老年人直接使用的是养老服务政策及财政支持转化成的具体的养老服务项目，因此本研究依循能够为老年人所直接使用的生活照料服务、养老设施服务、信息化服务三个维度编制了《政府养老服务供给问卷》，三个维度的养老服务具体化为 22 项具体的养老措施，其中生活照料服务包含上门做家务（洗衣、做饭、清洁卫生等）、上门送餐、日常照顾（如喂饭、洗澡等）、聊天解闷、老年人健康查体、医务人员定期上门探访、陪同就医、上门护理、上门看病等服务，养老设施服务包括医疗康复设施（卫生服务中心、社区医生等）、日间照料或托老所、老年食堂、老年人日常休闲活动室（读书、下棋、打牌等）、老年人文娱活动设施（运动会、节日

---

① 崔树义，杜婷婷. 居家、社区、机构养老一体化发展研究［J］. 东岳论丛，2021，42（11）：36－44.

活动等）、老年大学/老年人兴趣班、老年人志愿服务组织、老年人健身器材、居室无障碍设施改造、居住区无障碍改造等，老年人信息化服务包括智慧养老服务平台、一键紧急呼叫、老年人日常服务信息化平台（热线、网络平台等）。《政府养老服务供给问卷》内容涉及人口学变量、收入、教育、户籍、养老保险、医疗保险、养老服务需要及使用、老年人对政府养老责任认知等项目。本研究对山东省老年人进行了抽样调查，共获取 810 份问卷，其中有效问卷 731 份。被调查对象中，男性 349 人（47.74%），女性 382 人（52.26%）；已婚 564 人（77.15%），孤寡 167 人（22.85%）；调查对象年龄分布从 60 岁到 92 岁，其中 60—69 岁老人 337 人（46.10%），70—79 岁的老人 309 人（42.27%），80 岁及以上的老人 85 人（11.63%）；农村户籍的老人 532 人（72.78%），城镇户籍的老人 199 人（27.22%）。

一、老年人养老服务需要状况

本研究根据政府养老服务供给的生活照料服务、养老设施服务、信息化服务设计了 22 项具体的养老服务项目，询问被调查老年人对每一项养老服务的需要及使用情况。老年人根据自己对各项服务的需要情况，从备选项"不需要""基本不需要""说不上""偶尔需要""需要"中选择一项。针对老年人的养老服务使用情况，调查问卷设计了"使用过""没有使用过""本地没有此项服务"三个备选项。对 731 名老年人在 22 项具体养老服务项目上的需要状况、使用状况进行调查，共收集到 32 118 个数据（个别项目含缺失值）。按照本研究的逻辑结构，研究者对 22 项具体养老服务的数据分别进行统计分析（如附录 2），根据本研究中养老服务供给的维度对各项具体的分析结果加以整合，研究结果如下。

（一）近一半老年人存在养老服务需要

在数据分析中，为了简化老年人养老服务需要的划分，本研究将"偶尔需要"与"需要"选项合并为有养老服务需要，而"基本不需要"与"不需要"合并为没有养老服务需要，调查结果如表 4 - 11 所示。数据显示，在生活照料服务、养老设施服务、信息化服务方面有养老服务需要的老年人分别为 3 173 人次、3 617 人次、706 人次，占被调查者人次的 48.30%、45.04%、48.36%，即接近一半的被调查对象表示有养老服务需要。

表4-11 老年人养老服务需要情况

供给内容	需要		不需要		说不上	
	频次	百分比（%）	频次	百分比（%）	频次	百分比（%）
生活照料服务	3173	48.30	2904	44.20	493	7.50
养老设施服务	3617	45.04	3394	42.27	992	12.35
信息化服务	706	48.36	521	35.68	233	15.96
总计	7496	46.67	6819	42.46	1718	10.70

注：因问卷中个别缺失值的存在，表中百分比之和不是100%，下同。

（二）生存型与发展型养老服务需要并行发展

表4-11中，在不同维度的养老服务需要中，老年人对信息化服务的需要程度最高，其次为生活照料服务和养老设施服务。从需要层次的理论视角看，由于生活照料服务关乎老年人的基本生存条件而属于生存需要，而养老设施服务和信息化服务则是在基本生活资料获得满足后的高层次的需要，属于老年人的发展需要。本研究结果表明老年人对美好生活的需要与日俱增，满足生存需要的生活照料服务已经不是老年人的最优需要，而体现社会参与、社会融合的信息化服务成为老年人回答人次最多、需要程度最高的养老服务项目。老年人养老服务需要的层次结构表明目前老年人不再仅仅需要低层次的生存需要，随着社会的不断发展，老年人高层次的发展需要逐渐成为与生存型需要同等存在的养老服务需要。

二、政府养老服务供给状况

（一）政府养老服务供给覆盖面偏低且不均衡

本研究中，回答"使用过"养老服务的老年人仅占被调查者的20.57%，大部分老年人并没有使用过养老服务，结合近一半老年人有养老服务需要的现状，此数据表明仍有相当部分老年人的养老服务需要没有获得满足。在生活照料服务、养老设施服务、信息化服务三个养老服务供给维度上，使用过该维度涉及的具体养老服务项目的人次分别占被调查人次的27.48%、17.32%、7.33%。值得一提的是，调查中有50.68%被调查者回答"本地没有该服务"，其中回答本地没有生活照料服务、养老设施服务以及信息化服务的老年人的比例分别为40.84%、55.77%、66.99%，由此可见养老服务供给覆盖面还较低，具体如表4-12所示。

表4-12 养老服务使用情况统计表

养老服务供给	使用过		未使用过		本地没有该服务	
	人次	百分比（%）	人次	百分比（%）	人次	百分比（%）
生活照料服务	1806	27.48	2081	31.68	2683	40.84
养老设施服务	1378	17.32	2155	26.91	4473	55.77
信息化服务	107	7.33	375	25.69	978	66.99
总计	3291	20.57	4611	28.75	8134	50.68

如果以"使用过"养老服务作为老年人养老服务需要被满足的表征，表4-12反映出目前使用过养老服务的老年人比例并不高，老年人的需要没有被充分满足。进一步将老年人的养老服务需要与服务使用情况进行整合分析，以需要被满足率表示老年人的养老服务需要满足程度，统计结果如表4-13所示。在生活照料服务、养老设施服务、信息化服务维度上，老年人的需要被满足率分别为56.92%、35.83%、15.16%，其中因为政府供给的养老服务而使老年人获得需要满足的比例分别为13.75%、17.22%、5.11%。从总体上看，政府目前供给的养老服务能使15.83%有养老服务需要的老年人获得满足。

表4-13 老年人养老服务需要满足状况

供给内容	需要百分比（%）	被满足的需要百分比（%）	被满足百分比（%）	政府供给满足老年人需要百分比（%）
生活照料服务	48.30	27.48	56.92	13.75
养老设施服务	45.04	17.32	35.83	17.22
信息化服务	48.36	7.33	15.16	5.11
总计	46.67	20.57	42.81	15.83

综上，表4-12、表4-13的结果表明目前老年人的养老服务需要没有被充分满足，其中政府养老服务供给对老年人养老服务需要的满足程度不高，政府养老服务供给对老年人养老服务需要的覆盖面偏低，而且政府在生活照料服务、养老设施服务以及信息化服务等维度上对老年人需要满足率的差别较大，反映了政府对各类养老服务供给的不均衡问题。

（二）政府侧重供给公共性程度较高的养老服务

为进一步了解养老服务的多元供给状况，本研究随即对老年人已使用的服务的供给主体情况进行了分析，结果如表 4 – 14 所示。在有养老服务需要的老年人中，42.81% 的老年人的养老服务需要获得了满足，这种满足或来自家庭，或来自政府、市场、社会组织等。

表 4 – 14　不同供给主体养老服务供给情况

供给内容	政府		家庭		市场		社会		其他	
	人次	百分比（%）	人次	百分比（%）	人次	百分比（%）	人次	百分比（%）	人次	百分比（%）
生活照料服务	680	24.16	850	54.89	101	8.65	126	8.28	50	4.02
养老设施服务	822	48.06	102	11.24	31	2.91	381	36.06	41	1.73
信息化服务	44	33.69	17	30.08	8	6.24	35	24.22	3	5.77
总计	1546	36.98	969	30.80	140	5.56	542	23.61	94	3.01

表 4 – 14 显示，老年人使用的养老服务中，由政府、家庭、市场、社会等的供给分别为 36.98%、30.80%、5.56%、23.61%。由此可见，政府与家庭是老年人养老服务最重要的供给主体，其中家庭供给了 54.89% 的生活照料服务，政府则供给了 48.06% 的养老设施与 33.69% 的信息化服务。以上分析表明家庭是公共性程度较低的生活照料养老服务的最重要供给主体，这与其他研究中"老年人 80% 以上的照料服务来自家庭"的研究结论相一致①。而政府则更多承担了公共性较高的养老服务的供给，老年人获得的 48.06% 的养老设施服务与 33.69% 的信息化服务均来自政府供给。因此，家庭是生活照料服务的最主要供给主体，政府则侧重供给公共性程度较高的养老服务。

三、政府养老服务供给满足老年人需要的状况

在被调查的老年人中，有 42.46% 的老年人表示不需要养老服务，10.70% 的老年人不确定自己是否需要养老服务，46.67% 的老年人表示有养老服务需

---

① 乔晓春. 如何满足未满足的养老需求——兼论养老服务体系建设 [J]. 社会政策研究, 2020 (1): 19 – 36.

要①。在表示有养老服务需要的老年人中，其需要被满足率只有 42.81%，意味着 57.19% 的有养老服务需要的老年人的需要得不到满足，占所有老年人的26.69%，而有养老服务需要且需要被满足的老年人仅占所有被调查者的19.97%。表 4－14 显示目前所有的养老服务供给中，政府供给了 36.98% 的养老服务，能够满足 15.83% （表 4－13 数据）有养老服务需要的老年人的需要。如果以所有被调查对象为比照对象进行计算的话，政府养老服务供给覆盖水平仅占所有老年人的 7.38%，其他供给主体供给的养老服务覆盖了 12.59% 的老年人。政府养老服务供给与老年人的需要情况见图 4－6。

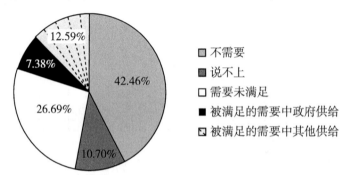

图 4－6 政府养老服务供给与老年人的需要概况

图中数据显示，老年群体中 7.38% 的人获得了政府供给的养老服务，26.69% 的老年人虽然存在某些方面的养老服务需要却没有获得充分满足。因为目前我国政府养老服务供给制度对老年人具有高度选择性，所以只有满足政府养老服务供给政策条件的老年人才能获取政府供给的养老服务，仍有一部分老年人自身获取养老服务的能力较弱，但又不能达到政府养老服务供给设定的门槛条件。这类无力自我供给养老服务而又不能被政府列为供给对象的老年人，其养老服务需要不能获得有效满足。

本章小结

本章以山东省为例，对政府养老服务供给与老年人的养老服务需要进行了分析。以进入老龄化社会后的 39 份养老服务政策文本为对象，利用质性分析软件 NVivo 12 通过编码、确定三级节点对政策文本进行内容分析，发现养老服务

---

① 因问卷中缺失值的存在，百分比之和小于 100%。

政策包含养老服务供给的五个维度：养老服务制度规划、养老服务财政支持、生活照料养老服务、养老设施服务以及信息化养老服务。通过对相关统计年鉴、政府工作报告等宏观数据进行分析，发现政府养老服务供给具有五个特点：养老服务制度规划趋向完善和多元，养老服务财政支持扩张与紧缩并存，生活照料养老服务供给有限，养老设施服务供给重点从机构转向社区，信息化养老服务供给以平台建设为主。

　　为分析政府养老服务供给与老年人养老服务需要的匹配状况，本研究对731名老年人进行了调查。结果显示，近一半老年人存在养老服务需要，老年人生存型养老服务需要和发展型养老服务需要并行发展，政府养老服务供给覆盖面偏低且不均衡，家庭是公共性程度较低的生活照料养老服务的最重要供给主体，而政府则承担了更多公共性程度较高的养老服务的供给。政府养老服务供给覆盖水平仅占所有老年人的7.38%，仍有26.69%的老年人虽然有养老服务需要却没有获得满足。

第五章 老年人养老责任认知

前一章的分析表明，无论从政策文本分析还是现实供给层面，政府在积极回应老龄化社会养老服务面临的问题、建设服务型政府满足老年人的养老服务需要方面均承担了大量的责任，但仍然有相当一部分老年人的养老服务需要不能获得满足。从供需理论看，老年人养老服务未能获得充分满足的原因在于供给主体未能充分发挥供给职责。然而，养老服务是由多元主体共同供给的，且各供给主体在现实的养老服务供给中并不具有规定性的明确责任。而老年人作为养老服务的使用者，对养老服务"由谁提供"和"提供多少"等问题的看法存在差异，这些问题的答案形成了老年人的养老责任认知。政府作为满足养老服务需要的多元供给主体中的重要主体，应该充分了解老年人对政府供给养老服务的看法，充分把握老年人对政府养老责任的认知，以调整自身的养老服务供给方向，使政府养老服务供给与老年人的养老责任认知相一致，从而提高政府养老服务供给的效率。本章利用《政府养老服务供给问卷》的调查数据，对老年人养老责任认知进行实证分析。

第一节 数据、变量与研究假设

一、数据与变量

本章的数据来自《政府养老服务供给问卷》的调查数据，该问卷的克隆巴克 α 系数为 0.910，具有较好的信度。问卷结构及调查对象基本情况在本书第四章第三节已有详细介绍，在此不再赘述。

（一）被解释变量

本研究的被解释变量为老年人的养老责任认知。如前所述，本研究中的养老责任认知关注老年人对政府供给养老服务的责任认知，主要了解老年人对政府在多大程度上承担养老服务供给责任的看法，测量该变量的题目为"您认为政府应当为该项养老服务承担多少责任"，备选项为"无责任""小部分责任"
"一半责任""大部分责任""全部责任"，分别记为 0、1、2、3、4。该变量包
含 22 个项目，每个项目包含 5 个选择项，根据心理测量学中对变量性质的相关
规定，本研究将其视为可进行加减运算的等距变量。对 22 个项目进行加减运
算，将被调查对象在 22 项具体养老服务上的得分进行加总后的数值表示老年人
对政府供给养老服务的责任认知。

（二）解释变量

本研究的解释变量为养老服务需要、家庭收入、户籍、医疗保险、养老保
险等。养老服务需要是老年人对 22 项具体的养老服务项目的需要状况，老年人
从每一项养老服务后面列举的备选项"不需要""基本不需要""说不上""偶
尔需要""需要"中选择一项，分别记为 1、2、3、4、5，将老年人对 22 项养
老服务的需要状况进行加减运算的结果作为养老服务需要的得分。本研究中的
家庭收入变量采用了相对收入的概念，被调查对象根据自己的家庭收入状况在
"低于当地平均水平""当地平均水平""高于当地平均水平"三个选项中进行
自评，将"当地平均水平"作为对照组。户籍为包含"农村""城镇"的二分
变量，以"农村"作为对照组。医疗保险为类别变量，包含"没有医疗保险"
"城乡居民基本医疗保险""城镇职工医疗保险"等选项，分析时以"没有医疗
保险"的老年人为对照组。养老保险为类别变量，通过老年人目前的养老金类
别状况加以表征，选择项包含"无社会养老金""城乡居民基本养老保险金"
"企业养老金""机关事业单位离/退休金"，其中"无社会养老金"的老年人
为对照组。

（三）控制变量

已有研究发现性别、年龄、婚姻状况、子女数量、健康状况、受教育年
限等对老年人的养老责任认知有不同程度的作用，本研究将其作为控制变量
处理。其中，性别为二分变量，女性为对照组。婚姻状况包括"已婚"与
"孤寡"的名义变量，将问卷中原始数据"未婚""离婚""丧偶""分居"
等情况编码为"孤寡"，原数据"已婚有配偶"编码为"已婚"，"孤寡"老
人为对照组。年龄变量为老年人的实际年龄。健康状况包括"健康状况较差"
"健康状况一般""健康状况较好"，将"健康状况一般"的作为对照组。受教
育程度的选项有"不识字""私塾/扫盲班""小学""初中""高中/中专""大
专及以上"等，在统计分析时按照受教育年限的通用处理方式，将原始类别变
量数据转变为连续变量，不识字 = 0 年，私塾 = 2 年，小学 = 6 年，初中 = 9 年，

高中/中专 = 12 年，大专及以上 = 15 年①。本研究中各变量的编码情况如表 5 - 1 所示。

表 5 - 1 变量编码信息表

变量		编码
控制变量	性别	女 = 0 男 = 1
	年龄	连续变量：实际年龄
	婚姻状况	孤寡 = 0 已婚 = 1
	健康状况	较差 = 1 一般 = 2 良好 = 3
	受教育年限	连续变量
	子女数量	连续变量
解释变量	家庭收入	低于平均水平 = 1 平均水平 = 2 高于平均水平 = 3
	户籍	农村 = 0 城镇 = 1
	养老服务需要	不需要 = 1 基本不需要 = 2 无所谓 = 3 偶尔需要 = 4 需要 = 5
	医疗保险②	无医疗保险 = 1 城乡居民基本医疗保险 = 2 城镇职工基本医疗保险 = 3
	养老保险	无社会养老金 = 1 城乡居民养老金 = 2 企业养老金 = 3 机关事业单位退休金 = 4
被解释变量	养老责任认知	家庭 = 1 市场 = 2 社会组织 = 3 政府 = 4 共同提供 = 5
		不承担责任 = 0 承担小部分责任 = 1 承担一半责任 = 2 承担大部分责任 = 3 承担全部责任 = 4

（四）统计分析模型

1. OLS 模型

老年人对政府养老责任认知是 22 项具体服务的得分的加总，因此采用 OLS 多元线性回归模型进行分析，具体的模型如下所示：

$$Y_i = \alpha + \sum_{j=1}^{J} \beta_j X_{ij} + \varepsilon_i \tag{5 - 1}$$

---

① 吴愈晓，黄超. 中国教育获得性别不平等的城乡差异研究——基于 CGSS2008 数据 [J]. 国家行政学院学报，2015（2）：41 - 47.

② 本研究主要是探索社会保险类型对政府养老服务供给期待的影响，因此并未涉及商业保险类别，并对问卷做了筛查。

Y_i 代表第 i 个老年人对政府供给养老服务的责任认知，X_{ij} 指本研究探讨的自变量，β_j 代表各变量的回归系数，反映了解释变量对政府养老服务供给责任认知的贡献程度，α 表常数，ε_i 为误差。

2. Multinominal Logistics 模型

本研究中，养老服务供给主体是五个并列的选项：家庭、市场、社会组织、政府、共同供给，该变量为无序类别变量。根据多元回归分析理论及因变量的数据类型，采用 Mlogit 模型分析老年人对这五个供给主体的优先选择。

在 Mlogit 模型中，因变量可视为含有 J 个组别并有 k 个解释变量（包含常数项）的多元 Logistics 模型，可视为对被解释变量中各类选择行为两两配对后构成的多个二元 Logistics 模型实施联合估计。模型设定具体如下：

$$\ln\left(\frac{\pi_{ij}}{\pi_{ib}}\right) = \ln\left(\frac{P(y_i = j \mid x)}{P(y_i = b \mid x)}\right) = x_i'\beta_j \qquad (5-2)$$

其中，b 为选定的基准组，设定 j 为类别变量包含的种类总数，则 $j = 1$，2，3，$\cdots$，J。

在 MLogit 模型中，基于几率比对模型参数进行解释能够使模型更加简明易懂。假设选定的基准组为第一组（$b = 1$），那么第 j 个组别相对于基准组几率比可以表示为：

$$\frac{\pi_{ij}}{\pi_{i1}} = \frac{P(y_i = j \mid x)}{P(y_i = 1 \mid x)} = exp(x_i'\beta_j) \quad j = 2, \cdots, J \qquad (5-3)$$

那么第 l 个解释变量的变化对该几率比的影响可表示为：

$$\frac{\exp(x_i'\beta_j + \Delta x_{il}\beta_{jl})}{\exp(x_i'\beta_j)} = \exp(\Delta x_{il}\beta_{jl}) \qquad (5-4)$$

其中，β_{jl} 为第 j 组别系数向量 β_j 中的第 l 个元素。该表达式表明，保持其他解释变量不变，x_{il} 每增加一个单位，即 $\Delta x_{i1} = 1$ 时，选择第 j 组别相对于基准组的几率比变化为 $\exp(\beta_{jl})$。在本研究中意指，在保持其他变量不变的情况下，自变量增加一个单位，老年人优先选择某一养老服务供给主体相对于基准组的几率变化情况。该模型用于本研究的稳健性检验，养老服务供给主体作为被解释变量共分为家庭、市场、社会组织、政府、共同承担等 5 类，在统计时依次选择家庭、市场、社会组织、共同承担作为基准组，通过老年人选择政府作为养老服务的优先供给主体相对于基准组的概率比了解老年人的养老责任认知。

二、研究假设

（一）养老服务需要影响老年人的养老责任认知

如前所述，需要理论认为，按照需要层次由低到高的顺序，老年人的养老服务需要可以分为生存型养老服务需要、享受型养老服务需要与发展型养老服务需要，需要层次是由低到高发展的。当个人面临更多重需要时，其满足需要的动力就越强。根据需要的动力性和层次性特征，当老年人的养老服务需要层次较低或老年人有多重需要时，极度的匮乏感促使老年人产生较强的满足需要的动力。据此提出假设 H1：需要影响老年人的养老责任认知，养老服务需要越多的老年人越倾向于认为政府在养老服务供给中应当承担更多的责任。

(二) 家庭收入影响老年人的养老责任认知

家庭收入不同的老年人满足自身养老服务的资源不同，家庭收入较高的老年人因为占有资源较多，更倾向于通过自我、家庭、市场等途径满足养老服务需要，而家庭收入较低的老年人因自我资源有限而更倾向于转向个人和家庭以外寻求养老服务需要的满足①。经济上的不宽裕既决定了老年人自身无法独立承担养老费用，也限制了他们的日常消费能力，这导致很多老年人由于不利的经济状况而被排斥在一些需要付费的养老服务之外②，转而期待政府供给养老服务，并且认为政府对养老服务供给负有更多的责任。据此本研究提出假设 H2：家庭收入影响老年人的养老责任认知，家庭收入低的老年人认为政府在养老服务供给中应当承担更多的责任。

(三) 户籍影响老年人养老责任认知

户籍不仅表现为城乡差异，还表现为职业身份的差别带来的社会保障的分层。城市户籍的居民多以职工身份享受社会保障待遇，农村户籍居民则多以居民身份享受社会保障待遇，城乡之间的社会保障待遇本质上存在制度性的差异。基于我国长期以来形成的城乡差异化的福利体制，通常城市居民有较好的生活资料和福利保障。目前进入老年期的这一代人，他们在青、中年阶段所处的是低工资、高就业、高福利、高补贴的社会，国家通过企业和工作单位向职工提供生活资料和福利，这种福利供给模式容易形成城市职工全面依赖企业和国家的局面，城市户籍的人在一定程度上形成了由政府承担福利供给责任的福利态度，养成了有困难找单位、找政府的福利习惯。而在农村，在小农经济基础上组织起来的农村集体并没有带来经济的高速发展，集体也没有能力向其成员提供比较充分的物质生活资料，农民遇到困难只能通过自己的社会网络去解决，或者对自己的正当需要采取忽视、隐忍的态度。因此在数千年小农经济文化的

---

① 金卉，祝建华. 东亚福利体制背景下的居民福利供给主体偏好 [J]. 南京社会科学，2014 (10)：51 − 56.

② 张静，任振兴，范叶超. 养老服务需求与发展对策研究——基于 CGSS 和 CHARLS 两项全国老年人口调查数据的实证分析 [J]. 老龄科学研究，2019，7 (3)：16 − 36.

影响下，我国农民基本上保持了个人取向的福利意识形态，并延续了自助和互助的惯习①。基于这种认识，本研究进一步提出假设 H3：户籍影响老年人养老责任认知，城市户籍老年人认为政府应该承担更多的养老服务供给责任。

（四）社会保险类别影响老年人养老责任认知

政策反馈理论认为政策与民众的态度之间存在互动关系，其间的逻辑可以通过资源效应与解释效应来阐释。资源效应是指养老服务政策向特定对象提供经济、商品或服务等资源而产生的反馈影响，如养老服务政策对象对自身的看法，政策制定者对政策效果的看法等。从政府养老服务供给看，政策反馈的资源效应表现为老年人通过养老服务政策获得养老服务，老年人基于现有政策对政府养老服务供给形成认知、态度和观念。一般地，剩余型的养老服务供给政策容易对服务接受者产生污名化的烙印，但在我国养老服务的供给实践中，随着政府对养老服务供给的不断增加，老年人的污名化烙印效应已不甚明显，他们认为获取养老服务是公民权利的权利意识和主张日渐强烈②，不同的老年人基于自己所属的群体对向他们提供福利服务的政府产生了"感恩"抑或"抱怨"的态度③。从政策反馈的解释效应看，养老服务政策反馈的解释效应在于老年人受政策影响而形成的对利益偏好的选择、对于政府供给养老服务的态度等。我国社会保障制度以户籍、职业身份等因素将老年人划分在不同的社会保障体系中，这种划分使得社会保障制度具有分层性，而以社会保障的分层性为基础的养老服务的分层特征也由此形成。从政策反馈理论的解释效应看，分层的社会保障制度使老年人对福利供给形成不同的态度，享受较高层次社会保障待遇的老年人倾向于对现有的社会保障形成积极的认知。基于此，本研究形成以下假设。

H4：医疗保险影响养老责任认知。与没有社会医疗保险的老年人相比，享受社会医疗保险的老年人认为政府应该承担更多的养老服务供给责任。

H5：养老保险影响老年人养老责任认知。与没有社会养老保险的老年人相比，享受社会养老保险的老年人对政府养老责任认知更积极，他们倾向于认为政府应该承担更多的养老服务供给责任。

---

① 王思斌. 底层贫弱群体接受帮助行为的理论分析［J］. 中国社会工作研究，2006（1）：45.

② 鲁迎春. 从"福利救济"到"权利保障"：上海养老服务供给中的政府责任研究［D］. 上海：复旦大学，2014.

③ 张文清，袁同成. 向上感恩与对下抱怨：政府责任变迁中的农村老年福利态度悖论［J］. 郑州轻工业学院学报：社会科学版，2017，17（1）：85－91.

第二节　老年人养老责任认知的实证分析

一、老年人养老责任认知的描述统计

根据本研究对养老责任认知的界定，首先对老年人在"由谁优先供给养老服务"问题进行了描述统计，以了解老年人优先选择不同养老服务供给主体的倾向性。对 22 项具体的养老服务供给主体的优先选择进行描述统计，按照生活照料服务、养老设施服务、信息化养老服务三个维度呈现本研究的结果，老年人对养老服务供给主体的选择情况如表 5 - 2 所示。

表 5 - 2　老年人对养老服务供给主体选择情况

供给维度	家庭		市场		社会组织		政府		共同提供	
	人次	百分比（%）	人次	百分比（%）	人次	百分比（%）	人次	百分比（%）	人次	百分比（%）
生活照料服务	1522	23.17	482	7.34	586	8.92	1328	20.21	2652	40.37
养老设施服务	322	3.37	371	3.10	651	6.58	3203	30.65	3454	38.11
信息化服务	40	2.74	35	2.40	120	8.22	857	58.70	408	27.95
总计	1884	11.73	888	5.53	1357	8.45	5388	33.55	6514	40.56

表 5 - 2 显示，在被调查的 731 名老年人中，总体上优先由家庭、市场、社会组织、政府以及各主体共同提供养老服务的比例分别为 11.73%、5.53%、8.45%、33.55%、40.56%。从选择的情况看，老年人选择由政府、家庭、市场、社会组织等主体共同供给养老服务的比例最高，多数老年人认同由多元主体共同供给养老服务，福利多元主义理论主张在老年人对养老服务供给主体的这种选择共识中得到了验证。然而，在不同的养老服务供给维度上，老年人对供给主体的优先选择存在差异。更多老年人认为应该由多元主体共同供给生活照料服务，而在养老设施服务方面，38.11% 的老年人选择应当由多元主体共同供给，30.65% 的老年人选择应当由政府优先供给，老年人对政府供给养老设施服务的选择仅次于由多元主体共同供给该服务的选择。在信息化养老服务方面，58.70% 的老年人选择由政府优先供给信息化养老服务。结合本研究对养老服务公共性程度的划分，该结果表明老年人倾向于选择由政府优先供给公共性程度

最高的信息化养老服务；而在公共性程度一般的养老设施服务供给方面，老年人倾向由多元主体共同供给，其次是由政府作为其供给主体；但是在公共性程度最低的生活照料服务方面，老年人并没有将家庭作为最优先的供给主体，而是倾向于多元主体共同供给。此结果表明，无论养老服务的公共性程度如何，老年人对政府作为养老服务优先供给主体的愿望比较强烈，对政府供给各类养老服务有较高水平的期待。

以上关于老年人养老服务供给主体倾向性的研究结果表明老年人对养老服务供给主体具有偏好性，老年人对政府作为优先供给主体提供养老服务赋予了较高的期待。与此相关的一个问题就是老年人对各供给主体承担养老服务供给责任的划分，即不同的养老服务供给主体应该承担多少养老服务供给责任。具体到政府供给来说，就是老年人认为政府应该在养老服务供给中承担多少责任？或者说老年人认为政府应该在多大程度上供给养老服务？这个问题涉及本研究的核心概念——养老责任认知。调查时向被调查者询问"您认为政府应当为该项养老服务承担多少责任？"调查对象从"A 无责任""B 小部分责任""C 一半责任""D 大部分责任""E 全部责任"中作出选择，对 22 项养老服务的选择情况进行分析，结果如表 5 - 3 所示。

表 5 - 3　政府养老服务供给责任认知描述统计

责任认知	无责任		小部分责任		一半责任		大部分责任		全部责任	
	频次	百分比（%）	频次	百分比（%）	频次	百分比（%）	频次	百分比（%）	频次	百分比（%）
生活照料服务	1388	21. 13	1119	17. 03	1293	19. 68	1027	15. 63	1742	26. 51
养老设施服务	328	4. 08	574	7. 15	1430	17. 81	2173	27. 06	3514	43. 76
信息化服务	46	3. 15	49	3. 36	213	14. 59	365	25	787	53. 90
总计	1762	10. 97	1742	10. 85	2936	18. 28	3565	22. 20	6043	37. 63

注：因问卷中个别缺失值的存在，表中百分比之和不是100%。

上表呈现了老年人对政府养老服务供给责任认知的选择情况。由表中数据可知，在公共性程度较低的生活照料服务方面，有 61.82% 的老年人认为政府至少承担一半的供给责任，仅有 38.16% 的老年人认为政府对生活照料服务供给无责任或承担小部分责任。而在公共性程度较高的养老设施服务与信息化养老服务方面，分别有 88.63%、93.49% 的老年人认为政府对养老设施服务承担一半及以上的供给责任。整体而言，78.11% 的老年人认为政府应当承担一半及以上的供给责任。由此可见，绝大部分老年人对政府养老服务供给责任有较高的期待，尤其在公共性程度较高的养老设施服务与信息化养老服务维度上，超过 90% 的老年人认为政府应当承担更多的供给责任。

为便于比较老年人在不同养老服务维度的养老责任认知分数，本研究进一步对政府养老服务供给责任认知的得分进行统计，并对分数进行了无量纲化处理，结果如表 5 - 4 所示。

表 5 - 4　政府养老服务供给责任认知统计表

统计值	生活照料服务	养老设施服务	信息化服务	养老服务
最小值	2.78	2.27	12.50	18.18
最大值	100	100	100	100
平均数	52.86	74.53	81.01	73.03
中位数	62.50	62.50	62.50	62.50

从表 5 - 4 可以看出，除生活照料服务以外，老年人对政府供给养老服务、养老设施服务、信息化服务的责任认知的得分均超过了中位数 62.50。在公共性程度最低的生活照料服务方面，老年人对政府供给责任认知得分最低，而在公共性程度最高的信息化养老服务方面，老年人对政府供给责任认知得分最高，达到 81.01 分。以上数据进一步表明老年人对政府养老服务供给的期待过高。

二、老年人养老责任认知与各变量的相关分析

表 5 - 4 显示老年人对政府养老服务供给责任有较高的期待，那么老年人对政府养老服务供给的责任认知与什么因素有关？哪些老年人对政府养老服务供给责任给予了更高的期待？依据本研究的研究设计，对本研究的变量进行相关分析，结果如表 5 - 5 所示。

表 5 - 5　养老责任认知与各变量相关分析

变量	生活照料服务	养老设施服务	信息化服务	养老服务
养老服务需要	0.181 ***	0.130 ***	0.170 ***	0.208 ***
家庭收入	- 0.177 ***	- 0.277 ***	- 0.140 ***	- 0.251 ***
户籍	- 0.144 ***	- 0.340 ***	- 0.146 ***	- 0.262 ***

续表

变量	生活照料服务	养老设施服务	信息化服务	养老服务
医疗保险	-0.076^{**}	-0.235^{***}	-0.073^{*}	-0.165^{***}
养老保险	0.133^{***}	0.167^{***}	0.036	0.162^{***}

注：本研究中，$*$ 表示 $p<0.05$，$**$ 表示 $p<0.01$，$***$ 表示 $p<0.001$。

从相关分析的结果看，老年人养老服务需要、家庭收入、户籍、医疗保险、养老保险等都与政府养老服务供给责任认知存在显著相关的关系。相关分析的结果能够大致判断各变量与政府供给养老服务责任认知的变化关系，但由于相关分析仅可呈现两个变量之间的关系，而对于多个变量之间的相互关系则无法呈现，因此本研究将进一步通过回归分析了解在多个变量作用下各解释变量对养老服务供给中老年人对政府供给养老服务责任认知的影响。

三、老年人对政府养老责任认知的影响因素

本研究通过回归分析探索各解释变量对政府供给养老服务责任认知的影响，以期发现老年人对政府养老责任认知的特点。由于政府养老服务供给责任认知被看作是由 22 道题目构成的连续变量，采用 OLS 模型进行回归分析的结果如表 5 - 6 所示。

表 5 - 6　政府养老服务供给责任认知的回归模型

变量		模型 1 养老服务	模型 2 生活照料服务	模型 3 养老设施服务	模型 4 信息化养老服务
养老服务需要		0.13^{***}	0.13^{***}	0.11^{***}	0.11^{***}
		(0.03)	(0.04)	(0.03)	(0.02)
家庭收入	低于平均水平	3.57^{**}	1.61^{*}	1.57^{**}	0.38^{**}
		(1.51)	(0.92)	(0.72)	(0.16)
	高于平均水平	0.47	-0.08	0.47	-0.05
		(2.08)	(1.26)	(0.99)	(0.23)
户籍	城镇	-5.97^{***}	-1.38	-4.00^{***}	-0.48^{***}
		(1.67)	(1.02)	(0.80)	(0.18)

续表

变量		模型 1	模型 2	模型 3	模型 4
		养老服务	生活照料服务	养老设施服务	信息化养老服务
医疗保险	城乡居民基本医疗保险	-0.50	2.66	-1.08	-0.21
		(4.23)	(2.58)	(2.01)	(0.46)
	城镇职工医疗保险	3.96	5.99 **	-0.39	0.21
		(4.80)	(2.93)	(2.28)	(0.52)
养老保险	城乡居民基本养老金	8.75 **	3.06	4.66 ***	1.20 ***
		(3.61)	(2.20)	(1.72)	(0.39)
	企业养老金	5.29 **	1.00	3.01 **	1.23 ***
		(2.54)	(2.52)	(1.37)	(0.45)
	机关事业单位退休金	6.08 **	0.45	4.42 **	1.06 **
		(2.83)	(2.58)	(2.01)	(0.46)
控制变量		Yes	Yes	Yes	Yes
N		730	730	730	730
R^2		0.149	0.086	0.179	0.087

注：OLS 回归的表中数据为非标准化回归系数，括号内为标准误，下同。

模型 1 的被解释变量为老年人对政府供给养老服务的责任认知，它是生活照料服务、养老设施服务以及信息化服务三个维度的综合。结果表明，在控制了其他变量后，老年人的养老服务需要每增加 1 个单位，政府养老服务供给责任认知提高 0.13 个单位。低于平均收入的老年人比平均收入水平的老年人对政府养老服务供给的责任认知提高 3.57 个单位。城镇户籍老年人比农村户籍老年人对政府养老服务供给的责任认知低 5.97 个单位。享受社会养老保险的老年人对政府养老服务供给认知高于无社会养老保险的老年人，具体情况为，与不享受社会养老保险的老年人相比，享受城乡居民基本养老金、企业养老金和机关事业单位退休金的老年人对政府养老服务供给的责任认知分别高 8.75 个单位、5.29 个单位、6.08 个单位。

模型 2 的被解释变量为老年人对政府供给生活照料服务的责任认知。结果表明，在控制了其他变量后，养老服务需要、家庭收入、医疗保险对老年人的生活照料服务责任认知有影响。具体说来，老年人的养老服务需要每提高 1 个单位，其对政府生活照料养老服务供给的责任认知增加 0.13 个单位。低于平均家庭收入水平的老年人比平均收入水平的老年人对政府供给生活照料服务的责任认知高 1.61 个单位，享受城镇职工基本医疗保险的老年人比无社会医疗保险的老年人对政府供给生活照料服务的责任认知高 5.99 个单位。因此，养老服务需要多、家庭收入较低、社会医疗保险待遇高的老年人对政府供给生活照料服务有更高的责任认知。

模型 3 的被解释变量为老年人对政府供给养老设施服务的责任认知。结果表明，在控制了其他变量后，养老服务需要、收入、户籍、养老保险对被解释变量影响显著。其中，老年人的养老服务需要每提高 1 个单位，老年人对政府供给养老设施服务的责任认知增加 0.12 个单位。家庭收入水平低于平均收入的老年人比平均收入水平的老年人对政府供给养老设施服务的责任认知提高 1.57 个单位。城市户籍老年人比农村户籍老年人对政府供给养老服务设施的责任认知低 4 个单位。与不享受社会养老保险的老年人相比，享受社会养老保险的老年人对政府供给养老设施服务的责任认知显著提高。具体来说，享受城乡居民基本养老金、企业养老金和机关事业单位退休金的老年人比不享受社会养老保险的老年人对政府供给养老服务设施的责任认知得分分别高 4.66 个单位、3.01 个单位、4.42 个单位。

模型 4 的被解释变量为老年人对政府供给信息化养老服务的责任认知。由表中数据可以看出，在控制了其他变量后，养老服务需要、家庭收入、户籍、养老保险等因素对政府供给信息化养老服务责任认知影响显著。具体说来，老年人的养老服务需要每提高 1 个单位，老年人对政府供给信息化养老服务的责任认知增加 0.11 个单位。家庭收入水平低于平均收入的老年人比平均收入水平的老年人对政府供给信息化养老服务的责任认知高 0.38 个单位。城镇户籍老年人比农村户籍老年人对政府供给养老信息化服务的责任认知低 0.48 个单位。相对于不享受社会养老保险的老年人，享受社会养老保险的老年人对政府供给信息化养老服务的认知更高，其中享受城乡居民基本养老金、企业养老金和机关事业单位退休金的老年人比不享受社会养老保险的老年人对政府供给信息化养老服务的责任认知分别高 1.20 个单位、1.23 个单位、1.06 个单位。因此，在控制了其他变量的条件下，低收入、农村户籍、享受社会养老保险的老年人对政府供给信息化养老服务的责任认知显著高于其对照组。

综合模型 1－4 的结果，养老服务需要、家庭收入、户籍、养老保险这四个因素显著影响老年人对政府养老服务供给的责任认知。同时，不同维度养老服务政府责任认知的影响因素存在个别差异，典型的差别表现为在生活照料服务方面，户籍、养老保险对生活照料服务的政府责任认知作用不显著，而在其他维度上，户籍、养老保险的作用显著。以上结果说明生活照料服务的政府责任认知有别于其他维度，政府在养老服务供给中要重点考虑这些个别化因素，根据老年人的特征和需要差别化地调整不同类别养老服务的供给。

四、稳健性检验

为进一步验证以上研究结果，在考察了养老服务需要和养老保险类型对养老责任认知的影响后，本研究采用因变量替换法对表 5-6 中的回归分析结果进行稳健性检验。表 5-6 中的因变量为养老责任认知，是老年人认为政府在多大程度上承担养老服务供给责任的看法与主观态度。而老年人对多个养老服务供给主体进行权衡后，对"由谁优先提供养老服务"来满足自身需要作出的选择显示了老年人对某一供给主体的优先选择和偏好，是老年人对政府养老责任的主观倾向，它同样能反映老年人对政府责任的认知。因此，本研究选择了老年人对政府供给养老服务的偏好这一变量作为替代因变量来检验以上模型的稳健性。本研究对该变量进行测量的题目为"您认为应该由谁来最先提供该项服务？"，五个备选项分别为"家庭""市场""社会组织""政府""以上共同提供"。该变量为无序类别变量，根据老年人对一项服务的供给主体的偏好进行 Mlogit 回归分析，验证表 5-6 中老年人养老责任认知 OLS 模型的稳健性。在进行 Mlogit 回归时，分别选择由家庭优先供给、市场优先供给、社会组织优先供给、多元主体优先供给为基准组进行分析，回归分析结果如表 5-7① 所示。

表 5-7 老年人对养老服务供给主体偏好的回归模型

变量		模型 5 政府 VS 家庭	模型 6 政府 VS 市场	模型 7 政府 VS 社会组织	模型 8 政府 VS 共同提供
养老服务需要		2.45 **	1.85 *	1.34 *	1.97 **
		(0.63)	(0.48)	(0.65)	(0.96)
家庭收入	低于平均收入	2.68 ***	0.84	4.50 ***	3.04 ***
		(-0.44)	(-1.18)	(-0.64)	(-0.33)
	高于平均收入	-2.89 **	-0.73	-1.43 *	1.06
		(-0.89)	(-0.79)	(-0.57)	(-0.46)

---

① 本检验的目的是了解政府作为供给主体与其他供给主体的对照情况，因此表 5-7 仅呈现了不同供给主体作为基准组时老年人选择政府为优先供给主体的回归结果。

续表

变量		模型 5	模型 6	模型 7	模型 8
		政府 VS 家庭	政府 VS 市场	政府 VS 社会组织	政府 VS 共同提供
户籍	城镇	−1.02*	−1.51*	−1.27*	−1.42*
		(−0.68)	(−0.91)	(−0.79)	(−0.84)
医疗 保险	城乡居民 基本医疗保险	0.81	−1.31	−1.27	−0.59
		(−0.94)	(−18.32)	(−18.84)	(−0.95)
	城镇职工 医疗保险	0.22	−1.01	−1.45	−0.06
		(−1.26)	(−16.56)	(−20.84)	(−1.04)
养老 保险	城乡居民 基本养老金	0.46	1.19*	0.71	−0.46
		(−0.98)	(−1.20)	(−0.88)	(−0.81)
	企业养老金	4.91**	1.29*	3.73**	4.68**
		(1.50)	(1.06)	(1.42)	(1.35)
	机关事业 单位退休金	1.48*	1.74*	0.60	1.57*
		(1.38)	(1.62)	(1.03)	(0.91)
控制变量		Yes	Yes	Yes	Yes
N		730	730	730	730

模型 5 的基准组为家庭。结果表明，相对于选择家庭作为养老服务的优先供给主体，在控制了其他变量后，老年人的养老服务需要与老年人选择政府优先供给养老服务呈显著正相关。家庭收入、户籍与养老保险影响老年人对养老服务供给主体的偏好。其中，家庭收入水平低于平均收入和高于平均收入的老年人倾向由政府供给养老服务的几率分别是平均收入老年人的 14.59（e^2.68，下同）倍、17.99 倍。养老服务需要每增加一个单位，老年人选择政府供给的几率提高 13.57 倍。城镇户籍老年人倾向由政府供给养老服务的几率比农村户籍老年人下降 64.94%。与无社会养老保险的老年人相比，享受企业养老金与机关事业单位退休金的老年人选择政府优先供给养老服务的几率分别提高 134.64 倍、3.39 倍。

模型 6 的基准组为市场。结果表明，相对于优先选择市场作为养老服务的供给主体，在控制了其他变量后，老年人的养老服务需要与老年人选择政府优先供给养老服务呈正相关，养老服务需要越多的老年人越倾向于选择由政府优先供给养老服务。城镇户籍老年人优先选择由政府供给养老服务的几率比农村户籍老年人下降 77.90%，享受城乡居民基本养老金、企业养老金、机关事业单位退休金待遇的老年人选择政府优先供给养老服务的几率分别是无社会养老保险老年人的 3.29 倍、3.63 倍、5.70 倍。

模型 7 的基准组为社会组织。结果表明，相对于选择社会组织作为养老服务的优先供给主体，在控制了其他变量后，养老服务需要每增加一个单位，老年人选择政府优先供给养老服务的几率提高 2.82 倍。家庭收入水平低于平均收入的老年人选择政府优先供给养老服务的几率是平均收入水平老年人的 90 倍，而家庭收入高于平均收入水平的老年人选择政府优先供给养老服务的几率比平均收入水平老年人下降 76.07%；享受企业养老金的老年人选择政府优先供给养老服务的几率是无社会养老保险的老年人的 41.68 倍。

模型 8 的基准组为共同承担责任的多元主体。结果表明，相对于选择多元主体作为养老服务的优先供给主体，在控制了其他变量后，老年人的养老服务需要与老年人选择政府优先供给养老服务呈正相关，养老服务需要越多的老年人越倾向于选择由政府优先供给养老服务，养老服务需要增加一个单位，老年人选择政府优先供给的几率提高 6.17 倍。家庭收入水平低于平均收入的老年人选择政府优先供给养老服务的几率是平均收入水平老年人的 20.91 倍；享受企业养老金、机关事业单位退休金的老年人选择由政府优先供给养老服务的几率分别是无社会养老保险的老年人的 107.78 倍、4.81 倍。

从以上回归分析的结果看，在不同的养老服务供给维度上，影响老年人对养老服务供给主体偏好的因素不同，当选择不同的基准组时，回归的结果变得更加复杂。但总体上，相对于家庭、市场、社会组织与多元主体共同供给，在控制了性别、年龄、婚姻状况、子女数量、健康状况等变量后，家庭收入水平较低、农村户籍、享受社会养老金的老年人更加倾向于选择政府优先供给养老服务。而收入水平低、农村户籍的老年人一般处于相对弱势的社会经济地位和社会阶层，他们依靠自身来满足养老服务需要的能力弱，政府是他们满足养老服务的可靠甚至是唯一的希望，因此他们对政府表现出较高程度的选择偏好性甚至是选择依赖性。而享受社会养老金的老年人倾向于选择政府供给养老服务则更多是因为老年人受社会保障政策的保护而对社会保障体现出的积极态度，体现了社会保障政策与民众态度之间的互动。

总体来看，上述回归结果与表 5-6 中对应的结果相似，表明老年人养老责任认知的回归结果较为稳健。政府养老服务供给责任认知的研究结果表明本研究基于需要理论、政策反馈理论的假设 H1、H2、H5 得到证实。但本研究中老年人表现出对政府养老服务供给责任的过高期待，同时理论假设 H3 被否定，假设 H4 中的医疗保险类别对政府养老责任认知基本不起作用。为进一步解释它们之间的相互作用，本研究对各变量进行了更具体的分析，以发现老年人养老责任认知形成机制。

第三节　老年人对政府养老责任认知的形成机制

一、老年人对政府养老责任认知的内在形成机制

在第二节的回归分析中，回归模型中包含了所有解释变量，为检验不同变量对养老责任认知的具体效应，本研究将各个变量逐层纳入回归模型以进一步分析不同变量的作用，结果如表 5 - 8 所示。老年人养老责任认知的内在形成机制考察的是老年人自身的内在特征变量对养老责任认知的作用，主要的变量有老年人养老服务需要、老年人的家庭收入、户籍等。

表 5 - 8　老年人养老责任认知的 OLS 回归模型（1）

变量		模型 9	模型 10	模型 11	模型 12
养老服务需要		0.15 ***	0.14 ***	0.13 ***	0.13 ***
		(0.03)	(0.03)	(0.03)	(0.03)
家庭收入	低于平均水平		5.74 ***	4.02 ***	3.57 **
			(1.38)	(1.45)	(1.51)
	高于平均水平		-0.13	1.21	0.47
			(1.89)	(1.92)	(2.08)
户籍	城镇			-5.53 ***	-5.97 ***
				(1.56)	(1.67)
医疗保险	城乡居民基本医疗保险				-0.50
					(4.23)
	城镇职工医疗保险				3.96
					(4.80)

续表

变量		模型 9	模型 10	模型 11	模型 12
养老保险	城乡居民基本养老金				8.75**
					(3.61)
	企业养老金				5.29**
					(2.54)
	机关事业单位退休金				6.08**
					(2.83)
控制变量		Yes	Yes	Yes	Yes
N		730	730	730	730
R^2		0.095	0.121	0.136	0.149

（一）养老服务需要的直接作用

由上表中模型 9-12 看出，在模型中纳入不同的变量时，养老服务需要始终对政府供给养老服务责任认知产生显著正向影响，老年人对政府养老服务供给责任认知随着养老服务需要的增长而提高，说明老年人不断增长的养老服务需要推动着老年人对政府供给养老服务责任认知水平的提高。从表 5-8 的回归结果看，养老服务需要对政府养老服务供给责任认知的稳定正向作用，表明老年人养老服务需要是老年人对政府供给养老服务责任认知形成的内在推动力，对老年人的政府养老服务供给责任认知的形成起直接推动作用。

（二）子女数量的中介和调节作用

本研究将婚姻状况、子女数量、年龄、健康状况、受教育年限等作为控制变量进行处理，是为了考查解释变量对养老责任认知的主要作用。由于控制变量对养老责任认知在以往研究中的显著贡献，本研究尝试在回归模型中逐步纳入不同的变量，探索除直接作用外，控制变量与解释变量对被解释变量是否存在间接作用，结果如表 5-9 所示。表中数据显示，养老服务需要、家庭收入、户籍都在不同程度上影响老年人的政府养老服务供给责任认知，但其作用会随着纳入变量的情况而发生变化。如将婚姻状况作为变量，已婚老年人对政府养老服务供给的责任认知显著低于孤寡老人对政府供给养老服务的责任认知，这种变化提示除了变量对政府养老服务供给责任认知的直接影响外，可能还存在间接影响。

表 5 – 9　老年人养老责任认知的 OLS 回归模型（2）

变量		模型 13	模型 14	模型 15	模型 16	模型 17	模型 18	模型 19
养老服务需要		0.15***	0.16***	0.16***	0.17***	0.15***	0.14***	0.13***
		(0.03)	(0.03)	(0.03)	(0.03)	(0.03)	(0.03)	(0.03)
性别	男	-0.73	-0.65	-0.51	-0.31	1.13	0.79	0.43
		(1.13)	(1.12)	(1.12)	(1.12)	(1.14)	(1.13)	(1.13)
婚姻状况	已婚	-2.30*	-1.84	-2.39*	-1.89	-0.93	-1.02	-1.06
		(1.34)	(1.34)	(1.38)	(1.38)	(1.38)	(1.36)	(1.35)
子女数量			1.20***	1.52***	1.52***	1.01*	0.96*	0.73
			(0.40)	(0.44)	(0.44)	(0.45)	(0.44)	(0.44)
年龄				-0.16*	-0.22*	-0.20*	-0.20*	-0.17*
				(0.10)	(0.10)	(0.10)	(0.10)	(0.10)
健康状况	较差				1.83	1.43	1.06	1.34
					(1.73)	(1.71)	(1.69)	(1.68)
	较好				-2.98*	-2.59*	-2.74*	-2.99*
					(1.24)	(1.22)	(1.21)	(1.20)
受教育年限						-0.66***	-0.35*	-0.23
						(0.14)	(0.15)	(0.16)
家庭收入	低于平均水平						5.74***	4.02***
							(1.38)	(1.45)
	高于平均水平						-0.13	1.21
							(1.89)	(1.92)
户籍	城镇							-5.53***
								(1.56)
N		730	730	730	730	730	730	730
R^2		0.038	0.049	0.053	0.067	0.095	0.121	0.136

　　在模型 13 中，性别对政府养老服务供给的责任认知无显著影响，而已婚老年人对政府养老服务供给的责任认知显著低于孤寡老人对政府供给养老服务的责任认知。模型 14 纳入子女数量这一变量后显示，在相同的婚姻状况下，每增加一个子女，老年人对政府养老服务供给责任认知增加 1.20 个单位，说明子女数量的增多并没有让老年人将养老责任转向家庭支持，养儿防

老的传统观念在本研究中没有获得支持。同时，该模型中婚姻状况对政府养老服务供给责任认知的作用不再显著。据此判断，子女数量影响了婚姻状况与政府养老服务供给责任认知之间的关系，对变量之间建立结构方程模型进行验证，模型如图 5 – 1 所示。

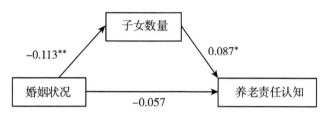

图 5 – 1 子女数量的中介作用

该模型的拟合指数如表 5 – 10 所示，从表中数据看，绝对拟合指数 χ^2/df 小于 3，RMSEA 小于 0.05，GFI 大于 0.9，相对拟合指数 NFI、TLI、CFI 均大于 0.9，表示该模型展示了较好的拟合度。

表 5 – 10 结构方程拟合指数表

指标	χ^2/df	RMSEA	NFI	GFI	IFI	TLI	CFI
拟合指数	2.564	0.046	0.970	0.922	0.982	0.951	0.981

从结构方程模型的数据分析结果看，子女数量是婚姻状况与政府责任认知的中介变量。该模型的计算结果显示，婚姻状况对政府养老服务供给责任认知的总效应为 – 0.067，直接效应为 – 0.057，间接效应为 – 0.010，婚姻状况对因变量作用的 14.92% 被子女数量所中介。因此，婚姻状况并非对政府养老服务供给责任认知不起作用，只是其作用被其他变量解释了。这个结果提示已婚的老年人对政府养老服务供给责任认知低于孤寡老人，因此政府养老服务供给应对孤寡老人加以关注。

模型 15 加入了年龄变量。结果表明，在控制了其他变量后，老年人年龄每增加 1 岁，他们对政府供给养老服务的责任认知降低 0.19。对比模型 14 与模型 15，发现子女数量对老年人养老责任认知的作用增加，说明子女数量与老年人对政府养老责任认知的关系受到年龄的影响。为了加深了解年龄、子女数量对政府养老服务供给责任认知的机制，本研究进一步做了模型调整和检验，如表 5 – 11 所示。

表5-11 老年人养老责任认知的回归模型 (3)

变量		养老责任认知	变量		养老责任认知	变量		养老责任认知	变量	养老责任认知
养老服务需要		0.14***	子女数量	1	-54.99*	子女数量	5	-4.54	3子女数量×年龄	0.28
		(0.03)			(30.06)			(30.66)		(0.35)
性别	男	-0.23		2	1.44		6	-12.61	4子女数量×年龄	-0.24
		(1.13)			(22.95)			(39.10)		(0.40)
婚姻状况	已婚	-2.69*		3	-16.63	1子女数量×年龄		0.74*	5子女数量×年龄	0.14
		(1.39)			(24.61)			(0.44)		(0.42)
年龄		-0.31		4	23.13	2子女数量×年龄		0.01	6子女数量×年龄	0.26
		(0.29)			(28.43)			(0.33)		(0.50)
N		730								
R^2		0.073								

表5-11中，在加入子女数量与年龄的交互项后，模型中有一个交互项作用显著。回归结果表明子女数量作为调节变量调节了年龄与老年人养老责任认知之间的关系，子女数量与年龄对养老责任认知的交互作用如图5-2所示。

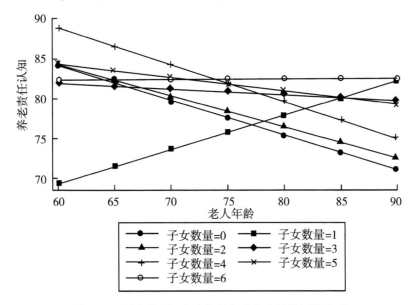

图5-2 子女数量、老人年龄与养老责任认知的关系

从子女数量对年龄与政府养老服务供给责任认知的调节效应看，随着老人年龄的增加，只有 1 个孩子的老年人对政府供给养老服务的责任认知提高，而有多个孩子的老年人对政府供给养老服务的责任认知降低或保持相对稳定。具体来说，在刚刚进入老年期时，只有 1 个孩子的老年人对政府供给养老服务的责任认知水平最低，远低于有多个孩子的老年人对政府供给养老服务的责任认知。但是随着年龄的增加，只有 1 个孩子的老年人对政府供给养老服务的责任认知逐渐上升，而拥有 2 - 4 个孩子的老年人对政府供给养老服务责任认知的趋势则与其相反，随着年龄增长他们对政府养老服务供给责任认知逐渐下降。大约在 76 岁后，只有 1 个孩子的老年人对政府供给养老服务责任认知高于拥有 2 - 4 个孩子的老年人的责任认知。已有研究也表明，年龄越小的独生子女父母越认同由子女负责和第三方负责，而年龄越大的独生子女父母越认同老人负责和政府负责。这种现象形成的原因可能是：年龄较大的独生子女父母越来越清楚地意识到养老的现实，唯一的独生子女因为生活压力大、居住空间分离等原因，难以满足他们各项养老服务需要，认为政府才是提供养老资源的最安全保障，表现出对政府养老服务供给的强烈认同①。20 世纪 80 年代初我国计划生育人口政策下的独生子女父母已经或即将进入老年期，上述研究结果预示着随着独生子女父母年龄增大，大量老年人将提出由政府承担更多养老责任的要求，政府应提前预判民众的社会政策期待并积极做好应对准备。

（三）健康状况、家庭收入、户籍的稳定影响

模型 16 - 19 显示健康状况始终显著影响政府养老服务供给责任认知，这种影响主要表现在健康状况较好与健康状况一般的老年人对政府养老服务供给责任认知的显著差异上。在控制了其他变量的条件下，与身体健康状况一般的老年人相比，身体健康状况较差的老年人对政府供给养老服务的责任认知无显著变化，而健康状况较好的老年人对政府养老服务供给责任的认知显著降低，此结果表明良好的健康状况对降低政府养老服务供给责任认知具有积极意义。

模型 18、19 中家庭收入对养老责任认知的显著负向作用表明家庭收入因素影响老年人对政府供给养老服务的责任认知，在保持其他变量不变的条件下，低于平均收入水平的老年人对政府养老服务供给责任认知始终显著高于平均收入水平的老年人。以上结果表明处于贫、病中的老年人在收入劣势与健康状况较差的双重影响下对政府养老服务供给形成过高的责任认知。模型 19 检验了户籍与政府养老服务供给责任认知的关系，结果表明，在保持其他变量不变的条

---

① 丁志宏，陈硕，夏咏荷. 我国独生子女父母养老责任认知状况及影响因素研究［J］. 兰州学刊，2021（1）：168 - 186.

件下, 城市户籍老年人对政府供给养老服务的责任认知显著低于农村户籍老年人。由于我国长期存在的城乡二元结构在社会各方面造成的巨大差距, 农村、城市之间的社会经济发展水平相去甚远, 尽管我国在扩大养老保障覆盖面、建立城乡统一的社会保障制度方面作出了巨大努力, 但是由于城乡之间的巨大差距, 农村老人仍然存在许多未被满足的低层次的需要, 根据需要的层次性和动力性特征, 农村老人希望政府供给养老服务的动力更强, 在本研究中表现为农村老人对政府养老服务供给的责任认知水平较高。

二、老年人对政府养老责任认知的外部形成机制

老年人养老责任认知的外部形成机制主要考察的是社会保障政策对老年人养老责任认知的影响, 主要涉及医疗保险类别和养老保险类别两个变量。

政策反馈理论为考察政策与民众的态度提供了很好的分析框架, 它通过资源效应和解释效应两种机制对政策与民众之间的互动进行了解释。资源效应是指公共政策向特定对象提供经济、商品或服务等资源而产生的反馈影响, 解释效应是指公共政策塑造规范、价值观和态度的能力[1]。社会政策与民众福利态度的相关研究表明, 公民对政府公共服务的积极认知与政府先前的公共服务绩效呈正相关[2], 如果公民希望从公共政策中受益, 他们就会赞成该政策, 并对该政策抱有较高的期待。从这个意义上说, 民众因为支持社会政策而成为既得利益获得者[3]。有研究表明, 公共政策与民众之间并不是僵化的, 政策对象对政策是有感受、能反应的, 公共政策与政策对象之间存在互动关系, 我国居民对由政府提供福利服务的支持不断增加[4]。尤其进入 21 世纪以来, 我国的社会政策迅速发展, 随着各项社会保障政策出现、完善和不断扩张, 人们从社会保障政策中的获利不断增多, 获得感不断增强, 各项社会保障政策的发展为老年

①　Mettler S, Soss J. The Consequences of Public Policy for Democratic Citizenship: Bridging Policy Studies and Mass Politics [J]. Perspectives on Politics, 2004, 2 (1): 55 – 73.

②　Ames O. Managing Citizens' Expectations Of Public Service Performance: Evidence From Observation and Experimentation in Local Government [J]. Public Administration, 2011, 89 (4): 1419 – 1435.

③　Toikko T, Rantanen T. Association between Individualism and Welfare Attitudes: An Analysis of Citizens' Attitudes towards the State's Welfare Responsibility [J]. Journal Of Social And Political Psychology, 2020, 8 (1): 132 – 150.

④　Dalen K. Changing Attitudes Towards Government Responsibility for Social Welfare in China Between 2004 and 2014: Evidence from Three National Surveys [J]. International Journal of Social Welfare, 2022, 31 (2): 248 – 262.

人提供的包含养老服务在内的社会保障资源对老年人的影响①充分显示了养老服务供给政策的资源效应。而政策反馈的解释效应则体现为不断发展与完善的社会保障政策塑造了老年人对福利服务的支持性态度，老年人基于这种态度形成了养老责任认知，认为政府在供给养老服务中应承担较多的责任。

（一）社会保障政策的资源效应

进入 21 世纪以来，我国社会保障目标、制度安排以及实施机制等方面都经历了深刻的变革。经过不断地探索与实践，中国共产党进一步明确了社会公平正义是社会主义意识形态的本质体现。在以人民为中心的发展思想的指引下，公平、正义和共享取代效率优先而成为社会福利制度的核心价值理念。与之相呼应，我国明确了社会保障建设的目标是覆盖全民的、高质量的、具有中国特色的社会保障体系，让全民共享改革发展成果。在社会保障发展中，社会保障体系从补缺型向适度普惠型转变，社会保障政策不断增加并快速覆盖全民。政府在社会保障体系建设和完善中发挥着主导性的作用，国家能力（特别是财政汲取能力）的增强也为社会保障政策的发展提供了强力的资源支持，各项社会保障政策获得快速发展②。得益于国家财政在社会保障上的大力投入，我国基本医疗保险的参保人数已从 2005 年的 3.17 亿上升到 2021 年的 13.64 亿，参保覆盖面稳定在 95% 以上，基本医疗保险基金（含生育保险）总收入、总支出分别为 28 710 亿元、24 011 亿元，年末基本医疗保险（含生育保险）累计结存 36 122亿元③。而基本养老保险的参保人数从 2005 年的 1.75 亿上升到 2021 年的 10.29 亿，全年城镇职工基本养老保险基金总收入 60 455 亿元，基金支出 56 481亿元，累计结存 52 574 亿元，城乡居民基本养老保险基金收入 5 339 亿元，基金支出 3 715 亿元，累计结存 11 396 亿元④。社保基金的良好发展以及参保人数的变化表明社会保障政策为民众提供的社会保障资源获得了民众的接纳和认同，参保则是人们充分权衡社会保障政策与个人利益后作出的理性选择。如图 5 - 3 所示，我国医疗保险和养老保险参保人数逐年增加，表明社会保障政

① Campbell A L. How Policies Make Citizens: Senior Political Activism and the American Welfare State [M]. Princeton, NJ: Princeton University Press, 2003: 88 - 92.

② 黄健，邓燕华. 制度的力量——中国社会保障制度建设与收入分配公平感的演化 [J]. 中国社会科学，2021（11）：54 - 73.

③ 国家医疗保障局. 2021 年医疗保障事业发展统计快报 [EB/OL]. [2022 - 03 - 04] http://www.nhsa.gov.cn/art/2022/3/4/art_7_7927.html.

④ 中华人民共和国人力资源和社会保障部. 2021 年度人力资源和社会保障事业发展统计公报 [EB/OL]. [2022 - 08 - 01]. http://www.mohrss.gov.cn/SYrlzyhshbzb/zwgk/szrs/tjgb/202206/t20220607_452104.html.

策发展获得了人们的认同和支持，民众越来越多的参保行为说明社会保障政策的资源效应对政策对象的行为发挥了作用。如前所述，我国的养老服务政策是社会保障政策的重要组成部分，政府养老服务供给在养老服务制度规划、养老服务财政支持、生活照料养老服务、养老设施服务以及信息化养老服务等方面向老年人提供了大量的养老服务资源，既体现了社会保障政策的资源效应，也成为老年人对政府养老责任认知的重要基础。

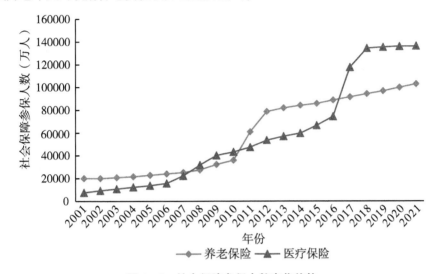

图 5 - 3　社会保障参保人数变化趋势

资料来源：1. 人力资源和社会保障部的人力资源和社会保障事业发展统计公报。
2. 国家医疗保障局的医疗保障事业发展统计公报。

（二）社会保障政策的解释效应

为进一步探索社会保障政策对政府养老服务供给责任认知的政策反馈效应，本研究分别将医疗保险和养老保险纳入回归模型，考查不同类别的社会保障政策对老年人养老责任认知的作用，回归分析的结果见表 5 - 12。

表 5 - 12　养老责任认知对社会保障政策的 OLS 回归

变量	模型 20	模型 21①
养老服务需要	0.14 ***	0.13 ***
	（0.03）	（0.03）

① 此模型与模型 12 为同一模型，本研究在此将其与模型 20 比较是为了进一步分析社会保障政策对养老责任认知形成的解释效应。

续表

变量		模型 20	模型 21
家庭收入	低于平均水平	4.41 ***	3.57 **
		(1.47)	(1.51)
	高于平均水平	0.41	0.47
		(1.98)	(2.08)
户籍	城镇	-6.37 ***	-5.97 ***
		(1.65)	(1.67)
医疗保险	城乡居民基本医疗保险	-0.68	-0.50
		(4.24)	(4.23)
	城镇职工医疗保险	2.32	3.96
		(4.64)	(4.80)
养老保险	城乡居民基本养老金		8.75 **
			(3.61)
	企业退休养老金		5.29 **
			(2.54)
	机关事业单位退休金		6.08 **
			(2.83)
控制变量		Yes	Yes
N		730	730
R^2		0.140	0.149

模型 20 - 21 检验了社会保障政策对老年人养老责任认知的影响。结果表明，在控制了其他变量后，医疗保险对养老责任认知无显著影响，养老保险对养老责任认知有显著影响，享受社会养老保险的老年人对政府养老责任认知显著高于不享受社会养老保险的老年人。王（Timothy Ka - ying Wong）等对我国香港地区市民福利服务态度的研究发现，在经济区域化及全球化的挑战下，部分香港地区市民尤其以从事服务业人士为主的香港中产阶层受到冲击，他们逐渐放弃一直坚持的自力更生的态度，转而从体制中向政府寻求更大的保护[1]。本研究的结果发现，医疗保险对老年人养老责任认知的作用不显著，而养老保

---

① Wong T K, Wan S P, Law K W. Welfare Attitudes and Social Class: The Case of Hong Kong in Comparative Perspective [J] . International Journal of Social Welfare, 2009, 18 (2): 142 - 152.

险对养老责任认知却产生显著影响。此研究结论与已有的研究结果类似，姚倩的研究同时探讨了社会医疗保险和社会养老保险对养老责任认知的影响，结果发现仅社会养老保险对养老责任认知的影响显著①。按照政策反馈理论的解释效应，社会政策会影响人们的社会政治态度，我国社会保障发展经历了深刻的理念革新和制度转型，国家在较短时间里实现了养老保险广泛覆盖、惠及全民的目标。本研究中享受社会养老保险的老年人经历了我国养老保险从无到有、从少到多的发展过程，成为我国社会保障政策的最早受益群体。从无到有、从少到多、从浅入深的社会保障政策一方面提升了人们的生活水平，另一方面引起了人们社会保障权利意识的普遍觉醒，强化了人们对社会福利服务的多样化的需要②，普惠和共享的价值观念逐渐被大众视为一种理所当然的应得权利，人们对政府社会保障的总体看法变得更为积极③。我国自上而下推动的社会福利理念和社会保障制度的变革，必然会影响到社会大众的心态，在他们看来，他们享受的社会养老保险是政府供给的，在享受社会保险为自身带来利益的同时，老年人的权利意识逐渐增强，形成了政府有责任为他们供给社会保障的态度。养老保险和养老服务是社会保障的重要组成部分，政府为老年人供给养老保险的行为使老年人对政府社会保障政策充满信任，这种积极的政府信任迁移到政府养老服务供给中，形成了老年人对政府供给养老服务责任的高水平认知，快速发展的社会保障政策成为老年人对政府养老责任认知形成的外部推动力。

第四节　老年人养老责任认知形成的双重作用理论

综合考量老年人对政府养老责任认知的内在形成机制与外部形成机制，本研究认为老年人对政府养老责任认知是在养老服务需要内在驱动与社会保障政策外部推动的双重作用下形成的，基于此，本研究提出老年人养老责任认知形成的双重作用理论。

一、养老服务需要的内在驱动作用

老年人对政府养老责任认知的内在形成机制方面，养老服务需要、健康状

---

① 姚倩. 社会保障、经济水平与居民养老责任认知——基于 CGSS（2015）数据的实证研究 [J]. 荆楚学刊，2019，20（2）：66-72.

② 郑晓燕. 中国公共服务供给主体多元发展研究 [D]. 上海：华东师范大学，2010.

③ 黄健，邓燕华. 制度的力量——中国社会保障制度建设与收入分配公平感的演化 [J]. 中国社会科学，2021（11）：54-73.

况、家庭收入、户籍制度稳定都会影响老年人的养老责任认知，养老服务需要较多、身体健康状况较差、农村户籍、家庭收入较低的老年人普遍认为政府应该承担更多的养老服务供给责任。在已有的研究中，城市老年人有更积极的养老责任认知，与农村老年人相比，他们更加倾向于由政府承担更多的养老责任①②。已有研究表明，小农经济背景下人们形成了保守、向内寻求福利的意识，而工业生产背景下人们则形成了开放、向外寻求福利的福利惯习③，基于此，本研究提出了城市户籍老年人比农村户籍老年人有更积极的养老责任认知的假设，但是这个假设在本研究中被否定了。相反地，本研究结果表明农村户籍老年人比城镇户籍老年人更加倾向于由政府承担更多的养老服务供给责任。因此，本研究认为由于农村与城市老年人在满足自身养老服务需要方面存在巨大差异，农村老年人在经济地位、社会阶层、资源获取等方面处于弱势地位，其满足自身养老服务的能力脆弱，因此农村老人对政府供给养老服务的依赖性更强，农村老年人期待政府承担更多的养老服务供给责任。同样的，身体健康状况差、家庭收入低的老年人面临相同的困境，他们依靠自身获得养老服务的能力脆弱，进而寄希望于政府承担更多的责任以保障自身获取养老服务。因此，老年人养老责任认知的内在形成机制背后是老年人自身处于弱势处境不能满足自身养老服务需要，对养老服务的强烈需要形成向外寻求满足的驱动力。在养老服务需要的驱动下，政府作为稳定存在的养老服务供给主体成为弱势老年人的依赖对象，于是老年人对政府形成了积极的养老责任认知。

二、社会保障政策的外部推动作用

从政策反馈理论的资源效应看，社会保障政策为老年人提供了老有所养的基本条件，不断完善的社会保障体系为老年人提供越来越全面的养老保障。从政策反馈的解释效应看，社会保障政策的发展使得老年人对政府形成了积极的态度，也扩大了对政府的责任认知。覆盖城乡的社会保障政策迅速发展，从无到有、发展迅速的社会保障项目保障了老年人的生活质量，也向老年人传递了积极的信息，政府在以人民为中心的发展思想指导下不断为人民谋福利。人民对社会保障的态度从观望到参与，对政府的社会保障制度建立了积极的信任感。

① 赵锋，樊正德. 代际支持、制度供给与老年人养老责任认知——基于 CGSS2015 数据的实证分析 [J]. 人口与社会，2018，34（6）：79－88.

② 范丛. 城乡居民养老观念的差异及影响因素——基于 CGSS 2013 数据的实证研究 [J]. 西南交通大学学报（社会科学版），2019，20（3）：91－98.

③ 王思斌. 底层贫弱群体接受帮助行为的理论分析 [M] //王思斌. 中国社会工作研究（第四辑）. 北京：社会科学文献出版社，2006：45.

政府在社会保障中的政策规划、财政支持等行为强化了老年人对政府责任的未来预期，推动老年人对政府形成积极的养老责任认知。已有研究表明，参加基本社会养老保险的老年人对政府养老责任的认知显著增强，不同的养老保险类别对老年人养老责任认知的作用也不同，与参加城乡居民基本养老保险的老年人相比，参加城镇职工基本养老保险的老年人更加认同政府负责养老①。本研究发现养老保险政策对老年人养老责任认知起显著正向作用，与上述研究结果基本一致。本研究证实老年人养老责任认知受养老保险政策的正向影响，但由于养老保险政策的发展是在社会保障政策扩张健全的大背景下进行的，老年人对政府养老服务供给责任认知从根本上说受到了社会保障政策的影响，是在社会保障政策的外部推动作用下形成的。

综合以上研究结论和分析，本研究提出老年人对政府养老责任认知形成的双重作用理论：老年人对政府养老责任的认知受养老服务需要和社会保障政策的双重作用影响，是在养老服务需要内在驱动和社会保障政策外部推动的共同作用下形成的。

本章小结

本章探讨了老年人对政府供给养老服务的责任认知，老年人对政府供给养老服务有较高水平的责任认知，在养老服务供给主体的优先选择方面，虽然老年人认同养老服务多元供给主体，但在养老服务设施、信息化养老服务供给方面，老年人更倾向于选择政府优先供给养老服务。老年人对政府养老服务供给的责任认知远高于责任认知的中位数，显示了老年人对政府供给养老服务的过高期待。通过对老年人养老责任认知影响因素的回归分析，本研究归纳了老年人对政府养老责任认知的内在形成机制和外在形成机制，构建了老年人养老责任认知形成的双重作用理论以解释老年人过高的政府供给责任认知。老年人对政府养老服务供给的责任认知一方面来自老年人养老服务需要的内在驱动作用，另一方面来自社会保障政策的反馈。首先，养老服务需要是政府养老服务供给责任认知的内在驱动，二者稳定正向显著相关。养老服务需要对养老服务供给责任认知起直接作用。其次，政策反馈理论的资源效应和解释效应表明，社会保障政策的扩张和发展成为政府养老服务供给责任认知的外部推动力。进入老

---

① 凌文豪，郝一潼. 老年人对政府养老责任的认知及影响因素研究——基于中国综合社会调查的实证分析［J］. 社会保障研究，2022（1）：14-25.

龄化社会后，我国社会保障制度的发展与扩张使得老年人对政府供给形成了积极的态度，享受社会保险的老年人对政府养老服务供给的责任认知高于无社会保险的老年人。社会保障政策的快速发展为民众提供了大量的社会保障资源和服务，人们基于对社会保障政策与自身的利益权衡对社会保障政策产生了积极的态度。社会保障政策塑造了老年人对政府的社会保障政策的积极预期，形成了较高水平的政府养老服务供给责任认知。总体而言，老年人养老服务需要的不断增长以及社会保障政策的快速扩张共同促进了老年人对政府养老责任认知的形成。

第六章　养老责任认知对政府养老服务供给的启示与政策优化

党和政府始终重视老年人和老龄事业，在养老服务方面投入了大量的资源，并在进入老龄化社会以后积极应对老龄化问题，出台了一系列养老服务相关政策，极大地推动了我国养老服务事业的发展。2021年11月，《中共中央、国务院关于加强新时代老龄工作的意见》将积极应对人口老龄化上升为国家战略。与此同时，我国社会主要矛盾已经转化为人民日益增长的美好生活需要和不平衡不充分的发展之间的矛盾，老年人的养老服务需要、养老责任认知等随着社会的发展而变化，老年人不断增长的养老服务需要决定了养老服务供给要随老年人的需要而不断进行调整，而老年人的养老责任认知也为养老服务提供了政策优化的依据。本章基于实证分析的结果，总结老年人养老责任认知对政府养老服务供给的启示，并结合现有的养老服务政策，提出政府养老服务供给的政策建议，以期进一步优化养老服务供给，更好地满足老年人的养老服务需要，提升老年人生活质量，实现政府高效、精准供给养老服务的政策目标。

第一节　养老责任认知对政府养老服务供给的启示

一、养老服务需要制约老年人对政府养老责任的认知

本研究显示，养老服务需要制约老年人的养老责任认知，养老服务需要与老年人对政府供给养老服务的责任认知呈正相关。通过对老年人养老服务需要与老年人养老责任认知的回归分析发现，老年人对政府养老服务供给责任认知水平随着养老服务需要的增长而提高，说明老年人不断增长的养老服务需要推动着老年人对政府养老服务供给责任认知水平的提高。党的十九大报告指出，随着中国特色社会主义进入新时代，我国社会主要矛盾已经转化为"人民日益增长的美好生活需要和不平衡不充分的发展之间的矛盾"。人的需要具有层次

性和无限性，改革开放 40 多年来中国社会的持续快速发展让人民生活发生了巨大改变。从解决温饱问题到总体上达到小康水平，再到全面建成小康社会，人民对美好生活的需要不断发生变化，这不仅表现在老年人的养老服务需要层次不再局限于最底层的物质生活需要，而且表现为老年人开始追求更高品质生活的养老服务需要。本研究发现，老年人的生存型需要已经不是最优势的养老服务需要，他们的生存型需要与发展型需要已经并行存在，这充分说明老年人在养老服务方面存在日益增长的美好生活需要。而我国目前仍处于不充分不平衡的发展中，"不充分"着眼的是发展的数量问题。尽管目前我国经济体量已发展至世界第二，但人均 GDP 仍然较低，与发达国家相比，还存在较大的发展空间。"不均衡"则着眼于发展的结构与质量问题，如我国城乡发展不平衡、地域发展不平衡、一般商品与公共产品发展不平衡等①。在社会发展水平和人们生活水平普遍提高的大背景下，老年人的养老服务需要朝着更美好的生活方向发展，养老服务需要的数量和质量都得到大幅提升，老年人养老服务需要从生存型需要向发展型需要转变，老年人在需要的驱动下通过不同养老服务供给主体供给的养老服务满足自己的需要。但是正如上文中分析到的，对一部分老年人而言，目前养老服务供给主体存在"家庭靠不住、市场靠不起、社会组织靠不上"的境况，作为养老服务供给的稳定且可靠的存在，老年人赋予了政府更多的养老服务供给责任期待。

从老年人养老责任认知的回归结果看，养老服务需要对政府养老服务供给责任认知的稳定正向作用表明老年人养老服务需要是政府养老服务供给责任认知形成的内在推动力，对老年人的政府养老服务供给责任认知的形成起直接推动作用。但这并不意味着对所有需要都不加选择地予以满足。人民群众的美好生活需要是日益增长的、动态的过程，满足人民群众需要也应该是一个渐进的、动态的过程，有必要按步骤、分类别、分层次地满足，不能一蹴而就。必须对需要本身的性质加以科学区分，处理好理想性需要和现实性需要的关系。那些合乎实际、可行性强、符合人民根本利益的需要，应该成为政府养老服务供给的聚焦点与发力点，按照需要本身的紧迫性与重要性依次有步骤地加以满足②。而那些还缺乏实现条件、实际上有悖于人民利益的不切实际的需要，其供给责任不应该由政府而应该由家庭、市场或社会组织等承担。

---

① 赵麦茹，王勇. 理解当代地方政府行为：70 年历史演化及其逻辑 [J]. 商丘师范学院学报，2021，37（1）：54 - 66.

② 高峰，胡云皓. 从马克思的需要理论看新时代中国社会主要矛盾的转化 [J]. 当代世界与社会主义，2018（5）：64 - 69.

本研究还发现，子女数量与老人年龄对政府养老服务供给责任认知起调节作用。随着年龄的增加，只有1个孩子的老年人对政府养老服务供给责任认知提高，而有多个孩子的老年人对政府养老服务供给责任认知降低或保持相对稳定。以往有研究表明，独生子女父母来自子女的养老服务支持显著少于多子女家庭的父母，且他们更多选择社区养老或机构养老而较少选择家庭养老①。有学者将其称为"责任伦理现象"，老年人不计回报地强调自己对后代的责任与义务，当面对子女对老人的赡养责任时则更多表现宽容，并尽力寻求自身或其他渠道解决，减轻子女赡养负担②。在计划生育政策背景下执行了独生子女政策的人群已经或即将进入老年期，如何应对他们随年龄增加而提升的政府养老服务供给需求应当进入政策设计者的视野。

二、老年人赋予政府过高的养老服务供给责任

本研究发现，健康状况、家庭收入因素对政府养老服务供给责任认知的作用显著，处于贫、病中的老年人在收入劣势与健康状况较差的共同影响下对政府养老服务供给形成过高的责任认知。在社会服务的分配过程中，社会服务的获取和报酬之间在很多时候并没有必然联系，一个社会中的公共部门承担着不以经济效益为目的的公共服务的供给，政府对贫病交加的老年人负有供给养老服务的责任。然而，除贫病老年人赋予政府较多的养老服务供给责任，本研究还发现，被调查的731名老年人对政府作为养老服务优先供给主体的主观认知意愿皆比较强烈，对政府供给各类养老服务有较高水平的责任认知。就老年人整体而言，他们对政府供给养老服务、养老设施服务、信息化服务的责任认知的得分均超过了中位数62.50，显示了老年人对政府供给养老服务的过高责任期待。

老年人经历了改革开放后我国经济快速发展的阶段，见证了政府完善养老服务保障的过程，是我国经济发展的建设者，也是养老保障服务体系的最早受益者。随着建设服务型政府目标的提出，政府在公共服务、民生建设、社会保障等方面承担了大量责任，这充分体现了我党以人民为中心的执政理念。老年人对政府养老服务供给责任的积极认知是对政府未来行为的一种预判和倾向性的心理模式，是基于过去相当长的一段时期内既有良好经验而对政府产生的信

---

①　黎秋菊.独生子女家庭老年人养老准备及其对养老压力的影响研究［D］.杭州：浙江大学，2018.

②　杨善华，贺常梅.责任伦理与城市居民的家庭养老——以"北京市老年人需求调查"为例［J］.北京大学学报（哲学社会科学版），2004（01）：71-84.

心与亲近感，因此这种高水平的责任认知体现了民众对政府的长期而稳定的支持性态度①。总体来看，老年人对政府养老服务供给责任认知较高的原因可能在于以下两方面：一方面，养老服务是介于公共物品与私人物品之间的准公共物品，政府理应承担一定的供给责任，因此老年人基于对政府供给责任的理解认为政府应当供给养老服务。另一方面，老年人认为政府应当优先供给养老服务可能与老年人的经济水平和消费习惯有关，多数老年人的收入尚达不到从市场购买养老服务的水平②，而家庭供给养老服务的能力又大大降低，同时社会组织发育仍不够成熟，导致目前养老服务供给处于"家庭靠不住、市场靠不起、社会组织靠不上"的境地，在政府公共服务供给的实践中，老年人认为政府供给养老服务是最可靠的途径，于是他们赋予了政府更多供给养老服务的责任期待。

但应该注意的是，现在部分老年人对政府提供公共服务职能的理解出现了偏差和错位，对自我责任和政府责任存在着观念上的混淆，个别老年人甚至将"公共服务"视为其"私人服务"的一部分，对政府抱有"全托型政府"期待③。有学者认为，我国居民的"福利依赖"正在逐渐形成，人们越来越多地把自身福利的提升归责于政府，而对于自身应承担的责任则避而不谈④。同时，我国自20世纪80年代前后开始实行计划生育政策，第一代独生子女父母正将或已经进入老年期，当时严格生育政策控制下"只生一个好，政府来养老"的宣传口号传播了国家可以保障人们晚年生活的观念⑤，因此当他们真正进入老年期，这部分人认为政府应有更多的责任供给养老服务。另外，我国老年人的收入差距巨大，相当一部分老年人贫困问题突出，在不利的经济状况的作用下，处于弱势的经济社会地位的老年人只得依赖政府供给养老服务，而老年人获得政府正式支持的经历使得老年人进一步提高了他们对政府供给养老服务的责任认知。

---

① 余泓波，吴心喆. 民众对政府治理的依赖如何塑造其政府信任 [J]. 社会科学战线，2018 (9)：202-212.

② 李兵水，时媛媛，郭牧琦. 我国居家养老服务供给主体分析——从老年人对居家养老服务供给主体的期望的视角 [J]. 广西经济管理干部学院学报，2012，24 (2)：14-24.

③ 邢占军. 群众"全托型政府"期待与服务型政府建设 [J]. 人民论坛，2021 (2)：48-50.

④ 崔树义，杜婷婷. 居家、社区、机构养老一体化发展研究 [J]. 东岳论丛，2021，42 (11)：36-44.

⑤ 陆杰华，王馨雨，张雁雯. 社会转型背景下不同代际队列的养老责任观念变化探究——来自2015年中国综合社会调查数据的验证 [J]. 华中科技大学学报（社会科学版），2019，33 (2)：105-115.

三、农村老年人过分倚重政府养老服务供给

当前中国农村人口老龄化程度高于城市，人口老龄化呈现城乡倒置的特征。家庭曾经是农村老年人重要的服务供给主体，但是城镇化进程不断加深、生活方式的根本性改变、农村独生子女等现实问题使得家庭供给养老服务的可能性降低。与此同时，农村社会养老事业发展处于起步阶段，社会养老资源匮乏、支持能力不足，目前农村老人普遍享受的是城乡居民基本养老金待遇，但低水平的养老金很难满足其基本的生活需要。即使子女对老年人进行经济反哺，大多数农村老人也难以实现从养老服务市场购买养老服务。

本书认为，农村户籍老年人对政府养老服务供给责任认知显著高于城市户籍老年人。由于我国长期存在的城乡二元结构在社会各方面造成了巨大差距，农村、城市之间的社会经济发展水平相去甚远，尽管我国在扩大养老保障覆盖面、建立城乡统一的社会保障制度方面作出了巨大努力，但是由于城乡之间的巨大差距，农村老人仍然存在许多未被满足的低层次的需要，根据需要的层次性和动力性特征，农村老年人期待政府供给养老服务的动力更强，在本研究中表现为农村老年人对政府养老服务供给的责任认知水平较高。农村老年人的养老责任认知是基于客观养老资源的反映。在农村社会经济文化变迁中，家庭养老资源减少，社会养老服务逐渐开始发展，老年人的养老责任认知也随之发生变化，倾向于由政府承担更多养老服务供给责任。

四、社会保障政策强化老年人对政府养老责任的认知

政策反馈理论阐释了公共政策与人们的态度之间的互动，公共政策的执行向人们提供了福利或服务资源，这种供给能够让人们产生获得感或剥夺感，人们据此形成对该公共政策的支持或反对的态度。本研究论证了政策反馈理论的资源效应和解释效应，认为社会保障政策为老年人维持一定水平生活质量提供了基本保障，而社会保障政策的扩张和发展成为政府养老服务供给责任认知的外部推动力。以往研究也发现，政府应通过对个体民生福祉的保障和改善，切实有效回应人们的实际诉求，有效提升人们的生活质量，在维护社会公平公正的条件下增进个体民生保障获得感①。因而，社会保障制度能够增加政府信任，

---

① 胡荣，段晓雪. 农民的民生保障获得感、政府信任与公共精神［J］. 西北农林科技大学学报（社会科学版），2023，23（2）：103－112.

即享受某种社会保障政策能够显著提高个体的政府信任①。人们对社会保障制度的信任是社会保障制度建设的基础，也是评价社会保障有效性的重要指标。社会保障制度是解决社会问题和确保社会良性运行的重要手段。本研究中，与无社会养老保险的老年人相比，享有社会养老保险的老年人认为政府应该承担更多的养老服务供给责任，这可能与老年人对社会保障制度的积极经验较多并享受过制度红利有关。进入老年期的这一代人是伴随着我国现代社会保障制度发展的一代人，政府的社会保障制度的积极良性发展增加了他们对政府的信心。制度化的社会保障塑造了老年人对社会保障政策的积极态度，老年人对未来全面、充分的社会保障供给充满期待，而政府作为社会保障制度的设计者、分配者和执行者，自然成为社会保障供给主体的代言人，老年人将对社会保障制度的信任和期待全部转向了政府。社会保障制度的发展与扩张使得老年人对政府供给形成了积极的态度，社会保障政策的快速发展为民众提供了大量的社会保障资源和服务，人们基于对社会保障政策与自身的利益权衡而对社会保障政策产生积极的态度和行为，社会保障政策塑造了老年人对政府的社会保障制度的积极预期，形成了较高水平的政府养老服务供给责任认知。

第二节　政府养老服务供给的优化路径

一、加强养老服务需要管理

（一）树立养老服务需要管理的理念

从我国政府供给养老服务的实践看，我国的养老服务供给取得了重大进步，切实提升了老年人的生活质量，充分体现出我国以人民为中心提高民生保障的发展理念。但在养老服务供给中尚存在一些问题，比如政府养老服务供给滞后于老年人的养老服务责任认知，有限的养老服务资源与老年人日益增长的养老服务需要之间存在着一定的矛盾，养老服务的供需之间存在错位，政府主导的养老服务供给内容偏离老年人真实的养老服务需要，政府的决策偏好取代老年人的偏好等②。本研究发现目前老年人养老服务需要被满足情况并不十分理想，

---

① 孔泽宇，严新明. 农村最低生活保障制度的政府信任效应：理论分析与实证检验 [J]. 湖南农业大学学报（社会科学版），2023，24（2）：58－67.

② 陈水生. 公共服务需求管理：服务型政府建设的新议程 [J]. 江苏行政学院学报，2017（1）：109－115.

在有养老服务需要的老年人中，42.81%的老年人养老服务需要获得了满足，其中政府供给了15.83%，老年人部分的养老服务需要仍然没有被满足。除了供给总量不足以外，造成以上问题的原因还在于养老服务供给中忽略了对老年人的养老服务需要的动态评估与管理。由于老年人的养老服务需要是不断变化的，仅仅增加供给量并不足以也不可能提升养老服务的供给效率，必须从老年人的需要出发，对老年人的需要进行研究和管理。

养老服务需要管理，是政府在养老服务供给过程中对老年人的需要偏好和需要信息进行调查、分析和决策的全过程。养老服务需要管理要求管理部门通过一定的方法收集老年人的养老服务需要信息，这是养老服务供给最重要的前提。对于收集到的老年人的养老服务需要信息，要进行科学分析，识别出不合理的需要，并根据需要层次区分生存型需要、享受型需要与发展型需要，增加需要和供给的匹配度，提升政府养老服务供给的有效性。

（二）以需定供提升养老服务供给效率

养老服务需要管理中的关键环节是从老年人的养老服务需要出发评估老年人的养老服务需要，评估的方式可以分为自上而下评估与自下而上评估两种。自上而下的评估方式比如听证会、协商民主、基层调研、慰问走访等，自下而上的评估方式比如市长热线、信访表达等。在互联网高度发达的今天还可以借助大数据技术，通过网络数据来了解老年人的养老服务需要。全方位的评估可以全面了解老年人的养老服务需要，更精准把握老年人的养老服务需要。

无论采取哪种方法进行养老服务需要评估，科学评估是最重要的技术性议题。一方面服务型政府要在可行能力范围内满足老年人的养老服务需要，另一方面如果老年人的需要超出了政府的供给范围，那么就需要专业人员对老年人的养老服务需要与政府供给的契合性进行研判，最后根据需要评估结果形成养老服务供给决策。只有经过科学评估的养老服务才能够更好地满足老年人的需要，避免养老服务供给的错位，提高养老服务的供给效率。

（三）坚持养老服务需要管理中的政府主导

尽管现代养老服务由家庭、市场、社会组织、政府等多元供给主体提供，但政府除了与其他主体共同承担生活照料服务、养老设施服务、信息化养老服务等，还承担了养老服务制度规划、财政支持等责任，因此在养老服务需要管理过程中，政府的主导地位依旧不能改变。我国还没有建立专门的养老服务需要管理体系，有学者建议成立公共服务需要管理中心进行公共服务需要统一管理，但这种做法在现阶段并不可行①。目前可以充分利用智库、专家学者、市长热线等渠道开展老年人养老服务需要管理工作，政府统筹主导，并最终决定养老服务的政策输出和服务递送。

老年人对养老服务的需要程度是不同的，这种差异被称为需求弹性②。首先，政府应该重点供给那些弱弹性或无弹性且能体现老年人优势需要的养老服务。本研究发现老年人对政府供给养老服务责任认知水平较高，反映了老年人不断增长的养老服务需要和对政府供给养老服务的积极预期。但也有研究表明，我国老年人的养老服务需要与行为之间存在明显的偏差，近30%的老年人并未将养老服务需要转化为实际的利用行为③。因此政府除了要收集、评估养老服务需要，还要对老年人的养老服务需要进行引导，重点引导老年人表达弹性弱的养老服务需要，尤其是引导老年人表达生存型养老服务需要。其次，进行养老服务需要管理，要对养老服务政策合理宣传，不可过高承诺，要在正确理解党和政府有关政策的基础上，结合当地实际情况制定和宣传养老服务政策，使公众清楚这些政策的真实效果从而理性分析并作出决定，这种双向的了解和认知既有利于政策的推行，又有利于老年人需要的合理表达，不至于因要求过高、表达过度而使政府陷入被动，避免供需脱节与错位现象④。总之，在政府供给养老服务满足老年人对美好生活的需要的过程中，一方面应充分尊重老年人的养老服务需要，以需要评估结果作为供给养老服务的依据，但另一方面也应该合理识别不切实际的养老服务需要，由家庭、市场或社会组织等承担该类型服务的供给责任，力戒一味迎合群众需要的尾巴主义⑤。

二、健全兜底与普惠相结合的养老服务供给模式

本研究结果表明，不仅贫病老年人对政府有较高的责任认知，老年人整体都对政府赋予了过高的养老服务供给责任认知。长期以来，我国从补缺型福利

---

① 陈水生. 公共服务需求管理：服务型政府建设的新议程 [J]. 江苏行政学院学报，2017 (1)：109 – 115.

② 郭竞成. 农村居家养老服务的需求强度与需求弹性——基于浙江农村老年人问卷调查的研究 [J]. 社会保障研究，2012 (1)：47 – 57.

③ 曾起艳，何志鹏，曾寅初. 老年人居家养老服务需求意愿与行为悖离的原因分析 [J]. 人口与经济，2022 (2)：87 – 103.

④ 邓念国，李颖. 迈向精准化：传统公共服务供给双重困境之新解 [J]. 天津行政学院学报，2019，21 (6)：50 – 59.

⑤ 高峰，胡云皓. 从马克思的需要理论看新时代中国社会主要矛盾的转化 [J]. 当代世界与社会主义，2018 (5)：64 – 69.

理论出发将养老服务认定为个人和家庭的责任①，2004 年国务院提出要构建
"覆盖城乡的社会保障制度"后，民政部于 2007 年开始推行"适度普惠型"社
会福利政策。经过多年的实践，我国的养老服务仍然处在兜底取向与"兜底 +
普惠"并存的发展阶段。从地方的实践看，我国不同地方在养老服务供给中采
取了不同的模式，如北京、山东采取兜底型模式，上海、安徽等则采取"兜底 +
普惠"相结合的模式②。本研究发现老年人的需要并未被充分满足，而且老年
人对政府养老服务供给有较高的期待。面对老年人多样化的养老服务需要，是
否应该不加区分地无条件予以满足？有观点认为，尽管我国老年人的养老服务
需要正在从生存型需要向发展型需要转变，但是基于同质性与共同性的社会普
遍需要和基于个体性与个别化的个性需要的供给路径有差别，社会普遍需要更
多地依赖公共财政，而个性需要的实现对公共财政的依赖程度较低。因此，政
府养老服务供给应该优先满足的是老年人的普遍需要，其次才是老年人的个性
需要，基于个人"基本需要"的"社会普遍需要"是政府养老服务供给的核
心③。因此对于有更迫切需要的贫病老年人和普通老年人，政府在养老服务供
给中要坚持满足普遍需要的兜底供给与满足个性需要的适度普惠供给相结合的
原则。

（一）确保底线公平下的兜底供给

养老服务作为社会保障体系的有机组成，具有福利刚性的特点，养老服务
供给一旦扩大或提高，就难以撤销或降低，否则就会引发民众的不满或社会不
稳。西方国家的社会保障制度改革已经证明，要对已经定型的社会保障或养老
服务制度向下进行调节，具有相当的难度且成本很高④。因此，政府养老服务
供给要充分考虑先发国家的前车之鉴，在兜底性救助和普惠性扩张之间谨慎确
立可持续发展的养老服务供给制度和原则。如何确保兜底供给能够兜得住？本
研究建议遵循底线公平理论制定养老服务政策。

底线公平理论是从中国问题出发所作的关于社会保障和社会福利的基础性
理论探讨⑤。底线公平在于保障公民的基本生存权利，其中的底线是指社会成

① 姚俊 . 居家养老服务市场化：何以可能与何以可为 [J] . 兰州学刊，2017（8）：152 - 160.
② 胡宏伟，蒋浩琛 . 我国基本养老服务的概念阐析与政策意涵 [J] . 社会政策研究，2021（4）：16 - 34.
③ 罗静，沙治慧 . 社会保障"基本需要"的理论解释及启示 [J] . 社会保障研究，2019（1）：51 - 57.
④ 景天魁 . 底线公平与社会保障的柔性调节 [J] . 社会学研究，2004（6）：32 - 40.
⑤ 景天魁 . 底线公平概念和指标体系——关于社会保障基础理论的探讨 [J] . 哈尔滨工业大学学报（社会科学版），2013，15（1）：21 - 34.

员的基本需要，它划分了社会成员权利的一致性和差异性，底线以下部分体现权利的一致性，底线以上部分体现权利的差异性，所有民众在这条"底线"面前所具有的权利一致性就是底线公平。底线以下的养老服务基本没有弹性，是老年人的刚性需要，这类养老服务必须由政府提供。而在底线之上的其他服务可以有弹性，它的责任应当由家庭、市场、社会等主体负责，并可以引入市场化机制运行。因此底线公平实际上体现出两种公平，即底线以下的无差别的公平和底线以上的有差别的公平。

在公共服务供给的实践中，公共服务被分为基本公共服务和非基本公共服务，据此分类，本研究将养老服务分为基本养老服务和非基本养老服务。基本养老服务是各供给主体为维持老年人生存而提供的服务，主要的供给主体涉及政府、家庭等，如本研究中的生活照料养老服务；非基本养老服务主要是为满足老年人的发展需要和享受型需要而提供的服务，供给主体包括政府、家庭、市场、社会组织。根据底线公平理论，基本养老服务可以称为底线以下的养老服务，非基本养老服务可称为底线以上的养老服务。我国养老服务在城乡、区域、社会经济地位等方面尚存在不同的层次性，底线公平方案可能是最积极稳妥、切实可行的方案①。对于底线及以下部分的养老服务供给应实行无差别的公平原则，是刚性的，主要由政府承担；底线以上部分的养老服务供给则实行有差别的公平原则，是柔性的，由社会、家庭、市场等主体承担②。因此，在构建适度"普惠型"养老服务体系时，要首先满足"底线"水平下的养老服务需要，然后扩大"底线"之上的养老服务提供。

本研究中，老年人养老服务需要和老年人对政府供给养老服务的责任认知呈显著正相关，社会经济地位弱势的老年人对政府养老服务供给有更高的责任认知。结合本研究结果，政府养老服务供给应该以老年人的健康状况、收入等作为重要的指标以确定供给底线，结合当地的实际情况，重点将具有健康状况较差、收入较低等特征的老年人作为底线公平下的供给对象。

(二) 扩大底线之上的适度普惠供给

老年人的养老服务需要不断增长，政府养老服务供给不能有效满足老年人的养老服务需要。如果政府仅仅承担底线以下的极少数弱势老年人的供给，那么这种供给不足以体现社会保障制度的公平性，因此底线既要对供给对象作出区分，又要体现公平。公平的体现就是供给的适度，既要对底线以下的刚性福

---

① 毕天云，朱珠. 社会福利公平与底线福利制度建设 [J]. 云南民族大学学报 (哲学社会科学版)，2013 (5)：70 – 76.

② 景天魁. 用底线公平来推动社会保障的"制度整合" [N]. 中国经济导报，2013 – 08 – 17.

利服务给予适度水平的供给，又要对底线以上的部分承担适当范围的供给，建设适度普惠的、公平的社会福利体系，这充分体现了底线公平的理论内涵，也是社会发展的内在要求，并应当逐步内化为政府的一项基本职能和制度①。适度普惠的养老服务重视在改革发展进程中，不断调整社会福利提供方式和水平，达到不断提高人民福祉水平的目的，又可避免政府责任无限扩大，超出经济和社会发展水平而掉入高福利的陷阱②。

本研究发现，57.19%有养老服务需要的老年人得不到满足，占所有老年人的26.69%，最可能的原因就是这部分老年人自身获得养老服务的能力较弱，无法获得养老服务资源，但同时自己的社会经济条件尚达不到政府设定的养老服务供给门槛。这部分老年人就处在政策不及与自己不能的夹缝中，他们的养老服务需要无法获得满足。就目前我国养老服务供给的实际情况看，如果仅仅将政府养老服务供给限定于较低水平和较小范围的救助层面，必然有很多老人将陷入老无所依、家庭将陷入受老拖累的境地。因此，在兜底救助的基础上，发展适度普惠的养老服务供给制度符合当下老龄化社会的实际情况。适度普惠型养老服务体系的服务对象是全体老年人，这就要求在构建适度普惠型养老服务体系时，要照顾到绝大多数老年人的基本需要，坚持维护社会公平，让全体老年人都能享有基本的养老服务。但是，坚持公平并不意味着绝对平均，合理的差别才是公平③。差别与效率对应，以"底线"为分界线，考虑到不同老年人的具体养老服务需要、身体状况和经济条件不同，应针对老年人之间的差异性，"底线"以上或以外的部分由市场、企业、社会组织或者政府去承担④，增强养老服务的灵活性和有效性，使适度普惠型养老服务体系能够更加有效地为老年人提供养老服务，在我国社会主义初级阶段的社会现实下，构建与我国现阶段经济社会发展水平相适应的广覆盖、保基本、多层次、可持续的养老服务体系⑤。

扩大底线以上养老服务供给的目的是增加老年人的养老服务，提升老年人的生活品质，其供给责任绝不能仅由政府独自承担，适度普惠的养老服务供给

① 栾文敬，刘雅岚. 基于底线公平的适度普惠型社会福利体系构建——我国"负福利"现象引发的思考 [J]. 福建行政学院学报，2013 (2)：22-29.

② 万国威. 我国社会福利制度的理论反思与战略转型 [J]. 中国行政管理，2016 (1)：15-22.

③ 景天魁. 底线公平与社会保障的柔性调节 [J]. 社会学研究，2004 (6)：32-40.

④ 栾文敬，刘雅岚. 基于底线公平的适度普惠型社会福利体系构建——我国"负福利"现象引发的思考 [J]. 福建行政学院学报，2013 (2)：22-29.

⑤ 许加明. 适度"普惠型"养老服务体系的构建研究 [J]. 社会福利（理论版），2018 (11)：21-26.

需要多元养老服务主体共同努力。景天魁在总结了世界上早期设立社会保障制度国家的社会保障支出水平与社会发展特点后指出，社会保障支出水平维持在一国 GDP 的 10% 及以内时，失业率较低，经济发展较快，社会经济处于繁荣稳定状态。欧洲国家在工业化高速发展时期的社会保障支出水平占 GDP 的 10%，之后欧洲国家的经济发展速度放缓，由于当时普遍缺乏对 GDP 与社会保障支出水平关系的明确认识，对福利支出承受能力估计过于乐观，加上社会福利成为西方政党竞争中获取公民选票的重要手段，导致西方国家的社会保障水平节节攀升，基本稳定在一国 GDP 的 20% ～30% 之间。尽管 20 世纪 70 年代以后，西方进行了大规模社会福利改革，但是由于社会福利具有刚性特征，社会保障支出再也回不到占 GDP 总额 10% 的时代了①。因此，适度普惠型养老服务体系的构建必须坚持可持续发展的原则，要立足于经济社会发展的现状，使养老服务体系与我国经济社会发展水平相适应，不能一味追求高品质的养老服务，而忽略了现阶段我国的基本国情，导致经费投入过多而出现财政赤字，避免出现福利国家的福利病②。

本研究发现老年人对政府养老服务供给责任认知偏高，然而任何一个政府都不可能做到对所有民众有求必应，我国目前不平衡不充分的发展现实决定了政府养老服务供给只能采取尽力而行和量力而为的策略。因此，要理性看待老年人较高水平的政府养老服务供给责任认知，老年人对政府责任的高水平认知是老年人因自身无法满足需要而对政府形成的信任表达。政府在政策实践中要坚持兜底与适度普惠相结合，在经济发展尚不平衡不充分、养老资源还不丰富的情况下，明确基本公共养老服务责任边界是确保养老服务整体公平性的保障，政府应着力发挥"兜底"作用，确保需要最强烈的弱势老人获得基本养老服务③，再逐渐发展适度普惠的养老服务。

（三）动态调整基本养老公共服务清单

公共服务清单是政府权责清单的重要组成部分，在转变政府职能、强化政府公共服务职责、制约行政权力、优化资源配置等方面具有重要作用。2017 年年初，国务院公布《"十三五"推进基本公共服务均等化规划》，提出建立基本

---

① 景天魁. 底线公平与社会保障的柔性调节 [J]. 社会学研究，2004（6）：32 –40.
② 许加明. 适度"普惠型"养老服务体系的构建研究 [J]. 社会福利（理论版），2018（11）：21 –26.
③ 钟慧澜. 中国社会养老服务体系建设的理论逻辑与现实因应 [J]. 学术界，2017（6）：65 –77.

公共服务清单制度①。2020 年前后，各地开始出台基本养老公共服务清单，昭示着政府开始以制度化的形式厘定自身在养老服务供给中的责任。

山东省民政厅等 11 部门于 2020 年 6 月联合印发《山东省基本养老公共服务清单》，确定了特困老年人兜底保障项目、困难老年人养老服务项目、普惠型老年人服务和优待项目、养老服务优惠扶持项目等 4 大类 15 项具体服务项目。该清单明确指出，要健全动态调整机制，根据经济发展水平、老年人养老服务需要的变化，适时调整清单项目。有学者研究了我国目前的养老服务清单，发现尽管山东省的养老服务清单中涉及了普惠型老年服务，但是仍然具有兜底为主的特点，主要表现为绝大多数项目对养老服务对象的高度选择②。随着中国特色社会主义进入新时代，我国社会主要矛盾已经转化为"人民日益增长的美好生活需要和不平衡不充分的发展之间的矛盾"，老年人的养老服务需要不断增长、迅速发展，而老年人福利服务供给的增长滞后于经济领域的增长，老年人的养老服务需要得不到充分的回应③。因此，在基本养老公共服务清单内容的落实执行中要注重反馈机制，根据老年人的需要状况调整清单项目，推动政府养老服务供给的内容和数量，将更多的老年人纳入养老服务供给对象体系④。

三、进一步加大农村养老服务供给

在我国社会保障制度发展的历程中，我们用多元制度安排基本实现了覆盖全体城乡居民的社会保障体系，但大多数制度仍然处于城乡分割的状态，并且城乡居民之间的待遇差距亦有扩大的趋势⑤。在养老服务方面，我国长期以来走的是一条"重城市、轻农村"的道路，导致城乡社会养老服务发展极其不平衡，农村养老服务体系建设严重滞后于城市⑥。这与中国老龄化发展呈现出的

---

① 李红星. 地方政府构建基本公共服务清单制度的维度分析［J］. 学术交流，2019（10）：124 – 130.

② 胡宏伟，蒋浩琛. 我国基本养老服务的概念阐析与政策意涵［J］. 社会政策研究，2021（4）：16 – 34.

③ 赵麦茹，王勇. 理解当代地方政府行为：70 年历史演化及其逻辑［J］. 商丘师范学院学报，2021，37（1）：54 – 66.

④ 李红星. 地方政府构建基本公共服务清单制度的维度分析［J］. 学术交流，2019（10）：124 – 130.

⑤ 鲁全. 新时代中国社会保障体系建设的路径——兼论"十四五"时期社会保障改革新要求［J］. 行政管理改革，2021（4）：42 – 50.

⑥ 丁志宏，陈硕，夏咏荷. 我国独生子女父母养老责任认知状况及影响因素研究［J］. 兰州学刊，2021（1）：168 – 186.

城乡倒置现象大相径庭①。本研究发现农村户籍老年人对政府养老服务供给责任认知显著高于城市户籍老年人，且农村老人面临的是更多的村落空心化、自我保障能力弱等现实困境，建议政府在养老服务供给上向农村地区倾斜。

（一）重视农村老年人的基本养老服务需要

我国农村老年人的收入主要来自劳动收入、城乡居民基本养老金、子女支持等。但是，由于老年人劳动能力不足以及农村劳动力市场有限导致农村老年人的劳动收入水平低且不稳定。老年人养老金收入方面，据人力资源和社会保障事业发展统计公报与国家统计局的数据显示，2021 年年末，我国城乡居民基本养老保险参保人数为 54 797 万，实际领取待遇人数 16 213 万，其中 95% 是农村居民，超过 1.6 亿城乡老年居民按月领取养老金。不能否认，在人口基数如此庞大的社会中，城乡居民基本养老保险对保障和改善民生、调节收入分配、增进人民福祉发挥了积极作用。但我们也应该看到，城乡居民基本养老保险的水平比较低，以山东为例，根据山东省统计局 2021 发布的数据，山东省居民基本养老金最低标准为 150 元，而企业退休人员月平均养老金为 3 127.2 元，机关事业单位退休金甚至更高②。城乡居民基本养老保险的水平远低于其他类型的养老金水平，且随着我国个人养老金制度的陆续实行，城乡差距将进一步加大。另外，由于计划生育制度的实施以及城市化进程中农村人口向城市流动，农村家庭少子化、空巢化使得传统的养老模式难以为继。

由于经济上的脆弱、社会保障的不足、养老服务资源的缺失，农村养老服务面临如下困境：政府缺乏对农村养老问题的足够重视；养老服务体系处于一种残缺型福利状态；养老机构无法满足老年人多元化的需求；较低的社会保障水平难以确保老年人的医养需要③。农村老年人是养老服务需要不能被满足的弱势群体，农村老年人许多方面的需要处于"需而无解"的境况，因此农村老年人应该成为政策关注的重点人群。

（二）拓展农村养老服务供给的路径

中华人民共和国成立 70 多年来，尽管政府养老服务供给总体上呈现从大包大揽到被动消极再到理性回归的过程，但是养老服务供给在改革开放以后的农

① 陈欣欣，陈燕凤，龚金泉，等. 我国农村养老面临的挑战和养老服务存在的突出问题 [J]. 中国农业大学学报（社会科学版），2021，38（4）：64 - 77.

② 山东省统计局. 2021 年山东省国民经济和社会发展统计公报 [EB/OL]. [2024 - 01 - 24]. https：//baijiahao. baidu. com/s？ id = 1726058523692646674&wfr = spider&for = pc.

③ 张世青，王文娟，陈岱云. 农村养老服务供给中的政府责任再探——以山东省为例 [J]. 山东社会科学，2015（3）：93 - 98.

村更多呈现出国家责任从无到有的重大转变①。尽管如此，农村地区老人自身独立养老能力有限，这就需要政府努力完善农村养老服务供给路径，提升农村老年人的养老信心。在开启全面建设社会主义现代化国家新征程的历史节点，新时代农村养老服务供给要把握人口发展形势，抓住巩固脱贫攻坚成果与乡村振兴战略有效衔接的历史机遇，促进城乡基本养老服务均等化，努力让老年人安享幸福晚年。在农村养老服务供给中，拓展养老服务供给方式。第一，利用农村熟人社会的优势，鼓励邻里互助、探索农村互助养老模式，提升农村养老服务供给能力。以行政村为单位，依托村民自治组织和邻里互助力量，整合基层党组织、村委会、志愿者、留守群体、公益组织等主体，通过群众自发、能人带动、干部领导等方式探索出农村幸福院、养老大院等各类互助养老服务供给机制，建立特殊困难老年人定期巡访制度，督促家庭成员履行赡养扶养义务，并提供必要的援助服务，帮助解决基本生活安全问题，以构建农村互助式养老服务网络。第二，充分发挥政府养老服务供给的支持作用，加大对农村人口养老服务的补贴力度。从短期看，在维持现有的特困人员救助的基础上，加大对农村生活困难老年人的经济支持，使他们获得基本养老服务。从长期看，政府要加大政策宣传，增强农村老年人的社会养老认知，积极引导无法获得政府供给的农村老年人口的政府责任认知，充分利用农村的养老服务资源，协调各方养老主体功能的有效发挥，实现养老服务供给和需求之间的有效衔接。

四、完善多元共服的养老服务供给体系

《中共中央关于制定国民经济和社会发展第十四个五年规划和二〇三五年远景目标的建议》不仅提出了普惠型养老、互助性养老以及家庭养老等社会养老服务体系新的内涵，还明确提出"养老事业"这一重要概念，不仅厘清了养老服务的公共事业属性，更重要的是还提出了"健全基本养老服务体系"等指导性意见。如何在整个养老服务体系中合理界定"养老事业"与"基本养老服务体系"的内涵、外延、资源配置、支持性政策等，将成为"十四五"时期中国社会养老服务体系建设的重要内容，"基本养老服务体系"一定是"养老事业"的重要内容。换言之，发展"养老事业"就必须"健全基本养老服务体系"②。同时，我国社会保障政策的不断完善和发展让老年人形成了基本的社会

① 黄俊辉．农村养老服务供给变迁：70 年回顾与展望［J］．中国农业大学学报（社会科学版），2019，36（5）：100－110.

② 丁建定，倪赤丹．论中国社会养老服务体系建设的重要转型——基于改革开放以来的一种历史比较分析［J］．学海，2021（6）：109－113.

保障制度信任，这种信任在本研究中表征为老年人对政府养老服务供给的高水平责任认知，在实践中须完善多元共服的养老服务供给体系，保持养老服务供给的可持续性。

（一）引导民众形成理性的养老责任认知

本研究表明在老年人不断增长的养老服务需要和社会保障政策反馈的双重作用下，老年人对政府供给养老服务赋予了过多的责任。我国尚属于发展中国家，社会保障体系尚不完善，真正的"高福利"尚未建成，部分民众认为养老完全是政府的责任，政府应为国民提供"从摇篮到坟墓"的人生全程服务，实属不合实际①。因此有效引导公众正确理解政府养老服务供给的边界，形成对政府养老服务供给的合理预期是构建养老服务供给体系的前提。要立足社会主义初级阶段基本国情，坚持以人民为中心的发展思想，按照党的十九大"权责清晰""保障适度""可持续"的精神，进一步明确社会保障制度职责定位，恪守"保基本"原则，引导老年人赋予政府合理的养老责任认知，在一定程度上矫正老年人对政府养老服务供给的过高预期②。

（二）强化服务型政府的责任

服务型政府是在公民本位和社会本位理念指导下，"通过法定程序，按照公民意志组建起来的、以为公民服务为宗旨并承担服务责任的政府"③。党的十九大报告提出要建设人民满意的服务型政府，面对我国将长期处于老龄化社会的现实，政府要充分发挥自身在养老服务供给中的主导作用④，准确把握老年人的服务需要，充分认识政府供给养老服务的责任，深刻了解老年人对政府的责任认知，坚持以人民为中心，向老年人递送与我国发展阶段和老年人需要相适应的养老服务，以满足老年人追求美好生活的需要。强化服务型政府的责任意识，一方面是要明确社会发展的目标，制定相应的战略任务，并认真落实，提高政策的执行力；另一方面要有稳定的公共财政支出，政府作为社会福利的主要承担者，应当进一步加大福利资金的投入，扩大社会保险的覆盖面，拓展

---

① 崔树义，杜婷婷. 居家、社区、机构养老一体化发展研究 [J]. 东岳论丛，2021，42（11）：36-44.

② 何文炯. 合理引导社会保障预期 [J]. 中国社会保障，2018（8）：35.

③ 李红星. 地方政府构建基本公共服务清单制度的维度分析 [J]. 学术交流，2019（10）：124-130.

④ 张思锋. 中国养老服务体系建设中的政府行为与市场机制 [J]. 社会保障评论，2021，5（1）：129-145.

社会服务，完善基础社会建设①。同时，政府已经不是福利和公共服务的垄断供给者，民间部门作为供给者的作用已经越来越重要，服务型政府的角色应逐渐转型为主导者，在制度设计、优化财政支持、统筹监督等方面承担多重责任。

（三）顺应多元共服的价值共识

本研究发现，40.56% 的被调查者期待养老服务由政府、家庭、市场、社会组织等主体共同供给，而选择由某单一主体供给养老服务的比例相对低得多，更多老年人认同由多元主体共同供给养老服务。此结果表明在养老服务供给主体方面，老年人更容易形成养老服务多元共服的共识。如前所述，目前我国养老服务供给主体中，家庭的养老功能弱化、市场的选择性不高、社会组织的发育不良、政府供给的有限性决定了任何单一主体都不能承担起养老服务供给的重任，养老服务必须通过社会化的途径，由多元主体共同完成对老年人养老服务的供给，而多元共服的养老服务供给也符合目前老年人对养老服务供给主体的价值共识。

（四）完善多元共服的责任安排

根据本研究对老年人的养老服务需要、政府养老服务供给现状以及政府供给养老服务责任认知的研究结果，按照政府养老服务供给维度完善多元主体共同供给养老服务的责任安排（见表 6-1），确定政府在其中的责任。

表 6-1　多元共服的责任安排

养老服务供给	公共性程度	目前主要供给主体	老年人偏好的供给主体	老年人对政府养老责任认知	多元共服下的政府责任
生活照料服务	低	家庭	共担	合理	政府兜底
养老设施服务	中	政府、家庭	共担 + 政府	高	共担责任
信息化服务	高	政府	政府	高	政府主责

在公共性程度较低、个别化程度较高的生活照料服务方面，目前最主要的供给主体是家庭，尽管从总体上看，老年人期待的生活照料服务供给主体是共担责任的多元主体，但从现实状况出发，家庭仍在生活照料服务中负主要责任，政府主要是负兜底责任，对老年人进行选择性供给，满足其基本养老服务需要。而在公共性程度一般的养老设施服务中，尽管老年人认为各供给主体应该共担责任，但是在责任的分配中，老年人却对政府供给此类养老服务给予了比较高

的责任认知。事实上政府在养老服务设施供给中承担了多数责任，甚至有些方面的供给超过了需要，如养老机构的床位建设过于集中而导致养老床位空置等。况且养老服务设施也具有较高的私人物品属性，理应由多元主体共同承担供给责任，政府承担基本公共养老服务的那一部分，而老年人的其他需要则通过其他主体获得满足。在公共性程度较高的信息化服务方面，政府是老年人最优先选择的供给主体。由于养老化信息服务的公共性程度高，政府在统筹养老服务信息需要、养老服务信息化建设方面理应负起主要建设责任，其他主体处于次要地位。在多元共服的养老服务体系中，政府要承担元治理者的角色，成为养老服务供给的核心与主导。

未来的社会将长期甚至一直处在老龄化阶段。满足老年人美好生活的需要，提升老年人的生活质量是所有政策的价值依归。老龄化社会的到来决定了我们要建立多元共服的养老服务供给体系，以积极的、可持续的政策予以应对。老年人不断增长的养老服务需要与社会保障的政策反馈作用共同推动了老年人对政府养老服务供给的责任认知，政府有责任完善符合老年人需要和社会发展阶段的养老服务体系，但这一体系的运行则既不能单纯依靠政府，也不能单纯依靠市场或其他主体，必须依靠政府、市场、家庭和社会组织等多元养老服务供给主体，共同承担养老服务供给的责任①。只有完善多元共服的养老服务体系，才能根据老年人不断增长的多元化养老服务需要，动态调整养老服务的供给政策，在兜底供给的基础上实现适度普惠的养老服务供给，维护养老服务供给的底线公平，为老年人供给与其需要相匹配的养老服务，以不断完善、建设让老年人满意的服务型政府。

本章小结

基于本研究的研究结果，结合现有的养老服务政策，本章总结了养老责任认知对政府养老服务供给的启示，提出了优化政府养老服务供给政策的建议：加强养老服务需要管理、坚持兜底与普惠相结合的供给模式、加大农村养老服务供给、完善多元共服的养老服务供给体系，以期优化养老服务供给，更好地满足老年人的养老服务需要，提升老年人生活质量，实现政府高效、精准供给养老服务的政策目标。

---

① 乔晓春. 如何满足未满足的养老需求——兼论养老服务体系建设 [J]. 社会政策研究，2020 (1)：19 - 36.

第七章　研究结论与研究展望

第一节　研究结论

本研究梳理了中华人民共和国成立以来政府养老服务供给的变迁，采用内容分析的方法归纳了养老服务政策的内容维度和政府养老服务供给的特征，通过二次分析和问卷调查数据分析了政府养老服务供给与老年人的养老服务需要的现实境况，描述了老年人对政府养老服务供给责任认知状况，探索了老年人养老责任认知的影响因素，构建了老年人养老责任认知的形成机制，提出了老年人养老责任认知形成的双重作用理论，从研究中发现了政府养老服务供给政策的启示，提出了政策优化建议。本研究的结论主要有：

第一，政府养老服务供给随政府职能变化呈现出阶段性特点。政府养老服务供给的变迁嵌入在经济、社会发展以及社会保障制度的变迁中，自中华人民共和国成立后，我国的经济制度经历了从计划经济到社会主义市场经济的转变，政府在职能上经历了全能型政府、发展型政府和服务型政府的转变，在养老服务供给上呈现出不同的特点①，表现为计划经济体制下的政府救助性供给、经济转型时期的政府消极性供给、社会主义市场经济体制下的政府主导性供给。政府养老服务供给的变迁历程表明政府在养老服务供给中的责任是在变化的，政府养老服务供给受到政治、经济、政府职能定位等因素的影响。进入新时代，传统的自上而下的供给不能有效满足老年人的养老服务需要，而老年人不断增长的美好生活需要必然引发养老服务供给内容和方向的调整，这就要求我们必须从老年人的主观层面进行探索以优化养老服务供给。

第二，养老服务政策内容包含五大维度。采用内容分析法对39份养老服务政策文本进行开放式编码、轴心式编码和选择式编码，共得到1 875个开放式编码参考点、63个二级子节点、20个一级子节点，最终归纳出政府养老服务供给

---

① 胡志平．中国农村公共服务供给变迁的政治经济学：发展阶段与政府行为框架［J］．学术月刊，2019，51（6）：53–63．

的五个维度，分别为养老服务制度规划、养老服务财政支持、生活照料养老服务、养老设施服务以及信息化养老服务。结合中国统计年鉴、民政统计年鉴、山东统计年鉴、劳动与就业统计年鉴、政府工作报告与统计公报等数据，发现政府养老服务供给的典型特点：其一，养老服务制度规划趋向完善和多元；其二，养老服务财政支持扩张与紧缩并存；其三，生活照料养老服务供给有限；其四，养老设施服务供给重点从机构走向社区；其五，信息化养老服务供给以平台建设为主。

第三，老年人的养老服务需要没有获得充分满足。本研究对 731 名老年人养老服务的供给与需要情况进行了调查，结果显示，近一半老年人养老服务需要没有获得满足，老年人生存型养老服务需要和发展型养老服务需要并行存在。家庭是公共性程度较低的生活照料养老服务的最重要供给主体，而政府则侧重供给公共性较高的养老设施服务和信息化养老服务。

第四，老年人赋予政府过高的养老服务供给责任预期。本研究表明老年人对政府养老服务供给抱有积极的预期，虽然老年人认同养老服务多元供给主体，但在养老服务设施、信息化养老服务供给方面，老年人表达了对政府优先供给养老服务的选择偏好，老年人对政府养老服务供给责任的认知远高于责任认知的中位数，显示了老年人对政府供给养老服务的过高期待。

第五，老年人养老责任认知形成的双重作用理论。本研究发现，老年人养老责任认知受老年人养老服务需要与社会保障政策的双重作用。政府养老服务供给责任认知的影响因素研究证实了基于需要理论、政策反馈理论提出的假设。老年人对政府养老服务供给的责任认知，一方面来自老年人养老服务需要的内在推动作用，另一方面来自我国社会保障制度的政策反馈效应。首先，养老服务需要、健康状况、家庭收入、户籍等对养老责任认知的稳定作用，表明养老服务需要是政府养老服务供给责任认知的内在驱动力。其次，社会保障政策反馈的资源效应和解释效应说明，社会保障制度不仅使得参保人数逐年增加，而且提升了老年人对政府供给养老服务的责任认知。我国进入老龄化社会后快速发展的社会保障政策成为政府养老服务供给责任认知的外部推动作用，享受社会养老保险的老年人对政府养老服务供给责任认知高于无社会养老保险的老年人。

第六，政府养老服务供给的优化路径。基于对政府养老服务供给特征以及老年人养老责任认知的探索，本研究归纳了老年人养老责任认知对政府养老服务供给的四点启示：养老服务需要制约老年人对政府供给养老服务的责任认知，老年人赋予政府过高的养老服务供给责任预期，农村老年人过分倚重政府养老服务供给，社会保障政策应强化老年人对政府供给养老服务的责任认知。在此基础上，本研究提出了政府养老服务供给的优化路径：加强养老服务需要管理，健全兜底与普惠相结合的养老服务供给模式，进一步加大农村养老服务供给，完善多元共服的养老服务供给体系。

第二节　研究局限与研究展望

一、研究局限

本研究对政府养老服务供给的变迁、老年人的养老服务需要、政府养老服务供给特点、老年人养老责任认知、政府养老服务供给优化路径等进行了探索，分析了老年人养老责任认知的影响因素，探索了老年人养老责任认知的形成机制，并从研究中归纳、总结了政府养老服务供给的政策优化建议。但是，本研究尚存在一些局限。

第一，截面数据的局限性。本研究采用了自编《政府养老服务供给问卷》调查获得的数据探索了老年人对政府供给养老服务的责任认知及影响因素和形成机制，并对当下的情况作了描述和解释，但此研究不能判断时间因素对老年人养老责任认知的影响，未能对养老责任认知的趋势进行预测与控制。

第二，研究方法的局限性。实证研究要有理论为基础才可以对现实世界进行解释和验证。本研究在确定了老年人养老责任认知和政府养老服务这一主题后，经大量阅读与反复思考，总结了养老服务供给的维度，设计了研究问卷。但是本研究在验证理论的过程中，囿于数据的性质，有些研究假设仅通过百分比、频次等描述统计进行了验证，而未能进行统计学的假设检验，这在一定程度上降低了本研究对理论的检验效力，使理论对现实世界的解释留下了些许遗憾。另外，本研究主要采用了内容分析、二次分析和问卷调查的方法，在进行二次分析时，主要使用了现有统计年鉴、政府工作报告、统计公报、政府网站等公开数据，但是受统计口径的影响，统计指标的剧烈变化让趋势分析难以进行，退而求其次的替代性指标则对研究的准确性有一定的影响。另外，本研究对山东省老年人进行了调查，但只有731份有效问卷，尽管本研究的研究结果在一定程度上与已有研究吻合，但是将本研究结论在样本群体外进行推广，还需持谨慎态度。

二、研究展望

第一，拓展研究工具，对政府养老服务供给进行追踪研究。本研究的截面数据仅对当下老年人的养老服务供给进行了解释和影响因素探索，但当今社会瞬息万变，养老服务政策密集出台，动态的数据和连续的面板数据可以很好地监测养老服务供给的变化以及老年人对政策的反馈。可利用本研究编制的《政府养老服务供给问卷》持续调查老年人养老责任认知，并将其与养老服务政策进行进一步分析比较，对老年人养老责任认知和政府养老服务供给进行纵向分析。同时，借助现在数据科学的方法及时收集数据并形成比较分析，对养老服务的供给作出更系统的判断。

第二，开展独生子女父母养老服务需要和供给研究。本研究发现，只有1个孩子的老年人对政府供给养老服务的责任认知随年龄增大而上升。我国自1980年前后开始实行计划生育政策，大量的第一代独生子女父母已经进入了老年期，独生子女政策是我国在特定历史条件下的特有的人口政策，并无任何经验可循。本研究结果提示我们要特别关注老龄化中独生子女的老年父母，在养老服务供给中要做好充分准备以应对他们随年龄增长而上升的政府养老服务供给责任认知。为了有效应对可能出现的独生子女父母的养老服务问题，需要对这个群体开展养老服务需要与政府养老服务供给的预测研究，以便及时调整政府养老服务供给政策。

第三，政策反馈理论在社会保障领域的适应性研究。政策反馈理论是一个年轻的理论，国外社会保障领域对此研究较多，最近国内在信访、医疗卫生改革方面开始尝试进行政策反馈理论的相关研究。本研究在一定程度上验证了社会保障政策中的养老保险政策对政府养老服务供给责任认知的政策反馈机制，并论证了养老保险政策对政府养老服务供给责任认知的资源效应和解释效应。下一步可探索政策反馈理论在社会保障政策领域的其他研究议题中的适用性，了解现有社会保障政策与民众福利态度之间的互动机制，为未来社会保障政策的改革提供学理支持。

第四，老年人养老责任认知形成的双重作用理论的进一步验证和完善。本研究在需要理论与政策反馈理论的基础上，通过调查数据验证了老年人养老责任认知的内在形成机制和外在形成机制，并在此基础上提出了老年人养老责任认知形成的双重作用理论，但是该理论是基于对山东省老年人的调查得出的，未来须在更广泛的范围验证和完善该理论。

尽管政界和学界都认识到养老服务供给尤其是政府养老服务供给是一个重要的现实问题和政策议题，但解决这一问题并不容易。养老服务是一项系统性的社会工程，不仅涉及政府、市场、社会组织、家庭等多元主体，而且涉及资金筹集、政策设计、服务方式、服务内容、资源整合等多方面的内容，或许养老服务供给是伴随人类社会的恒久问题，而对这一问题的探索会一直在路上。

参考文献

一、著作类

[1] 艾斯平 – 安德森. 福利资本主义的三个世界 [M]. 郑秉文, 译. 北京: 法律出版社, 2003.

[2] 庇古. 福利经济学 [M]. 北京: 华夏出版社, 2017.

[3] 詹姆斯·M. 布坎南. 公共物品的需求与供给 [M]. 马珺, 译. 上海: 上海人民出版社, 2009.

[4] 丁建定. 中国社会保障制度体系完善研究 [M]. 北京: 人民出版社, 2013.

[5] 风笑天. 社会研究方法 (第四版) [M]. 北京: 中国人民大学出版社, 2013.

[6] 黄俊辉. 政府责任视角下的农村养老服务供给研究 [M]. 北京: 中国政法大学出版社, 2020.

[7] 黄睿. 养老服务体系支撑幸福晚年 [M]//宋晓梧. 新中国社会保障和民生发展 70 年. 北京: 人民出版社, 2019.

[8] 安东尼·吉登斯. 第三条道路: 社会民主主义的复兴 [M]. 郑戈, 译. 北京: 北京大学出版社, 2000.

[9] 景天魁. 福利社会学 [M]. 北京: 北京师范大学出版社, 2010.

[10] 约翰·梅纳德·凯恩斯. 就业、利息和货币通论 [M]. 徐毓枬, 译. 南京: 译林出版社, 2014.

[11] 赖伟良. 澳门市民的福利意识形态: 中间路线取向 [M]//王思斌, 中国社会工作教育协会. 中国社会工作研究 (第二辑). 北京: 社会科学文献出版社, 2004.

[12] 理查德·蒂特马斯. 蒂特马斯社会政策十讲 [M]. 江绍康, 译. 长春: 吉林出版集团有限责任公司, 2011.

[13] 约翰·罗尔斯. 正义论 [M]. 何怀宏, 等译. 北京: 中国社会科学

出版社，2009.

[14] 马克思，恩格斯. 马克思恩格斯文集（第 1 卷）［M］. 北京：人民出版社，2009.

[15] 马克思，恩格斯. 马克思恩格斯文集（第 5 卷）［M］. 北京：人民出版社，2009.

[16] 马克思. 资本论（第 1 卷）［M］. 北京：人民出版社，2004.

[17] 马斯洛. 动机与人格［M］. 许金声，译. 北京：华夏出版社，1987.

[18] 纽曼，郝大海. 社会研究方法——定性和定量的取向（第五版）［M］. 北京：中国人民大学出版社，2007.

[19] 彭聃龄. 普通心理学（修订版）［M］. 北京：北京师范大学出版社，2004.

[20] 彭华民. 福利三角中的社会排斥［M］. 上海：上海人民出版社，2007.

[21] 彭华民. 西方社会福利理论前沿［M］. 北京：中国社会出版社，2009.

[22] 朴炳铉. 社会福利与文化：用文化解析社会福利的发展［M］. 高春兰，金炳彻，译. 北京：商务印书馆，2012.

[23] 田北海. 香港与内地老年社会福利模式比较［M］. 北京：北京大学出版社，2008.

[24] 万育维. 社会福利服务：理论与实践［M］. 台北：三民书局，2001.

[25] 王思斌. 底层贫弱群体接受帮助行为的理论分析［M］//王思斌，中国社会工作研究（第四辑）. 北京：社会科学文献出版社，2006.

[26] 文森特·奥斯特罗姆，埃莉诺·奥斯特罗姆，公益物品与公共选择［M］//麦金尼斯. 多中心体制与地方公共经济. 毛寿龙，译. 上海：上海三联书店，2000.

[27] 邬沧萍，杜鹏，姚远. 社会老年学［M］. 北京：中国人民大学出版社，1999.

[28] 习近平. 决胜全面建成小康社会，夺取新时代中国特色社会主义伟大胜利——在中国共产党第十九次全国代表大会上的报告［M］. 北京：人民出版社，2017.

[29] 熊跃根. 需要，互惠和责任分担：中国城市老人照顾的政策与实践［M］. 上海：格致出版社，2008.

[30] 杨欣. 公共服务合同外包中的政府责任研究［M］. 北京：光明日报出版社，2012.

[31] 中国城市养老指数蓝皮书课题组. 中国城市养老指数蓝皮书［M］. 北京：中国发展出版社，2017.

［32］Armstrong P, Banerjee A, Szebehely M, et al. They Deserve Better: The Long – Term Care Experience in Canada and Scandinavia［M］. Ottawa: Canadian Centre for Policy Alternatives, 2009.

［33］Börsch – Supan A, Kneip T, Litwin H, et al. Ageing in Europe – Supporting Policies for an Inclusive Society［M］. Berlin, München, Boston: De Gruyter, 2015.

［34］Bradshaw J. A Taxonomy of Social Need. ［M］//McLachlan G ed. Problems and Progress in Medical Care: Essays on Current Research. London: Oxford University Press, 1972: 70 – 82.

［35］Campbell A L. How Policies Make Citizens: Senior Political Activism and the American Welfare State［M］. Princeton, NJ: Princeton University Press, 2003.

［36］Chung H, Hrast M F, Rakar T. The Provision of Care: Whose Responsibility and Why? ［M］// Taylor – Gooby P, Leruth B eds. Attitudes, Aspirations and Welfare. Palgrave Macmillan, Cham, 2018.

［37］Evers A, Olk T. Wohlfahrtspluralismus: Vom Wohlfahrtsstaat zur Wohlfahrtsgesellschaft［M］. Wiesbaden: VS Verlag für Sozialwissenschaften, 1996.

［38］Evers A. Shifts In The Welfare Mix: Introducing a New Approach for the Study of Transformation in Welfare and Social Policy［M］//Evers A, Wintersberger H. Shifts In The Welfare Mix: Their Impact On Work, Social Services And Welfare Policies. Vienna: Eurosocial, 1988.

［39］Gilbert N. Welfare Pluralism and Social Policy［M］//Midgley J, Tracy M B, Livermore M. Handbook of Social Policy［M］, Thousand Oaks, CA: Sage. Publications, 2000.

［40］Grover Starling. Managing the Public Sector［M］. Boston: Cengage Learning, 2010.

［41］Johnson N. Mixed Economies of Welfare: A Comparative Perspective［M］. London: Prentice Hall Europe, 1999.

［42］Johnson N. The Welfare State in Transition: The Theory and Practice of Welfare Pluralism［M］. Brighton: Wheatsheaf, 1987.

［43］Kane R A, Kane R L. Long – Term Care: Principles, Programs, and Policies［M］. New York: Springer Pub. Co. , 1987.

［44］Mettler S, Sorelle M. Policy Feedback Theory［M］//Weible C, Sabatier P A. Theories of the Policy Process(3rd ed.). Westview Press, 2014.

［45］Rose R. Common Goals But Different Roles: The State's Contribution to the

Welfare Mix［M］//Alcock P, Powell M. Welfare theory and development ，SAGE Publications Ltd，2011.

［46］Strauss A, Corbin J. Basics of Qualitative Research：Techniques and Procedures for Developing Grounded Theory［M］. Sage Publications, Inc, 1998.

［47］Terry L Cooper. The Responsible Administrator：An Approach to Ethics for the Administrative Role［M］. San Francisco：Jossey – Bass Publishers, 2011.

［48］Veit – Wilson J. Setting Adequacy Standards：How Governments Define Minimum Incomes［M］. Bristol：Policy Press, 1998.

［49］Walker A, Wong C K. The Ethnocentric Construction of The Welfare State ［M］//Kennett P. A Handbook of Comparative Social Policy. 2013.

［50］Weir M, Orloff A S, Skocpol T. Introduction：Understanding American Social Politics［M］//The Politics of Social Policy in the United States. Princeton，N. J.：Princeton University Press, 1988.

二、期刊类

［1］安瑞霞. 中国农村老年人养老责任认知的影响因素分析 ［J］. 调研世界, 2018（9）：3 – 8.

［2］毕天云, 朱珠. 社会福利公平与底线福利制度建设 ［J］. 云南民族大学学报（哲学社会科学版）, 2013（5）：70 – 76.

［3］毕天云. 社会福利供给系统的要素分析 ［J］. 云南师范大学学报（哲学社会科学版）, 2009, 41（5）：124 – 128.

［4］曹海苓, 赵继伦. 论家庭养老功能提升 ［J］. 社会科学家, 2019（6）：43 – 48.

［5］曾起艳, 何志鹏, 曾寅初. 老年人居家养老服务需求意愿与行为悖离的原因分析 ［J］. 人口与经济, 2022（2）：87 – 103.

［6］陈诚诚, 杨燕绥. 老龄化时间表对养老政策影响的国际经验 ［J］. 社会保障研究, 2015（6）：92 – 99.

［7］陈静, 周沛. 论我国老年社会福利供给中政府角色的嬗变 ［J］. 东南学术, 2015（3）：140 – 146.

［8］陈水生. 公共服务需求管理：服务型政府建设的新议程 ［J］. 江苏行政学院学报, 2017（1）：109 – 115.

［9］陈欣欣, 陈燕凤, 龚金泉, 等. 我国农村养老面临的挑战和养老服务存在的突出问题 ［J］. 中国农业大学学报（社会科学版）, 2021, 38（4）：64 – 77.

［10］程胜利. 家庭还是社会：谁应当承担当代中国养老服务的责任 ［J］.

广东社会科学, 2016 (4): 203 – 210.

[11] 崔树义, 杜婷婷. 居家、社区、机构养老一体化发展研究 [J]. 东岳论丛, 2021, 42 (11): 36 – 44.

[12] 戴建兵. 治理现代化视角下老年人参与政府购买养老服务研究 [J]. 兰州学刊, 2020 (10): 199 – 208.

[13] 邓念国, 李颖. 迈向精准化: 传统公共服务供给双重困境之新解 [J]. 天津行政学院学报, 2019, 21 (6): 50 – 59.

[14] 邓宇含, 吕芯芮, 刘爽, 等. 北京市朝阳区老年人对社区卫生服务中心医养结合养老服务的需要现状及相关因素 [J]. 医学与社会, 2022, 35 (05): 39 – 44.

[15] 翟文康, 邱一鸣. 政策如何塑造政治? ——政策反馈理论述评 [J]. 中国行政管理, 2022 (3): 39 – 49.

[16] 丁建定, 倪赤丹. 论中国社会养老服务体系建设的重要转型——基于改革开放以来的一种历史比较分析 [J]. 学海, 2021 (6): 109 – 113.

[17] 丁志宏, 陈硕, 夏咏荷. 我国独生子女父母养老责任认知状况及影响因素研究 [J]. 兰州学刊, 2021 (1): 168 – 186.

[18] 董红亚. 中国特色养老服务模式的运行框架及趋势前瞻 [J]. 社会科学辑刊, 2020 (4): 107 – 114.

[19] 董克用, 张栋. 高峰还是高原? ——中国人口老龄化形态及其对养老金体系影响的再思考 [J]. 人口与经济, 2017 (4): 43 – 53.

[20] 杜玉华. 创造高品质生活的理论意涵、现实依据及行动路径 [J]. 马克思主义理论学科研究, 2021, 7 (6): 98 – 106.

[21] 范丛. 城乡居民养老观念的差异及影响因素——基于 CGSS 2013 数据的实证研究 [J]. 西南交通大学学报 (社会科学版), 2019, 20 (3): 91 – 98.

[22] 费孝通. 家庭结构变动中的老年赡养问题——再论中国家庭结构的变动 [J]. 北京大学学报: 哲学社会科学版, 1983 (3): 10.

[23] 付诚, 王一. 政府与市场的双向增权——社会化养老服务的合作逻辑 [J]. 吉林大学社会科学学报, 2010, 50 (5): 24 – 29.

[24] 高峰, 胡云皓. 从马克思的需要理论看新时代中国社会主要矛盾的转化 [J]. 当代世界与社会主义, 2018 (5): 64 – 69.

[25] 高和荣. 中国社会福利体系责任结构的顶层设计 [J]. 吉林大学社会科学学报, 2012, 52 (2): 73 – 79.

[26] 宫天文. 社会福利社会化中政府责任探析 [J]. 山东社会科学, 2009 (7): 69 – 71.

［27］关爽. 党政主导：政府购买社会组织服务的制度特征与发展路径
［J］. 广西社会科学, 2021 (4)：17 – 22.

［28］郭竞成. 农村居家养老服务的需求强度与需求弹性——基于浙江农村
老年人问卷调查的研究 ［J］. 社会保障研究, 2012 (1)：47 – 57.

［29］郭林. 中国养老服务 70 年 (1949—2019)：演变脉络、政策评估、未
来思路 ［J］. 社会保障评论, 2019, 3 (3)：48 – 64.

［30］韩烨, 付佳平. 中国养老服务政策供给：演进历程、治理框架、未来
方向 ［J］. 兰州学刊, 2020 (9)：187 – 198.

［31］何文炯. 合理引导社会保障预期 ［J］. 中国社会保障, 2018 (8)：35.

［32］贺薇. 居家养老服务供给结构的现状与优化 ［J］. 湖北大学学报
(哲学社会科学版), 2020, 47 (6)：155 – 165.

［33］胡宏伟, 蒋浩琛. 我国基本养老服务的概念阐析与政策意涵 ［J］. 社
会政策研究, 2021 (4)：16 – 34.

［34］胡荣, 段晓雪. 农民的民生保障获得感、政府信任与公共精神 ［J］.
西北农林科技大学学报 (社会科学版), 2023, 23 (2)：103 – 112.

［35］胡薇. 国家角色的转变与新中国养老保障政策变迁 ［J］. 中国行政管
理, 2012 (6)：40 – 44.

［36］胡志平. 中国农村公共服务供给变迁的政治经济学：发展阶段与政府
行为框架 ［J］. 学术月刊, 2019, 51 (6)：53 – 63.

［37］黄健, 邓燕华. 制度的力量——中国社会保障制度建设与收入分配公
平感的演化 ［J］. 中国社会科学, 2021 (11)：54 – 73.

［38］黄俊辉. 农村养老服务供给变迁：70 年回顾与展望 ［J］. 中国农业大
学学报 (社会科学版), 2019, 36 (5)：100 – 110.

［39］黄黎若莲. "福利国"、"福利多元主义"和"福利市场化" ［J］. 中
国改革, 2000 (10)：63 – 64.

［40］江治强. 社会福利价值观转变及其政策实践意义 ［J］. 岭南学刊,
2010 (5)：110 – 115.

［41］姜艾佳, 孙世香. 以包容性增长的视角探索克服政府失灵新路径——
从发展型政府到服务型政府的转变 ［J］. 时代金融, 2013 (30)：122 – 123.

［42］金卉, 祝建华. 东亚福利体制背景下的居民福利供给主体偏好 ［J］.
南京社会科学, 2014 (10)：51 – 56.

［43］景天魁. 底线公平概念和指标体系——关于社会保障基础理论的探讨
［J］. 哈尔滨工业大学学报 (社会科学版), 2013, 15 (1)：21 – 34.

［44］景天魁. 底线公平与社会保障的柔性调节 ［J］. 社会学研究, 2004

（6）：32 - 40.

[45] 孔泽宇，严新明. 农村最低生活保障制度的政府信任效应：理论分析与实证检验 [J]. 湖南农业大学学报（社会科学版），2023，24（2）：58 - 67.

[46] 雷雨若，王浦劬. 西方国家福利治理与政府社会福利责任定位 [J]. 国家行政学院学报，2016（2）：133 - 138.

[47] 李兵水，时媛媛，郭牧琦. 我国居家养老服务供给主体分析——从老年人对居家养老服务供给主体的期望的视角 [J]. 广西经济管理干部学院学报，2012，24（2）：14 - 24.

[48] 李春成. 价值观念与社会福利政策选择——以美国公共救助政策改革为例 [J]. 复旦学报（社会科学版），2004（6）：113 - 121.

[49] 李国和. 从收缩到强化：改革开放以来城镇养老保障与政府责任探析 [J]. 广西社会科学，2021（4）：51 - 57.

[50] 李红星. 地方政府构建基本公共服务清单制度的维度分析 [J]. 学术交流，2019（10）：124 - 130.

[51] 李华. 人口老龄化对中国服务业发展的影响研究——基于供给和需求的分析视角 [J]. 上海经济研究，2015（5）：95 - 101.

[52] 李静，沈丽婷. 福利多元主义视角下大城市养老服务主体的角色重塑 [J]. 河海大学学报（哲学社会科学版），2020，22（4）：70 - 76.

[53] 李新辉，艾景涵，胡海峰，等. 新疆农村维吾尔族、哈萨克族老年人养老认知及养老需求调查研究 [J]. 西北人口，2015，36（2）：29 - 32.

[54] 李长远，张举国. 养老服务本土化中政府责任的偏差及调整 [J]. 人口与发展，2013，19（6）：84 - 89.

[55] 林卡. 东亚生产主义社会政策模式的产生和衰落 [J]. 江苏社会科学，2008（4）：77 - 83.

[56] 林闽钢. 福利多元主义的兴起及其政策实践 [J]. 社会，2002（7）：36 - 37.

[57] 凌文豪，郝一潼. 老年人对政府养老责任的认知及影响因素研究——基于中国综合社会调查的实证分析 [J]. 社会保障研究，2022（1）：14 - 25.

[58] 刘凤义，刘子嘉. 政治经济学视域下"需要"与"需求"的关系研究 [J]. 南开经济研究，2021（1）：13 - 25.

[59] 刘继同. 欧美人类需要理论与社会福利制度运行机制研究 [J]. 北京科技大学学报（社会科学版），2004（3）：1 - 5.

[60] 刘江军，肖勇. 养老保障制度的政府责任边界分析 [J]. 湖北经济学院学报，2006（3）：98 - 101.

[61] 刘鹏程. 让所有老年人都有幸福美满的晚年——新中国成立 70 年来养老事业改革发展巡礼 [J]. 中国社会工作, 2019 (26)：4 - 7.

[62] 刘艺容, 彭宇. 湖南省社区居家养老的需求分析——以对部分老年人口的调研数据为基础 [J]. 消费经济, 2012, 28 (2)：63 - 66.

[63] 刘玉雯, 聂玉霞. 有限理性视域下农村互助养老服务供需问题研究——基于鲁西 X 村幸福院的个案分析 [J]. 理论观察, 2022 (2)：90 - 94.

[64] 刘媛媛. 中国当代农村老年人养老现状与需求分析——以大连市旅顺口区柏岚子村为例 [J]. 人民论坛, 2014 (19)：241 - 243.

[65] 龙露露, 李荟, 车相坤, 等. "区块式" 老龄化背景下高知人群养老服务质量调查与模式探索——以 Z 社区为例 [J]. 黑龙江人力资源和社会保障, 2022 (3)：1 - 3.

[66] 龙玉其, 张琇岩. 家庭在养老服务中的作用：传承、变迁与展望 [J]. 河北大学学报 (哲学社会科学版), 2019, 44 (6)：130 - 137.

[67] 鲁全. 新时代中国社会保障体系建设的路径——兼论 "十四五" 时期社会保障改革新要求 [J]. 行政管理改革, 2021 (4)：42 - 50.

[68] 鲁迎春, 陈奇星. 从 "慈善救济" 到 "权利保障" ——上海养老服务供给中的政府责任转型 [J]. 上海行政学院学报, 2016, 17 (2)：76 - 84.

[69] 陆涵, 赵媛, 史婷婷, 等. 基于扎根理论的云南白族独居老人养老服务需求框架构建 [J]. 护理研究, 2021, 35 (16)：2961 - 2965.

[70] 陆杰华, 王馨雨, 张雁雯. 社会转型背景下不同代际队列的养老责任观念变化探究——来自 2015 年中国综合社会调查数据的验证 [J]. 华中科技大学学报 (社会科学版), 2019, 33 (2)：105 - 115.

[71] 栾文敬, 刘雅岚. 基于底线公平的适度普惠型社会福利体系构建——我国 "负福利" 现象引发的思考 [J]. 福建行政学院学报, 2013 (2)：22 - 29.

[72] 罗静, 沙治慧. 社会保障 "基本需要" 的理论解释及启示 [J]. 社会保障研究, 2019 (1)：51 - 57.

[73] 罗艳, 刘杰. 政府主导型嵌入：政府与社会组织的互动关系转变研究——基于 H 市信息化居家养老服务项目的经验分析 [J]. 中国行政管理, 2019 (7)：36 - 41.

[74] 罗忠勇, 漆雨烟. 被征地农民的养老责任认知及其影响因素分析——基于湖南 8 县市被征地农民的调查 [J]. 经济地理, 2013, 33 (8)：134 - 141.

[75] 马岚. 福利性、公益性和产业化相结合的养老服务模式研究 [J]. 现代经济探讨, 2019 (2)：40 - 45.

[76] 马姗伊. 人口老龄化视角下我国家庭养老支持体系建设研究 [J]. 当

代经济研究, 2021 (3): 104 – 111.

[77] 民政部, 社会福利事业将转为"适度普惠型" [J]. 政协天地, 2007 (11): 49.

[78] 彭国胜. 欠发达地区农村居民社会福利价值认同及其影响因素研究——以贵州省为例 [J]. 南京农业大学学报 (社会科学版), 2012, 12 (2): 1 – 7.

[79] 彭婧, 张汝立. 如何避免政府购买服务成为公众"不称心的礼物"? ——基于政府责任视角的分析 [J]. 中央民族大学学报 (哲学社会科学版), 2018, 45 (1): 58 – 65.

[80] 彭青云. 多元主体视角下社区居家养老服务路径探索 [J]. 浙江工商大学学报, 2019 (3): 101 – 108.

[81] 乔晓春. 如何满足未满足的养老需求——兼论养老服务体系建设 [J]. 社会政策研究, 2020 (1): 19 – 36.

[82] 秦芳菊. 居家养老服务的模式选择与优化——以公共产品理论为视角 [J]. 税务与经济, 2019 (4): 56 – 61.

[83] 尚晓援. 从国家福利到多元福利——南京市和兰州市社会福利服务的案例研究 [J]. 清华大学学报 (哲学社会科学版), 2001 (4): 16 – 23.

[84] 石建国. 我国全能型政府职能的历史成因与改革方向 [J]. 中国井冈山干部学院学报, 2015, 8 (3): 125 – 131.

[85] 石佑启. 论有限有为政府的法治维度及其实现路径 [J]. 南京社会科学, 2013 (11): 92 – 99.

[86] 史薇, 谢宇. 城市老年人对居家养老服务提供主体的选择及影响因素——基于福利多元主义视角的研究 [J]. 西北人口, 2015, 36 (1): 48 – 54.

[87] 宋维强. 论从发展型政府到服务型政府的转型 [J]. 甘肃理论学刊, 2005 (3): 36 – 39.

[88] 苏冷然. 取消药品加成如何影响医疗服务收费调整——基于政策反馈视角 [J]. 中国卫生事业管理, 2022, 39 (1): 32 – 37.

[89] 孙祁祥, 朱南军. 中国人口老龄化分析 [J]. 中国金融, 2015 (24): 21 – 23.

[90] 唐海波, 郭颖芳. 马克思需要理论研究综述 [J]. 西部学刊, 2020 (19): 45 – 47.

[91] 唐艳, 刘洁琼, 王诗, 等. 中老年人家庭养老意愿及影响因素分析 [J]. 护理学报, 2017, 24 (7): 6 – 9.

[92] 田北海, 钟涨宝. 社会福利社会化的价值理念——福利多元主义的一个四维分析框架 [J]. 探索与争鸣, 2009 (8): 44 – 47.

[93] 田小龙. 服务型政府建设路径的研究述评 [J]. 公共管理与政策评论, 2020, 9 (5): 87 – 96.

[94] 万国威. 我国社会福利制度的理论反思与战略转型 [J]. 中国行政管理, 2016 (1): 15 – 22.

[95] 万克德. 迎接山东人口老龄化的对策研究 [J]. 山东教育学院学报, 2000 (2): 65 – 69.

[96] 汪润泉. "社会养老"是否淡化了"子女责任"观念?——来自中国农村居民的经验证据 [J]. 人口与经济, 2016 (5): 105 – 113.

[97] 王俊文, 杨文. 我国贫困地区农村养老服务需求若干问题探讨——以江西赣南 A 市为例 [J]. 湖南社会科学, 2014 (5): 61 – 65.

[98] 王立剑, 金蕾, 代秀亮. "多元共服"能否破解农村失能老人养老困境? [J]. 西安交通大学学报 (社会科学版), 2019, 39 (2): 101 – 108.

[99] 王思斌. 底层贫弱群体接受帮助行为的理论分析 [J]. 中国社会工作研究, 2006 (1): 45.

[100] 王维国, 李秀军, 李宏. 我国社会福利总体水平测度与评价研究 [J]. 财经问题研究, 2018 (9): 28 – 34.

[101] 王震. 公共政策 70 年: 社会保障与公共服务供给体系的发展与改革 [J]. 北京工业大学学报 (社会科学版), 2019, 19 (5): 25 – 35.

[102] 王震. 居家社区养老服务供给的政策分析及治理模式重构 [J]. 探索, 2018 (6): 116 – 126.

[103] 吴愈晓, 黄超. 中国教育获得性别不平等的城乡差异研究——基于 CGSS2008 数据 [J]. 国家行政学院学报, 2015 (2): 41 – 47.

[104] 吴越菲, 文军. 回到"好社会": 重建"需要为本"的规范社会学传统 [J]. 学术月刊, 2022, 54 (2): 113 – 130.

[105] 武玲娟. 新时代我国养老服务中的政府职责定位研究 [J]. 东岳论丛, 2018, 39 (9): 134 – 141.

[106] 席恒. 养老服务的逻辑、实现方式与治理路径 [J]. 社会保障评论, 2020, 4 (1): 108 – 117.

[107] 向运华, 王晓慧. 新中国 70 年养老服务体系建设、评估与展望 [J]. 广西财经学院学报, 2019, 32 (6): 9 – 21.

[108] 肖福军, 蓝文婷. "双一流"建设高校董事会章程现状研究——基于 26 份章程文本的 NVivo 软件分析 [J]. 中国人民大学教育学刊, 2020 (1): 29 – 43.

[109] 肖卫东, 吉海颖. 准公共产品的本质属性及其供给模式: 基于包容性

增长的视角 [J]. 理论学刊, 2014 (7): 57 – 61.

[110] 肖伊雪, 陈静. 我国养老服务社会化的多元主体责任分析 [J]. 法制与社会, 2011 (22): 84 – 85.

[111] 谢泽宪. 城市老年人社区福利服务模式改革: 回顾与前瞻 [J]. 社会工作 (上半月), 2010 (2): 24 – 28.

[112] 邢占军. 群众"全托型政府"期待与服务型政府建设 [J]. 人民论坛, 2021 (2): 48 – 50.

[113] 行红芳. 老年人的社会支持系统与需求满足 [J]. 中州学刊, 2006 (3): 120 – 123.

[114] 徐宏. 中国农村人口养老责任观念及影响因素研究——基于 CGSS2015 的实证分析 [J]. 厦门大学学报 (哲学社会科学版), 2019 (3): 138 – 146.

[115] 徐进. 一个简明述评: 福利多元主义与社会保障社会化 [J]. 西南石油大学学报 (社会科学版), 2019, 21 (3): 29 – 36.

[116] 徐月宾, 张秀兰. 中国政府在社会福利中的角色重建 [J]. 中国社会科学, 2005 (5): 80 – 92.

[117] 许加明. 适度"普惠型"养老服务体系的构建研究 [J]. 社会福利 (理论版), 2018 (11): 21 – 26.

[118] 许芸. 从政府包办到政府购买——中国社会福利服务供给的新路径 [J]. 南京社会科学, 2009 (7): 101 – 105.

[119] 闫金山, 乌静. 自利与政治信任对养老责任分担态度的影响——基于 2010 年 CGSS 数据分析 [J]. 探索, 2015 (2): 119 – 124.

[120] 晏子. 倾向传统还是走向现代: 性别意识与养老责任态度——基于中国、日本、韩国的比较研究 [J]. 公共行政评论, 2018, 11 (6): 112 – 136.

[121] 杨帆, 杨成钢. 家庭结构和代际交换对养老意愿的影响 [J]. 人口学刊, 2016, 38 (1): 68 – 76.

[122] 杨俊. 老年福利公共支出发展的问题与对策研究——以经合组织国家的情况为参考 [J]. 东岳论丛, 2015, 36 (10): 30 – 36.

[123] 杨清红, 高艳. 供给侧结构性改革视角下居家养老服务需求、供给与衔接 [J]. 商业经济研究, 2021 (10): 173 – 177.

[124] 杨善华, 贺常梅. 责任伦理与城市居民的家庭养老——以"北京市老年人需求调查"为例 [J]. 北京大学学报 (哲学社会科学版), 2004 (1): 71 – 84.

[125] 姚俊. 居家养老服务市场化: 何以可能与何以可为 [J]. 兰州学刊,

2017 (8): 152 - 160.

[126] 姚倩. 社会保障、经济水平与居民养老责任认知——基于 CGSS (2015) 数据的实证研究 [J]. 荆楚学刊, 2019, 20 (2): 66 - 72.

[127] 姚兴安, 朱萌君. "互联网 +" 居家养老服务需求意愿及影响因素研究 [J]. 中国卫生事业管理, 2021, 38 (3): 230 - 232.

[128] 叶男. 农民 "养儿防老" 观念实证研究 [J]. 西北人口, 2012, 33 (5): 24 - 28

[129] 叶兴庆. 论农村公共产品供给体制的改革 [J]. 经济研究, 1997 (6): 57 - 62.

[130] 易艳阳, 周沛. 元治理视阈下养老服务供给中的政府责任研究 [J]. 兰州学刊, 2019 (4): 184 - 193.

[131] 余泓波, 吴心喆. 民众对政府治理的依赖如何塑造其政府信任 [J]. 社会科学战线, 2018 (9): 202 - 212.

[132] 郁建兴, 高翔. 地方发展型政府的行为逻辑及制度基础 [J]. 中国社会科学, 2012 (5): 95 - 112.

[133] 郁建兴, 徐越倩. 从发展型政府到公共服务型政府——以浙江省为个案 [J]. 马克思主义与现实, 2004 (5): 65 - 74.

[134] 岳经纶, 郭英慧. 社会服务购买中政府与 NGO 关系研究——福利多元主义视角 [J]. 东岳论丛, 2013, 34 (7): 5 - 14.

[135] 岳经纶. 社会政策学视野下的中国社会保障制度建设——从社会身份本位到人类需要本位 [J]. 公共行政评论, 2008 (4): 58 - 83.

[136] 张波. 中国谁来养老? ——基于中国人养老责任认知及其影响因素分析 [J]. 华中农业大学学报 (社会科学版), 2018 (4): 99 - 109.

[137] 张成福. 责任政府论 [J]. 中国人民大学学报, 2000 (2): 75 - 82.

[138] 张红凤, 罗微. 养老服务资源对老年人社会养老服务需求的影响研究 [J]. 中国人口·资源与环境, 2019, 29 (4): 168 - 176.

[139] 张继元. 双维度福利混合框架——供给主体多元化与手段多元化的结合 [J]. 治理研究, 2019, 35 (2): 71 - 78.

[140] 张静, 任振兴, 范叶超. 养老服务需求与发展对策研究——基于 CGSS 和 CHARLS 两项全国老年人口调查数据的实证分析 [J]. 老龄科学研究, 2019, 7 (3): 16 - 36.

[141] 张俊良, 曾祥旭. 市场化与协同化目标约束下的养老模式创新——以市场人口学为分析视角 [J]. 人口学刊, 2010 (3): 48 - 53.

[142] 张立龙, 张翼. 中国老年人失能时间研究 [J]. 中国人口科学, 2017

（6）：94 - 104.

[143] 张仁鹏，孙振亚，陈济生. 人口老龄化背景下中国养老责任认知的影响因素研究——基于 CGSS2015 数据考察 [J]. 怀化学院学报，2019，38（4）：23 - 29.

[144] 张世青，王文娟，陈岱云. 农村养老服务供给中的政府责任再探——以山东省为例 [J]. 山东社会科学，2015（3）：93 - 98.

[145] 张思锋，张泽滴. 适应多样性需要的养老服务及其质量提升的多元主体责任 [J]. 人口与社会，2018，34（4）：11 - 20.

[146] 张思锋. 中国养老服务体系建设中的政府行为与市场机制 [J]. 社会保障评论，2021，5（1）：129 - 145.

[147] 张文清，袁同成. 向上感恩与对下抱怨：政府责任变迁中的农村老年福利态度悖论 [J]. 郑州轻工业学院学报：社会科学版，2017，17（1）：85 - 91.

[148] 张园，王伟. 失能老年人口规模及其照护时间需求预测 [J]. 人口研究，2021，45（6）：110 - 125.

[149] 赵锋，樊正德. 代际支持、制度供给与老年人养老责任认知——基于 CGSS2015 数据的实证分析 [J]. 人口与社会，2018，34（6）：79 - 88.

[150] 赵麦茹，王勇. 理解当代地方政府行为：70 年历史演化及其逻辑 [J]. 商丘师范学院学报，2021，37（1）：54 - 66.

[151] 郑功成. 尽快补上养老服务中人文关怀的短板 [J]. 中国社会工作，2018（29）：34.

[152] 郑功成. 面向 2035 年的中国特色社会保障体系建设——基于目标导向的理论思考与政策建议 [J]. 社会保障评论，2021，5（1）：3 - 23.

[153] 郑功成. 让社会组织成为养老服务生力军 [J]. 学会，2016（1）：25 - 44.

[154] 钟慧澜. 中国社会养老服务体系建设的理论逻辑与现实因应 [J]. 学术界，2017（6）：65 - 77.

[155] 周亮. 二次分析数据中需要注意的几个问题 [J]. 中国心理卫生杂志，2012，26（2）：111.

[156] 周幼平，唐兴霖. 中国情境下福利多元理论的反思 [J]. 学术研究，2012（11）：56 - 62.

[157] 周兆安. 家庭养老需求与家庭养老功能弱化的张力及其弥合 [J]. 西北人口，2014，35（2）：45 - 49.

[158] 朱珠，燕武，姜海婷，等. 养老机构老年人期望——满意度评价模型构建及初步应用研究 [J]. 中国全科医学，2020，23（22）：2775 - 2782.

[159] 左春伟, 吴帅. 乡村振兴战略中绩效目标的价值与困境——基于中央和 17 省级区划乡村振兴指导性政策文件的 NVivo 质性研究 [J]. 西藏大学学报 (社会科学版), 2019, 34 (2): 163 – 170.

[160] Ames O. Managing Citizens' Expectations Of Public Service Performance: Evidence From Observation and Experimentation in Local Government [J]. Public Administration, 2011, 89(4): 1419 – 1435.

[161] Andre H, Heien T. Four Worlds of Welfare State Attitudes? A Comparison of Germany, Norway, and the United States [J]. European Sociological Review, 2001(17): 337 – 356.

[162] Arikan G, Ben – Nun Bloom P. Social Values and Cross – National Differences in Attitudes towards Welfare [J]. Political Studies, 2015, 63 (2): 431 – 448.

[163] Aspalter C. The East Asian Welfare Model [J]. International Journal of Social Welfare, 2006, 15(4): 290 – 301.

[164] Aydin R, Unal E, Gokler M E, et al. An Evaluation of Home Health Care Needs And Quality of Life Among The Elderly In a Semi – Rural Area of Western Turkey [J]. European Geriatric Medicine, 2016, 7(1): 8 – 12.

[165] Béland D, Rocco P, Waddan A. Policy Feedback and the Politics of the Affordable Care Act [J]. Policy Studies Journal, 2019, 47(2): 395 – 422.

[166] Blekesaune M. Economic Conditions and Public Attitudes to Welfare Policies [J]. Iser Working Paper, 2009, 23(3): 393 – 403.

[167] Blomqvist P. The Choice Revolution: Privatization of Swedish Welfare Services in the 1990s [J]. Social Policy and Administration, 2004, 38(2): 139 – 155.

[168] Busque M A, Légaré J. Unmet Needs for Home Services Among Canadian Seniors [J]. Can J Aging, 2012, 31(3): 271 – 283.

[169] Campbell A L. Self – Interest, Social Security, and the Distinctive Participation Patterns of Senior Citizens [J]. American Political Science Review, 2002, 96(3): 565 – 574.

[170] Cantor M H. Neighbors and Friends: An Overlooked Resource in the Informal Support System. [J]. Research on Aging, 1979, 1(4): 434 – 463.

[171] Chamlee – Wright E, Storr V H. Expectations of Government's Response to Disaster [J]. Public Choice, 2010, 144(1 – 2): 253 – 274.

[172] Dalen K. Changing Attitudes Towards Government Responsibility for Social Welfare in China Between 2004 and 2014: Evidence from Three National Surveys [J].

International Journal of Social Welfare, 2022, 31(2): 248 –262.

[173] Division U. World Population Prospects: the 2019 Revision [J]. Department of Economic and Social Affairs Population Division, 2019, 10 (100): 423.

[174] Edlund J. Trust in Government and Welfare Regimes: Attitudes to Redistribution and Financial Cheating in the USA and Norway[J]. European Journal of Political Research, 2010, 35(3): 341 –370.

[175] Esping – Andersen G. Hybrid or Unique? The Japanese Welfare State between Europe and America[J]. Journal of European Social Policy, 1997, 7(3): 179 –189.

[176] Evers A, Svetlik I. Balancing Pluralism: New Welfare Mixes in Care for the Elderly[J]. American Journal of Public Health, 1993, 71(9): 991 –1003.

[177] Fischer S H, David D, Crotty B H, et al. Acceptance and Use of Health Information Technology By Community – Dwelling Elders[J]. International Journal of Medical Informatics, 2014, 83(9): 624 –635.

[178] Gilliland N. Mandating Family Responsibility for Elderly Members: Costs and Benefits ER[J]. The Journal of Applied Gerontology, 1986, 5(1): 26 –36.

[179] Harrison F, Low L, Barnett A, et al. What do Clients Expect of Community Care and What are Their Needs? The Community Care for The Elderly: Needs and Service Use Study(CENSUS)[J]. Australasian Journal on Ageing, 2014, 33(3): 206 –213.

[180] Holliday I. Productivist Welfare Capitalism: Social Policy in East Asia [J]. Political Studies, 2000, 48(4): 706 –723.

[181] Ikegami N, Campbell J. Japan's Health Care System: Containing Costs And Attempting Reform[J]. Health affairs(Project Hope), 2004, 23: 26 –36.

[182] Innes A, Mccabe L, Watchman K. Caring for Older People with an Intellectual Disability: A Systematic Review[J]. Maturitas, 2012, 72(4): 286 –295.

[183] Jacobs D. Low Public Expenditures on Social Welfare: Do East Asian Countries have a Secret? [J]. International Journal of Social Welfare, 2000, 9: 2 –16.

[184] Kalánková D, Stolt M, Scott P A, et al. Unmet Care Needs of Older People: A Scoping Review[J]. Nursing Ethics, 2020, 28(2): 149 –178.

[185] Kalánková D, Stolt M, Scott P A, et al. Unmet Care Needs of Older People: A Scoping Review[J]. Nursing Ethics, 2020, 28(2): 149 –178.

[186] Künemund H, Rein M. There is More to Receiving than Needing:

Theoretical Arguments and Empirical Explorations of Crowding in and Crowding out [J]. Ageing and Society, 1999, 19(1): 93 – 121.

[187] Mair C A, Quiñones A R, Pasha M A. Care Preferences Among Middle – Aged and Older Adults With Chronic Disease in Europe: Individual Health Care Needs and National Health Care Infrastructure[J]. Gerontologist, 2016, 56(4): 687 – 701.

[188] Mettler S, Soss J. The Consequences of Public Policy for Democratic Citizenship: Bridging Policy Studies and Mass Politics[J]. Perspectives on Politics, 2004, 2(1): 55 – 73.

[189] Motel – Klingebiel A, Tesch – Roemer C, Von Kondratowitz H. Welfare States Do not Crowd out the Family: Evidence for Mixed Responsibility from Comparative Analyses[J]. Ageing nd Society, 2005, 25(6): 863 – 882.

[190] Pandey S. Assessing State Efforts to Meet Baby Boomers' Long – Term Care Needs: A Case Study in Compensatory Federalism[J]. Journal of Aging and Social Policy, 2002(14): 161 – 179.

[191] Pfau – Effinger B. Welfare State Policies and the Development of Care Arrangements[J]. European Societies, 2005, 7(2): 321 – 347.

[192] Pierson P. When Effect Becomes Cause: Policy Feedback and Political Change[J]. World Politics, 1993, 45(4): 595 – 628.

[193] Politzer R, Yoon J, Shi L, et al. Inequality in America: The Contribution of Health Centers in Reducing and Eliminating Disparities in Access to Care[J]. Medical Care Research and Review: MCRR, 2001, 58: 234 – 248.

[194] Powell M, Barrientos A. Welfare Regimes and the Welfare Mix[J]. European Journal of Political Research, 2010, 43(1): 83 – 105.

[195] Samuelson P A. The Pure Theory of Public Expenditure[J]. The Review of Economics and Statistics, 1954, 36(4): 387 – 389.

[196] Seo W Y, Moon D, Chung H. Determinants of Welfare Attitudes towards Healthcare Services: Focusing on Self – Interest, Symbolic Attitude, and Sociotropic Perceptions[J]. Health Policy and Management, 2017, 27(4): 324 – 335.

[197] Shrivastava S R B L, Shrivastava P S, Ramasamy J. Health – care of Elderly: Determinants, Needs and Services[J]. International Journal of Preventive Medicine, 2013, 4(10): 1224 – 1225.

[198] Sigurðardóttir S H, Bravell M E. Older Caregivers in Iceland: Providing and Receiving Care[J]. Nordic Social Work Research, 2013(3): 14 – 19.

[199] Sung J C Y, Nichol M, Venturini F, et al. Factors Affecting Patient

Compliance with Antihyperlipidemic Medications in an HMO Population [J]. The American Journal of Managed Care, 1998, 4: 1421 – 1430.

[200] Széman Z. The Welfare Mix in Hungary as a New Phenomenon[J]. Social Policy and Society, 2003, 2(2): 101 – 108.

[201] Toikko T, Rantanen T. Association between Individualism and Welfare Attitudes: An Analysis of Citizens' Attitudes towards the State's Welfare Responsibility [J]. Journal Of Social And Political Psychology, 2020, 8(1): 132 – 150.

[202] Van Ryzin G G. An Experimental Test of the Expectancy – Disconfirmation Theory of Citizen Satisfaction[J]. Journal of Policy Analysis and Management, 2013, 32(3): 597 – 614.

[203] Walsh A M. Necessary Goods: Our Responsibilities to Meet Others' Needs [J]. Australasian Journal of Philosophy, 2001, 79: 308.

[204] Wilding P. Is the East Asian Welfare Model still Productive? [J]. Journal of Asian Public Policy, 2008, 1(1): 18 – 31.

[205] Wong T K, Wan S P, Law K W. Welfare Attitudes and Social Class: The Case of Hong Kong in Comparative Perspective[J]. International Journal of Social Welfare, 2009, 18(2): 142 – 152.

[206] Wong T K, Wan S P, Law K W. Welfare Attitudes and Social Class: The Case of Hong Kong in Comparative Perspective[J]. International Journal of Social Welfare, 2009, 18(2): 142 – 152.

[207] Yung E H K, Conejos S, Chan E H W. Social Needs of the Elderly and Active Aging in Public Open Spaces in Urban Renewal[J]. Cities, 2016(52): 114 – 122.

[208] Zhang G. Citizen Expectations and Improvement of Government Functions: A Study of Importance and Performance of Budgetary Demands in China[J]. Australian Journal of Public Administration, 2012, 71(2): 148 – 158.

三、学位论文类

[1] 毕天云. 社会福利场域的惯习 [D]. 北京: 中国社会科学院研究生院, 2003.

[2] 曹海苓. 中国社会化养老服务中的政府职能研究 [D]. 长春: 东北师范大学, 2020.

[3] 丁雪萌. 中国老年人长期照护服务的供需研究 [D]. 北京: 对外经济贸易大学, 2020.

[4] 丁一. 我国失能老人长期照护模式构建研究 [D]. 北京: 首都经济贸

易大学, 2014.

[5] 方若男. 六个国家地区公众对政府福利责任的态度 [D]. 南京：南京大学, 2019.

[6] 黄可. 中国农村社会养老服务体系建设中的政府责任问题研究 [D]. 大连：东北财经大学, 2013.

[7] 黎秋菊. 独生子女家庭老年人养老准备及其对养老压力的影响研究 [D]. 杭州：浙江大学, 2018.

[8] 李芬. 社会分层影响社会福利状况的研究 [D]. 南京：南京大学, 2013.

[9] 鲁迎春. 从"福利救济"到"权利保障"：上海养老服务供给中的政府责任研究 [D]. 上海：复旦大学, 2014.

[10] 倪文菲. 常州市天宁区城市社区养老公共服务问题及对策研究 [D]. 徐州：中国矿业大学, 2020.

[11] 向黎明. 智慧居家养老服务用户使用意愿的影响因素及实证研究 [D]. 成都：西南交通大学, 2019.

[12] 杨小龙. 基于政策反馈理论的政策型信访研究 [D]. 武汉：中南财经政法大学, 2020.

[13] 张磊. 农村老年福利多元供给研究 [D]. 南京：南京大学, 2013.

[14] 郑晓燕. 中国公共服务供给主体多元发展研究 [D]. 上海：华东师范大学, 2010.

[15] 周津. 城镇中年人群社区养老服务期望及影响因素研究 [D]. 南昌：江西农业大学, 2021.

[16] Wong, Chackkie. Ideology, Welfare Mix and the Production of Welfare: A Comparative Study of Child Daycare Policies in Britain and Hong Kong[D]. University of Sheffield, 1991.

四、报纸类

景天魁. 用底线公平来推动社会保障的"制度整合" [N]. 中国经济导报, 2013 - 08 - 17.

五、其他类

[1] 国家统计局. 我国人口发展呈现新特点与新趋势[EB/OL]. [2022 - 01 - 07]. http：//www. stats. gov. cn/xxgk/jd/sjjd2020/202105/t20210513 _ 1817408. html.

［2］中新社.国务院第七次全国人口普查领导小组办公室负责人接受中新社专访［EB/OL］.［2024－01－24］.https：//www. stats. gov. cn/zt_18555/zdtjgz/zgrkpc/dqcrkpc/ggl/202302/t20230215_1904008. html.

［3］国家统计局.2021 年中国统计年鉴［EB/OL］.［2024－01－24］.https://www. stats. gov. cn/sj/ndsj/2021/indexch. htm.

［4］国家统计局.中华人民共和国 2022 年国民经济和社会发展统计公报［EB/OL］.［2023－03－07］.http：//www. stats. gov. cn/sj/zxfb/202302/t20230228_1919011. html.

［5］国家卫健委.国家卫生健康委员会 2022 年 7 月 5 日新闻发布会文字实录［EB/OL］.［2024－01－24］.https://wjw. ah. gov. cn/public/7001/56334991. html.

［6］国家医疗保障局.2021 年医疗保障事业发展统计快报［EB/OL］.［2022－03－04］http：//www. nhsa. gov. cn/art/2022/3/4/art_7_7927. html.

［7］山东：打造居家社区养老服务"齐鲁样板"［EB/OL］.［2022－08－02］.http：//www. selectshandong. com/website/article/index/id/ 16624. html.

［8］山东省老龄工作委员会.山东省"十四五"老龄事业发展规划［EB/OL］.［2024－01－24］.https://www. 163. com/dy/article/GRMHGO2P0514AAHG. html.

［9］山东省统计局.2021 年山东省国民经济和社会发展统计公报［EB/OL］.［2024－01－24］.https://baijiahao. baidu. com/s？id＝1726058523692646674&wfr＝spider&for＝pc.

［10］中共中央　国务院.国家积极应对人口老龄化中长期规划［EB/OL］.［2021－01－21］.http：//www. gov. cn/xinwen/2019－11/21/content_5454347. htm.

［11］新华网.第四次中国城乡老年人生活状况抽样调查成果发布会在京召开［EB/OL］.［2024－01－24］.http：//www. xinhuanet. com//world/2016－10/10/c_129316147. htm.

［12］中华人民共和国人力资源和社会保障部.2021 年度人力资源和社会保障事业发展统计公报［EB/OL］.［2022－08－01］.http：//www. mohrss. gov. cn/SYrlzyhshbzb/zwgk/szrs/tjgb/202206/t20220607_452104. html.

［13］Guillén A M，Petmesidou M. Dynamics of the Welfare Mix in South Europe.［EL/OB］.［2022－01－02］https：//www. researchgate. net/publication/259496631_Dynamics_of_the_welfare_mix_in_South_Europe.

［14］United Nations，Department of Economic and Social Affairs. World Population Prospects 2019［EB/OL］.［2024－01－24］.https://www. un. org/development/desa/pd/news/world－population－prospects－2019.

附　录

附录1：政府养老服务供给问卷

尊敬的长辈：

您好。感谢您参与本次调查，该调查主要是向您了解有关养老服务的问题，我们的调查问卷不记名并严格保守您的个人隐私，调查数据仅用学术研究。答案无对错之分，请您在与您最符合的选项上打"√"，或直接填写答案。感谢您的支持！

第一部分

1. 您的性别是：

A. 男　　　　　　B. 女

2. 您的年龄：_____岁

3. 您的户籍

A. 农村　　　　　B. 城镇

4. 您的婚姻状况：

A. 未婚　　　　B. 已婚有配偶　　C. 离婚　　　D. 丧偶　　　E. 分居

5. 您的文化程度：

A. 不识字　　　B. 私塾/扫盲班　　C. 小学　　　D. 初中

E 高中/中专　　F. 大专及以上

6. 您的身体健康状况：

A. 健康状况较差　　　　B. 健康状况一般　　　　C. 健康状况较好

7. 您的收入状况

A. 低于当地平均水平　　B. 当地平均水平　　　　C. 高于当地平均水平

8. 您参加的医疗保险类型：（可多选）

A. 没有医疗保险　　　B. 城乡居民基本医疗保险　C. 城镇职工医疗保险

9. 您目前享受哪种类型的养老金？

A. 无社会养老金　　　B. 城乡居民基本养老保险金

C. 企业养老金　　　　　D. 机关事业单位退休金

10. 在不能自我照顾时，您选择的居住方式是？

A. 独居/只与配偶住　　B. 与子女住在一起　　C. 社区的日托站或托老所

D. 养老院　　　　　　E. 其他

第二部分

下面是一些老年人的服务项目，请根据描述回答下列问题，在符合您情况的选项上画"√"。

1. 上门做家务（洗衣、做饭、清洁卫生等）

①您是否使用过该项服务？

A. 使用过

B. 没有使用过（跳过②，直接问③）

C. 当地没有此服务

②谁提供的这项服务？

A. 家庭　　　　　　B. 市场　　　　　C. 社会组织　　D. 政府　　E. 其他

③您对该项服务的需要程度？

A. 不需要　　　　B. 基本不需要　　C. 不知道

D. 偶尔需要　　　E. 需要

④您认为应该由谁来最先提供该项服务？

A. 家庭　　　　　　B. 市场　　　　　C. 社会组织

D. 政府　　　　　E. 以上共同提供

⑤您认为政府应当为该项养老服务承担多少责任？

A. 无责任　　　　B. 小部分责任　　C. 一半责任

D. 大部分责任　　E. 全部责任

2. 上门送餐

①您是否使用过该项服务？

A. 使用过

B. 没有使用过（跳过②，直接问③）

C. 当地没有此服务

②谁提供的这项服务？

A. 家庭　　　　　　B. 市场　　　　　C. 社会组织　　D. 政府　　E. 其他

③您对该项服务的需要程度？

A. 不需要　　　　B. 基本不需要　　C. 不知道

D. 偶尔需要　　　E. 需要

④您认为应该由谁来最先提供该项服务？

A. 家庭　　　　　B. 市场　　　　　C. 社会组织

D. 政府　　　　　E. 以上共同提供

⑤您认为政府应当为该项养老服务承担多少责任？

A. 无责任　　　　B. 小部分责任　　C. 一半责任

D 大部分责任　　E. 全部责任

3. 日常照顾（如喂饭、洗澡等）

①您是否使用过该项服务？

A. 使用过

B. 没有使用过（跳过②，直接问③）

C. 当地没有此服务

②谁提供的这项服务？

A. 家庭　　　　　B. 市场　　　　　C. 社会组织　　D. 政府　　E. 其他

③您对该项服务的需要程度？

A. 不需要　　　　B. 基本不需要　　C. 不知道

D. 偶尔需要　　　E. 需要

④您认为应该由谁来最先提供该项服务？

A. 家庭　　　　　B. 市场　　　　　C. 社会组织

D. 政府　　　　　E. 以上共同提供

⑤您认为政府应当为该项养老服务承担多少责任？

A. 无责任　　　　B. 小部分责任　　C. 一半责任

D 大部分责任　　E. 全部责任

4. 聊天解闷

①您是否使用过该项服务？

A. 使用过

B. 没有使用过（跳过②，直接问③）

C. 当地没有此服务

②谁提供的这项服务？

A. 家庭　　　　　B. 市场　　　　　C. 社会组织　　D. 政府　　E. 其他

③您对该项服务的需要程度？

A. 不需要　　　　B. 基本不需要　　C. 不知道

D. 偶尔需要　　　E. 需要

④您认为应该由谁来最先提供该项服务？

A. 家庭　　　　　B. 市场　　　　　C. 社会组织

D. 政府　　　　　E. 以上共同提供

⑤您认为政府应当为该项养老服务承担多少责任？

A. 无责任　　　　B. 小部分责任　　C. 一半责任

D 大部分责任　　E. 全部责任

5. 老年人健康查体

①您是否使用过该项服务？

A. 使用过

B. 没有使用过（跳过②，直接问③）

C. 当地没有此服务

②谁提供的这项服务？

A. 家庭　　　　　B. 市场　　　　　C. 社会组织　　D. 政府　　E. 其他

③您对该项服务的需要程度？

A. 不需要　　　　B. 基本不需要　　C. 不知道

D. 偶尔需要　　E. 需要

④您认为应该由谁来最先提供该项服务？

A. 家庭　　　　　B. 市场　　　　　C. 社会组织

D. 政府　　　　　E. 以上共同提供

⑤您认为政府应当为该项养老服务承担多少责任？

A. 无责任　　　　B. 小部分责任　　C. 一半责任

D 大部分责任　　E. 全部责任

6. 医务人员定期上门探访

①您是否使用过该项服务？

A. 使用过

B. 没有使用过（跳过②，直接问③）

C. 当地没有此服务

②谁提供的这项服务？

A. 家庭　　　　　B. 市场　　　　　C. 社会组织　　D. 政府　　E. 其他

③您对该项服务的需要程度？

A. 不需要　　　　B. 基本不需要　　C. 不知道

D. 偶尔需要　　E. 需要

④您认为应该由谁来最先提供该项服务？

A. 家庭　　　　　B. 市场　　　　　C. 社会组织

D. 政府　　　　　E. 以上共同提供

⑤您认为政府应当为该项养老服务承担多少责任？

A. 无责任　　　　B. 小部分责任　　C. 一半责任

D 大部分责任　　E. 全部责任

7. 陪同就医

①您是否使用过该项服务？

A. 使用过

B. 没有使用过（跳过②，直接问③）

C. 当地没有此服务

②谁提供的这项服务？

A. 家庭　　　　　B. 市场　　　　　C. 社会组织　　D. 政府　　E. 其他

③您对该项服务的需要程度？

A. 不需要　　　　B. 基本不需要　　C. 不知道

D. 偶尔需要　　　E. 需要

④您认为应该由谁来最先提供该项服务？

A. 家庭　　　　　B. 市场　　　　　C. 社会组织

D. 政府　　　　　E. 以上共同提供

⑤您认为政府应当为该项养老服务承担多少责任？

A. 无责任　　　　B. 小部分责任　　C. 一半责任

D 大部分责任　　E. 全部责任

8. 上门护理

①您是否使用过该项服务？

A. 使用过

B. 没有使用过（跳过②，直接问③）

C. 当地没有此服务

②谁提供的这项服务？

A. 家庭　　　　　B. 市场　　　　　C. 社会组织　　D. 政府　　E. 其他

③您对该项服务的需要程度？

A. 不需要　　　　B. 基本不需要　　C. 不知道

D. 偶尔需要　　　E. 需要

④您认为应该由谁来最先提供该项服务？

A. 家庭　　　　　B. 市场　　　　　C. 社会组织

D. 政府　　　　　E. 以上共同提供

⑤您认为政府应当为该项养老服务承担多少责任？

A. 无责任　　　　B. 小部分责任　　C. 一半责任

D 大部分责任　　E. 全部责任

9. 上门看病

①您是否使用过该项服务？

A. 使用过

B. 没有使用过（跳过②，直接问③）

C. 当地没有此服务

②谁提供的这项服务？

A. 家庭　　　　　B. 市场　　　　　C. 社会组织　　D. 政府　　E. 其他

③您对该项服务的需要程度？

A. 不需要　　　B. 基本不需要　　C. 不知道

D. 偶尔需要　　E. 需要

④您认为应该由谁来最先提供该项服务？

A. 家庭　　　　　B. 市场　　　　　C. 社会组织

D. 政府　　　　E. 以上共同提供

⑤您认为政府应当为该项养老服务承担多少责任？

A. 无责任　　　B. 小部分责任　　C. 一半责任

D 大部分责任　　E. 全部责任

10. 医疗康复（卫生服务中心、社区医生等）

①您是否使用过该项服务？

A. 使用过

B. 没有使用过（跳过②，直接问③）

C. 当地没有此服务

②谁提供的这项服务？

A. 家庭　　　　　B. 市场　　　　　C. 社会组织　　D. 政府　　E. 其他

③您对该项服务的需要程度？

A. 不需要　　　B. 基本不需要　　C. 不知道

D. 偶尔需要　　E. 需要

④您认为应该由谁来最先提供该项服务？

A. 家庭　　　　　B. 市场　　　　　C. 社会组织

D. 政府　　　　E. 以上共同提供

⑤您认为政府应当为该项养老服务承担多少责任？

A. 无责任　　　B. 小部分责任　　C. 一半责任

D 大部分责任　　E. 全部责任

11. 日间照料或托老所

①您是否使用过该项服务？

A. 使用过

B. 没有使用过（跳过②，直接问③）

C. 当地没有此服务

②谁提供的这项服务？

A. 家庭　　　　B. 市场　　　　C. 社会组织　　D. 政府　　E. 其他

③您对该项服务的需要程度？

A. 不需要　　　B. 基本不需要　　C. 不知道

D. 偶尔需要　　E. 需要

④您认为应该由谁来最先提供该项服务？

A. 家庭　　　　B. 市场　　　　C. 社会组织

D. 政府　　　　E. 以上共同提供

⑤您认为政府应当为该项养老服务承担多少责任？

A. 无责任　　　B. 小部分责任　　C. 一半责任

D. 大部分责任　E. 全部责任

12. 老年食堂

①您是否使用过该项服务？

A. 使用过

B. 没有使用过（跳过②，直接问③）

C. 当地没有此服务

②谁提供的这项服务？

A. 家庭　　　　B. 市场　　　　C. 社会组织　　D. 政府　　E. 其他

③您对该项服务的需要程度？

A. 不需要　　　B. 基本不需要　　C. 不知道

D. 偶尔需要　　E. 需要

④您认为应该由谁来最先提供该项服务？

A. 家庭　　　　B. 市场　　　　C. 社会组织

D. 政府　　　　E. 以上共同提供

⑤您认为政府应当为该项养老服务承担多少责任？

A. 无责任　　　B. 小部分责任　　C. 一半责任

D. 大部分责任　E. 全部责任

13. 老年人日常休闲活动室（读书、下棋、打牌等）

①您是否使用过该项服务？

A. 使用过

B. 没有使用过（跳过②，直接问③）

C. 当地没有此服务

②谁提供的这项服务？

A. 家庭　　　　　B. 市场　　　　　C. 社会组织　　　D. 政府　　　E. 其他

③您对该项服务的需要程度？

A. 不需要　　　　B. 基本不需要　　C. 不知道

D. 偶尔需要　　　E. 需要

④您认为应该由谁来最先提供该项服务？

A. 家庭　　　　　B. 市场　　　　　C. 社会组织

D. 政府　　　　　E. 以上共同提供

⑤您认为政府应当为该项养老服务承担多少责任？

A. 无责任　　　　B. 小部分责任　　C. 一半责任

D. 大部分责任　　E. 全部责任

14. 老年人文娱活动（运动会、节日活动等）

①您是否使用过该项服务？

A. 使用过

B. 没有使用过（跳过②，直接问③）

C. 当地没有此服务

②谁提供的这项服务？

A. 家庭　　　　　B. 市场　　　　　C. 社会组织　　　D. 政府　　　E. 其他

③您对该项服务的需要程度？

A. 不需要　　　　B. 基本不需要　　C. 不知道

D. 偶尔需要　　　E. 需要

④您认为应该由谁来最先提供该项服务？

A. 家庭　　　　　B. 市场　　　　　C. 社会组织

D. 政府　　　　　E. 以上共同提供

⑤您认为政府应当为该项养老服务承担多少责任？

A. 无责任　　　　B. 小部分责任　　C. 一半责任

D. 大部分责任　　E. 全部责任

15. 老年大学/老年人兴趣班

①您是否使用过该项服务？

A. 使用过

B. 没有使用过（跳过②，直接问③）

C. 当地没有此服务

②谁提供的这项服务？

A. 家庭   B. 市场   C. 社会组织 D. 政府 E. 其他

③您对该项服务的需要程度？

A. 不需要   B. 基本不需要 C. 不知道

D. 偶尔需要   E. 需要

④您认为应该由谁来最先提供该项服务？

A. 家庭   B. 市场   C. 社会组织

D. 政府   E. 以上共同提供

⑤您认为政府应当为该项养老服务承担多少责任？

A. 无责任   B. 小部分责任 C. 一半责任

D. 大部分责任 E. 全部责任

16. 老年人志愿服务组织

①您是否使用过该项服务？

A. 使用过

B. 没有使用过（跳过②，直接问③）

C. 当地没有此服务

②谁提供的这项服务？

A. 家庭   B. 市场   C. 社会组织 D. 政府 E. 其他

③您对该项服务的需要程度？

A. 不需要   B. 基本不需要 C. 不知道

D. 偶尔需要   E. 需要

④您认为应该由谁来最先提供该项服务？

A. 家庭   B. 市场   C. 社会组织

D. 政府   E. 以上共同提供

⑤您认为政府应当为该项养老服务承担多少责任？

A. 无责任   B. 小部分责任 C. 一半责任

D. 大部分责任 E. 全部责任

17. 老年人健身器材

①您是否使用过该项服务？

A. 使用过

B. 没有使用过（跳过②，直接问③）

C. 当地没有此服务

②谁提供的这项服务？

A. 家庭　　　　　B. 市场　　　　　C. 社会组织　　　D. 政府　　　E. 其他

③您对该项服务的需要程度？

A. 不需要　　　　B. 基本不需要　　C. 不知道

D. 偶尔需要　　　E. 需要

④您认为应该由谁来最先提供该项服务？

A. 家庭　　　　　B. 市场　　　　　C. 社会组织

D. 政府　　　　　E. 以上共同提供

⑤您认为政府应当为该项养老服务承担多少责任？

A. 无责任　　　　B. 小部分责任　　C. 一半责任

D. 大部分责任　　E. 全部责任

18. 居室无障碍设施改造

①您是否使用过该项服务？

A. 使用过

B. 没有使用过（跳过②，直接问③）

C. 当地没有此服务

②谁提供的这项服务？

A. 家庭　　　　　B. 市场　　　　　C. 社会组织　　　D. 政府　　　E. 其他

③您对该项服务的需要程度？

A. 不需要　　　　B. 基本不需要　　C. 不知道

D. 偶尔需要　　　E. 需要

④您认为应该由谁来最先提供该项服务？

A. 家庭　　　　　B. 市场　　　　　C. 社会组织

D. 政府　　　　　E. 以上共同提供

⑤您认为政府应当为该项养老服务承担多少责任？

A. 无责任　　　　B. 小部分责任　　C. 一半责任

D. 大部分责任　　E. 全部责任

19. 居住区无障碍改造

①您是否使用过该项服务？

A. 使用过

B. 没有使用过（跳过②，直接问③）

C. 当地没有此服务

②谁提供的这项服务？

A. 家庭   B. 市场   C. 社会组织 D. 政府 E. 其他

③您对该项服务的需要程度？

A. 不需要   B. 基本不需要 C. 不知道

D. 偶尔需要 E. 需要

④您认为应该由谁来最先提供该项服务？

A. 家庭   B. 市场   C. 社会组织

D. 政府   E. 以上共同提供

⑤您认为政府应当为该项养老服务承担多少责任？

A. 无责任   B. 小部分责任 C. 一半责任

D. 大部分责任 E. 全部责任

20. 智慧养老服务平台

①您是否使用过该项服务？

A. 使用过

B. 没有使用过（跳过②，直接问③）

C. 当地没有此服务

②谁提供的这项服务？

A. 家庭   B. 市场   C. 社会组织 D. 政府 E. 其他

③您对该项服务的需要程度？

A. 不需要   B. 基本不需要 C. 不知道

D. 偶尔需要 E. 需要

④您认为应该由谁来最先提供该项服务？

A. 家庭   B. 市场   C. 社会组织

D. 政府   E. 以上共同提供

⑤您认为政府应当为该项养老服务承担多少责任？

A. 无责任   B. 小部分责任 C. 一半责任

D. 大部分责任 E. 全部责任

21. 一键紧急呼叫

①您是否使用过该项服务？

A. 使用过

B. 没有使用过（跳过②，直接问③）

C. 当地没有此服务

②谁提供的这项服务？

A. 家庭　　　　　B. 市场　　　　　C. 社会组织　　　D. 政府　　　E. 其他

③您对该项服务的需要程度？

A. 不需要　　　　B. 基本不需要　　C. 不知道

D. 偶尔需要　　　E. 需要

④您认为应该由谁来最先提供该项服务？

A. 家庭　　　　　B. 市场　　　　　C. 社会组织

D. 政府　　　　　E. 以上共同提供

⑤您认为政府应当为该项养老服务承担多少责任？

A. 无责任　　　　B. 小部分责任　　C. 一半责任

D. 大部分责任　　E. 全部责任

22. 老年人日常信息化服务（热线、网络平台等）

①您是否使用过该项服务？

A. 使用过

B. 没有使用过（跳过②，直接问③）

C. 当地没有此服务

②谁提供的这项服务？

A. 家庭　　　　　B. 市场　　　　　C. 社会组织　　　D. 政府　　　E. 其他

③您对该项服务的需要程度？

A. 不需要　　　　B. 基本不需要　　C. 不知道

D. 偶尔需要　　　E. 需要

④您认为应该由谁来最先提供该项服务？

A. 家庭　　　　　B. 市场　　　　　C. 社会组织

D. 政府　　　　　E. 以上共同提供

⑤您认为政府应当为该项养老服务承担多少责任？

A. 无责任　　　　B. 小部分责任　　C. 一半责任

D. 大部分责任　　E. 全部责任

附录2：养老服务使用情况详表

服务内容	使用过		没有使用过		当地没有此项服务	
	人数	%	人数	%	人数	%
上门做家务（洗衣、做饭、清洁卫生等）	344	47.12	198	27.12	188	25.75
上门送餐	83	11.37	289	39.59	358	49.04
日常照顾（如喂饭、洗澡等）	97	13.29	254	34.79	379	51.92
聊天解闷	111	15.21	205	28.08	414	56.71
老年人健康查体	622	85.09	71	9.71	38	5.20
医务人员定期上门探访	139	19.07	240	32.92	350	48.01
陪同就医	257	35.21	221	30.27	252	34.52
上门护理	41	5.62	308	42.19	381	52.19
上门看病	112	15.34	295	40.41	323	44.25
医疗康复（卫生服务中心、社区医生等）	417	57.05	195	26.68	119	16.28
日间照料或托老所	17	2.33	288	39.45	425	58.22
老年食堂	19	2.61	169	23.18	541	74.21
老年人日常休闲活动室（读书、下棋、打牌等）	231	31.60	185	25.31	315	43.09
老年人文娱活动（运动会、节日活动等）	82	11.23	173	23.70	475	65.07
老年大学/老年人兴趣班	37	5.07	237	32.47	456	62.47
老年人志愿服务组织	39	5.34	195	26.68	497	67.99
老年人健身器材	405	57.37	162	22.95	139	19.69
居室无障碍设施改造	49	6.71	156	21.37	525	71.92
居住区无障碍改造	49	6.71	156	21.37	525	71.92

服务内容	使用过		没有使用过		当地没有此项服务	
	人数	%	人数	%	人数	%
智慧养老服务平台	33	4.53	239	32.83	456	62.64
一键紧急呼叫	26	3.56	154	21.10	550	75.34
老年人日常信息化服务（热线、网络平台等）	81	11.10	221	30.27	428	58.63